二つの地域統合

EUと東アジア共同体

大矢吉之・古賀敬太・滝田豪 編

萌書房

目　　次

はじめに ……………………………………………滝田豪・古賀敬太… 3

第Ⅰ部　ヨーロッパ共同体の建設

第1章　前史──欧州統合の夢と現実 …………………… 木谷　勤… 13
1　ヨーロッパ（欧州）とは何か？　　13
2　ナショナリズムとヨーロッパ　　14
3　欧州統合運動の出発と挫折　　16
4　両大戦間期の「パン・ヨーロッパ」運動　　18

第2章　欧州統合の出発と実現 …………………………… 木谷　勤… 22
1　第2次大戦後，冷戦と西欧の復興　　22
2　ECSCからEECへ　　24
3　欧州統合とナショナル・インタレスト──ドゴールのフランス　　26
4　統合の「拡大と深化」──「外部化と内部化」　　29
5　冷戦終結・ドイツ再統一と統合の新展開　　31
6　21世紀にEUが直面する課題　　33

第3章　EUの組織と市場統合 …………………………… 古賀敬太… 38
はじめに　　38
1　EUの組織　　39
　　欧州理事会／閣僚理事会／欧州委員会／欧州議会／欧州裁判所
2　共通農業政策と地域振興政策　　48
　　共通農業政策（CAP）／地域振興政策

3 市場統合の完成　49
　　物理的障壁／技術的障壁／財政的障壁──付加価値税の税率の収斂

第4章　EU通貨統合の課題と展望 ……………………… 谷川　寛… 52

1 単一通貨ユーロの誕生　52
2 現在のユーロの為替・金融市場での評価　52
3 ユーロ導入までの動き　53
4 EMS（欧州通貨制度）体制　54
5 1992年の欧州通貨危機　55
6 マーストリヒト条約とSGP（安定・成長協定）　56
7 ECB（欧州中央銀行）の機能と金融政策　57
8 ユーロ導入のメリットとデメリット　58
9 ユーロの国際金融市場での地位　59
10 国際通貨ユーロの行方　60

第5章　NATOとEUの安全保障ゲーム ……………… 瀬島　誠… 65

はじめに　65
1 ゲームの理論とモデル枠組み　66
2 NATO成立　70
3 冷戦後の世界でのNATOとESDP　73
結論　78

第6章　EUの環境政策 ……………………………… 松下啓一… 81

1 なぜEUは熱心に取り組むのか　81
2 EU環境政策の歴史　82
　　条約と環境政策／行動計画
3 EU環境政策の理念・原則・内容　84
　　目標／基本原則／内容／政策実現の手法／加盟国の環境政策との関係

　　　　／自由な取引と環境保護の調整

4　EUの環境政策の影響　87

　　EU内での影響／EU外への影響——地球環境問題への取り組み

5　EU環境政策を考える　91

　　なぜ野心的な政策がつくられるのか／EUの生き残り策としての経済と環境の調和

第7章　EUの教育政策 ……………………………………… 鎌野多美子 … 94

1　欧州評議会（欧州審議会）——Europarat（Council of Europe）　94

　　略史／教育活動

2　EUの教育・文化総局（欧州委員会第10総局）Education and Culture Directorates-General　95

　　文化と教育に関する規定／EUの教育・文化総局が行う主な企画

3　ヨーロッパ高等教育圏構築　102

　　ボローニャ宣言までの欧州高等教育の国際的展開／ボローニャ宣言（1999年6月9日）／ベルリン・コミュニケ（2003年9月）／バチェラーとマスター制度（Bachelor und Master）／ヨーロッパ単位互換制度（European Credit System）／学位補充制度／ディプロマ・サプリメント（Diploma Supplement）

4　ドイツ・フランス　105

　　ドイツの場合／フランスの場合

5　おわりに　106

第8章　EUと言語 ……………………………………………… 松井嘉和 … 111
　　　　——国家間統合と文化の多様性——

1　欧州の統合と多様性　111

　　拡大するEUの課題／「多様性の中の統合 United in Diversitiy」／多彩な言語に対する統合EUの取り組み

2　アジアへの教訓　124

むすび　124

第 II 部　東アジア共同体の建設

第 1 章　「東アジア共同体」の構想と進展 …………… 滝田　豪 … 129

1　2つの首脳会議と「東アジア共同体」　129

「東アジア共同体」とは何だろう？／2つの首脳会議／新しいアイディア／政治的な対立／「共同体」とは？

2　文化と経済の「共同体」　134

文化共同体／経済共同体／FTA（自由貿易協定）／アジア経済危機

3　政治共同体への険しい道　138

統合の意義／中国問題とアメリカ問題／民主主義の問題／ASEANの役割

4　おわりに　143

第 2 章　日・韓，韓・中の経済交流と東アジア経済圏 ……… 宇山　博 … 144

はじめに　144

1　日・韓経済交流　144

歴史的概観／日・韓経済交流の実態

2　韓・中経済交流　148

歴史的概観／補完関係から競合関係へ／韓・中経済交流の実態

3　東アジア経済圏の可能性　152

日・中・韓の経済規模／ダイナミックな成長力／相互依存・補完関係の深化

4　結論——問題点と展望にかえて　158

おわりに　159

第 3 章　東アジア地域における共通通貨の可能性 ……… 塩谷雅弘 … 161
——日本でも中国などアジア諸国でも使えるお金ができる？——

1　共通通貨は便利？　安心？　161

——1つの国に1つの通貨から共通通貨へ——

2　アジア地域の通貨の現状と共通通貨への期待　163

ドルペッグの影響／アジア危機の教訓——ドルペッグに替わる為替制度を

求めて

　3　為替制度　166

　4　アジア地域は最適通貨圏か　168

　　　最適通貨圏／アジア地域は最適通貨圏といえる条件を満たしているか
　　　──財の移動

　5　アジア地域での共通通貨を実現させるためには　174

第4章　中国の対東アジア外交　………………………………滝田　豪…177

　1　中国外交のディレンマ　177

　　　3つの国家目標／目標間のディレンマ

　2　現実主義の対米外交　179

　　　アメリカにはいい顔を／米中関係のディレンマ

　3　中国にとってのアメリカと東アジア　181

　4　対東アジア「多国間」外交と「東アジア共同体」　183

　　　ASEANと韓国／経済の力／ソフト・パワー

　5　「中国脅威論」と「平和的台頭」　186

　　　「中国脅威論」／歴史の記憶／「平和的台頭」（平和的発展）

　6　台湾，日本，そして中国　188

　　　台湾問題／日中関係／中国の不透明な将来

第5章　日本の対東アジア外交　………………………………古賀敬太…192

　はじめに　192

　1　日本の対中国外交　192

　　　中国敵視政策／日中国交回復／日中間の懸案事項／中国外交の転換／
　　　台湾問題

　2　日本の対朝鮮半島外交　195

　　　日韓基本条約／米中接近の朝鮮半島への影響／北方外交／小泉政権の
　　　対北朝鮮外交／6者協議／懸案の諸問題

　3　日本の対東南アジア外交　198

　　　大東亜共栄圏／吉田・岸・佐藤政権の外交政策／ASEAN（東南アジ
　　　ア諸国連合 Association of Southeast Asian Nations）／田中政権の

外交政策／福田ドクトリン／大平首相の環太平洋連帯構想／APEC（Asia Pacific Economic Cooperation アジア・太平洋経済協力会議）／AFTA（ASEAN 自由貿易地域）／EAEC 構想／宮沢内閣／ASEAN 地域フォーラム（ARF：ASEAN Regional Forum）／ASEM（アジア欧州首脳会議 Asia-Europe Meeting）／アジア通貨危機／東アジア共同体

おわりに　205

第6章　東アジア共同体構想と米国のプレゼンス……大矢吉之…206
──経済協力・安全保障・民主主義──

はじめに　206

1　前史──東アジア共同体構想への歩み　206

冷戦下の ASEAN 設立と東アジアの経済発展／冷戦の終焉と東アジアの地域協力の進展

2　東アジア・サミットと米国の反応　209

東アジア共同体構想と米・中・日の思惑／東アジア・サミットの焦点とその問題点

3　東アジアの経済協力と米国の「開かれた地域主義」　212

米国主導の APEC とアジア金融危機の発生／危機後の ASEAN と中国の台頭・米国の警戒

4　東アジアの安全保障と米国の軍事プレゼンス　214

米国の軍事プレゼンスと ASEAN 地域フォーラム／中国の軍拡・北朝鮮の核開発と9.11テロ後の米国

5　東アジアの民主主義と米国の人権外交　217

米国の人権外交と東アジアの民主化の諸相／ミャンマー・中国と米・日・ASEAN の民主化協力

おわりに──東アジア共同体の可能性と米国　221

第7章　米国の核戦略と東アジア……………金子敦郎…223
──危機はらむ朝鮮半島と台湾海峡──

はじめに　223

1　「確証破壊」が戦争抑止　224
　　　　　　──核独占・拡散防止で米ソ協調──
　　　恐怖の均衡／スター・ウォーズの"夢"／核拡散防止条約
　　2　米国が唯一核超大国に　226
　　　　　　──冷戦終結でロシアは凋落──
　　　覇者の不安／「核の覇権」へ疾走／主敵は中国／「恐怖と幻影」のゲーム
　　3　「核拡散」「テロ」には先制攻撃　229
　　　　　　──戦略大転換のB・ドクトリン──
　　　「ならず者国家」と反米テロ／イラク戦争の狙い／低くなった核の「敷居」
　　4　「火薬庫」抱える東アジア　231
　　　　　　──米戦略に組み込まれた日米安保──
　　　北朝鮮の「瀬戸際政策」／「ソウルは火の海」／核ミサイル反撃も／MDは日米共同開発／「中─台─米」微妙なバランス／危機のシナリオ

第8章　北朝鮮と台湾の「対照的な孤立」……………滝田　豪…236
　　　　　──「火薬庫」のつくられ方──

　　1　対照的な孤立　236
　　　「統一」と「独立」の「火薬庫」／非常識な孤立／対照的な孤立
　　2　北朝鮮──金日成・金正日親子の「カルト国家」　239
　　　朝鮮戦争と金日成独裁体制の成立／北朝鮮の「カルト国家」化と金正日／「冷戦」終結による危機の深刻化と核開発
　　3　台湾──「大陸反攻」から「台湾独立」へ？　243
　　　北朝鮮・韓国と台湾／「大陸反攻」の時代／「本省人」と民主化／李登輝の登場／民主化と「台湾独立」のゆくえ

　　　　　　　　　　　　　　＊

「EU」関連年表／「東アジア共同体」関連年表
「EU」関連地図／「東アジア共同体」関連地図

あとがき

EUと東アジア共同体
―― 二つの地域統合 ――

はじめに

1 なぜ「EUと東アジア共同体」なのか？

田中 その前に，なぜ東アジア共同体をつくるべきなのかをはっきりさせておくと，1つはナショナリズムの問題があります。中国でもナショナリズムがあり，韓国でもナショナリズムがあり，日本でもナショナリズムがある。ナショナリズム自体が悪いわけじゃありませんが，それが排他的なものになっていくと非常に厄介なことになる。

　そこで，自分たちの祖国という存在以外に，東アジア地域で一緒に暮らしている人々と共通のコミュニティをつくっていくことによって，そういうナショナリズムが別の方向に吸収されていくという面があるんですよ。自分は日本人だけど，同時に東アジアという地域の人間なんだと思えるようになれば，排外的なナショナリズムは影を潜めます。

田原 EUの場合はまさにそうなっていますよね。

田中 おっしゃる通り。イギリス人であれフランス人であれ，「俺はEU人なんだ」という意識があるから，それぞれの国の極めてエゴイスティックなナショナリズムというものがうまく吸収されていく仕組みができている。[1]

東アジア協力は，東アジアが平和を守り共に繁栄していくためには必ず通らねばならぬ道です。……東アジア共同体の建設のためには，中国と日本の関係がキー・ポイントです。これは東アジア各国共通の認識です。日中関係が良くなれば，東アジア共同体の建設に大きな希望が持てます。しかし日中関係が悪くなれば，東アジア共同体は泡と消えてしまいます。第2次大戦後のヨーロッパでは，ドイツとフランスの間で石炭・鉄鋼の領域で共同管理を行い，経済から手をつけて相互依存関係をうち立てました。すると，戦争なんてできなくなります。そしてここから少しずつEUを建設していき，（ドイ

ツとフランスの）2国の間では長年解決できなかった難問も，多くの国が参加するシステムを通じることで，解決できたのです。ヨーロッパ人が歩んできたこの道について，アジア人も深く考えるべきなのです。[2]

本書は，EUと「東アジア共同体」について書かれた本である。なぜこの2つなのか。その理由の一端は，引用した2つの発言から明らかなように思われる。

最初の発言は日本の元外交官・田中均さんの発言だ（「田原」は対談相手のジャーナリスト・田原総一朗さんのことだ）。2つ目の発言は，中国の元外交官・呉建民さんが，日本の名古屋で行った講演の一部だ。田中さんと呉さんは「元」外交官だが，つい最近まで外交政策の決定の中心にいたことがあったり，退職後も政府関係の要職についたりと，日中両国政府内部の考え方を，ある程度代表しているといってよいだろう。

2人の発言の共通点としては，まず，(1)日本や中国などで協力して「東アジア共同体」をつくりたい，(2)その際にはEUの経験が参考になる，という点が挙げられる。

また，引用しなかったが，2人ともこの発言の直前の部分で，ここ最近日中関係がうまくいっておらず，日本と中国の間でぶつかり合いが発生していることについて話をしている。2人とも，日中関係が良くなってほしいと思っている。その上で引用文を読めば，もう1つの共通点として，こう指摘できる。

(3)「東アジア共同体」の建設と日中関係の改善はリンクしている。

つまり，日中関係と2つの地域統合（「東アジア共同体」とEU）が，1本の線でつながっているのである。

▶「地域統合」なんて関係ない？

日本で普通に生活していると，イギリスやフランスやドイツなどヨーロッパ各国のことなら，音楽やスポーツを通じてかなりおなじみかもしれない。しかしそれらの国々が集まってつくるEUのこととなると，どうもピンとこないという人も多いのではないか。

また「東アジア共同体」にいたっては，そもそもまだ存在すらしておらず，

せいぜい「できたらいいなあ」という類いの空想にすぎない。忙しいのにそんな空想につき合っていられない、という人がいても、不思議じゃない。

だが、中国についてはどうだろうか。今の時代、あなたが大学生ならば、周りを見渡すと、中国人の留学生が必ずいるはずだ。もしかしたらあなた自身が中国からの留学生かもしれない。また、中国製の服を身につけたことが1度もない、なんていう人は、今時ほとんどいないのではないだろうか。

政治や社会の問題に関心のある人であれば、小泉さんの靖国神社参拝を中国や韓国が非難していることや、中国各地で大規模な「反日デモ」が起こったことを思い出してみよう。また、これらの問題には多かれ少なかれ「歴史問題」が影を落としているが、あなたの親戚の中に、中国へ戦争に行った経験のある人がいても、まったく不思議ではないだろう。

2人の元外交官の発言は、そのように日本にとって非常に身近な問題である日中関係と、何となく実感の薄いEUや「東アジア共同体」が、深く関係していることを示しているのである。

ヨーロッパでは、19世紀後半から20世紀前半の100年足らずの間に、ドイツがフランスを3回も侵略した。うち2回は、世界を巻き込んだ大戦争につながった。なお19世紀初めには、ナポレオン率いるフランス軍がドイツ地域を侵略している。

けれどその後、第2次世界大戦後から現在まで60年もの間、ドイツとフランスの間はいうにおよばず、少なくとも西ヨーロッパ地域では、1回たりとも戦争が起こっていない。今やドイツとフランスは大の仲良しで、フランス各地で大規模な「反独デモ」が起こるなんてことは、とうてい考えられない。

日本と中国もそうなったらいいなあ。そう考えるのは、田中さんや呉さんだけではないだろう。では、西ヨーロッパでは戦前と戦後で何が違うのだろうか。

大きな違いは、「地域統合」の有無だ。西ヨーロッパ諸国は戦後協力して「地域統合」を進め、EC（ヨーロッパ共同体）やEU（ヨーロッパ連合）へと発展させてきた。よし、それでは、日本と中国がある東アジアでも「地域統合」を進めて、「東アジア共同体」をつくろうではないか。これは実に自然な発想なのである。

当然、EUが1つのモデルとなる。本書がEUと「東アジア共同体」を扱っている理由は、まさにここにあるのだ。

▶理想と現実

しかし，東アジアとEUの状況はかなり違う。たとえば，「共同の価値」という問題がある。[4] つまり，EUに加盟している国々は，価値観を共有しているからこそ結束できるのである。田中さんと田原さんの対談で挙げられているEUの価値とは，ソ連の脅威から西ヨーロッパを守るという価値，アメリカ一極支配に対抗するという価値，あるいは，民主主義という価値である。

東アジアにはそんな「共同の価値」はない。ある特定の敵がいて，その脅威から東アジアを守らなくてはならないという状況ではない。また日本は民主主義国だが，中国はそうではないから，日中の2国の間だけをとっても，価値観は共有できない。田中さんは将来は「共同の価値」ができるかもしれないと楽観的だが，そんな彼でも「それはいまの話ではない」と断言しているのだ。

また，アメリカが「東アジア共同体」に反対するとしたら，どうだろうか。現実に，日本や中国などの外交官が「東アジア共同体」をぶちあげているのに対して，アメリカからは「反対」の声がちらほら聞こえてきている。一方，第2次大戦後の日本はずっと平和だったが，それは「平和憲法」とともに「日米安保」のおかげだといわれている。アメリカはまだ態度を決めていないけれど，もしかしたら，日本は将来「日米安保」と「東アジア共同体」の間で選択を迫られるかもしれない。そこまでいわなくても，平和のために「東アジア共同体」が必要だと断定してしまうのは，やはり時期尚早だろう。

どんなものにも「光と影」がある。利益（メリット）と不利益（デメリット）といってもよい。「地域統合」のような巨大なプロジェクトは，非常に大きなメリットが得られるかもしれない代わりに，下手をすると大損するリスクがある。だから，損をしてでも実行する価値があるかどうか，大局的に見てメリットがデメリットを上回るかどうかを，冷静に見極める眼を養う必要がある。その上で「東アジア共同体」建設の可能性を追求することが重要である。

2　各章の概観

以下では，EUと「東アジア共同体」について書かれた本書の各章について，簡単に紹介してみよう。全部読むのは面倒くさい，という人がいても大丈夫。

この本は，どの章から読み始めても分かるように，それぞれ独立して書かれている。だから，興味が持てそうな章から自由に読んでみてほしい。

〈第Ⅰ部　ヨーロッパ共同体の建設〉

　第1章と第2章は，現在のEUに至る，ヨーロッパ統合の歴史をたどる。第1章は前史として第2次世界大戦前までを論ずる。長い間，ヨーロッパ諸国は戦争にあけくれたが，その間も数々の思想家や政治家がヨーロッパ統合の理念を掲げていた。ちなみに1920年代に「ヨーロッパ合衆国」を目指したクーデンホーフ・カレルギーというオーストリア貴族は，日本人の血を引いていた。

　第2章では，第2次世界大戦後の歴史をたどる。長い間かけ声だけだったヨーロッパ統合は，第2次大戦を境にその歩みを開始し，現在のEUにまで発展してきた。理由は，戦後復興のために協力したり，米ソ冷戦の中でヨーロッパの発言力を強化する必要があったからだ。しかし，フランスが自らの国際的地位を高めるためにヨーロッパ統合を利用するなど，各国の思惑は複雑だった。最近では肥大化したEU組織が「民主主義の赤字」などと批判されている。EUの未来への途は決して平坦ではない。

　第3章では，そのEUの組織についての全体像を示す。それは，欧州理事会・閣僚理事会・欧州委員会・欧州議会・欧州裁判所などである。EUは単なる多国間の協力機構ではなく独自の超国家的な法的・制度的機構であることが重要である。

　以下の各章では，EUの個別政策のうち第3章で扱った関税・非関税障壁の撤廃，共通農業政策，地域振興政策以外の政策を，詳しく検討する。

　第4章は通貨統合について論じる。現在EUでは一部を除いて「ユーロ」という共通通貨を使っている。ただし通貨の分野では，メリットとデメリットがはっきりしている（この点は東アジアの通貨についての第Ⅱ部第3章も見てほしい）。共通通貨を使うメリットは，市場統合に役立つこと，またアメリカのドルに対抗できることだ。デメリットは各国内部で金融政策によって景気を調節できないことだ。ユーロの地位は確かに上昇しているが，各国の不満は高まっている。

　第5章は安全保障政策を，特にNATOに注目して論じる。冷戦時代にソ連

の脅威に対抗して結成されたNATOだが，ソ連の脅威がなくなった現在でも，各国が協力し合っているのはなぜだろう。第5章ではこうしたNATOにまつわる様々な疑問を解き明かすために「ゲーム理論」が有効であることを示す。またこの章を通じて「ゲーム理論」の初歩を学ぶこともできるだろう。

　第6章は環境政策を扱う。EUは環境政策にとても熱心だ。その理由の1つとしてEUの地理的条件がある。1986年のウクライナのチェルノブイリ原発事故においては死の灰が全ヨーロッパに拡大した。またそれ以上に重要なのは，政策立案の主導権と政策遂行権限を有する欧州委員会が，環境よりも利潤を追求する民間企業と直接接触しないことである。

　第7章は教育政策だ。EUでは「ヨーロッパ人」としての一体感をつくるため，各国で異なっていた教育制度を統一しようとしている。例えば各国の間で頻繁に「留学」できる制度が整っている。またそこにヨーロッパの外からも積極的に留学生が送り込まれていることから，これが教育の世界におけるEUの地位向上につながっていることが分かる。

　第8章は言語政策を論ずる。EUの中には様々な言語があり，「ヨーロッパ人」だといっても，話すら通じないことがある。EUはこれを「多様性の中の統合」や「プルリリンガリズム」によって克服しようとしている。EUの会議では20種類もの多くの言語を公用語として指定し，誰がどの言語で発言しても，通訳を通じて全員が分かるようにする制度をつくり上げている。また，1人の人が複数の言語を話せるようにうながす政策も行っている。

〈第Ⅱ部　東アジア共同体の建設〉
　第1章は「東アジア共同体」の構想について概観する。東アジアでは文化や経済面での交流が急速に拡大している。しかし政治面では，「東アジア共同体」を目指した東アジア・サミットで，日本と中国の対立が表面化するなど，各国の思惑がからみ合っている。「東アジア共同体」の構想がこのまま進むのかどうかは予断を許さない。

　したがって，「東アジア共同体」について考えるためには，「地域統合」について考えると同時に，それをいったん脇に置いて，各国の思惑も検証する必要

もある。第Ⅱ部では，それが問題の1つとなる。

　第2章では，日本と韓国，韓国と中国の間の経済交流について論ずる。日本・中国・韓国の間では経済的相互依存が深まり，もはや韓国や中国との関係なしには，日本は生きられない状況になりつつある。そこで重要なのは，日本が自らの責任を自覚してイニシアティブを取ること，そして韓国が日本と中国の橋渡しの役割を果たすことである。

　第3章は通貨統合を扱う。東アジアでも1997年の通貨危機以来，ユーロのような共通通貨をつくろうという意見が年々強まっている。が，第Ⅰ部第4章でも見たように，通貨統合にはメリットもデメリットもある。確かに東アジアの経済的つながりは，かなり密接になってきたものの，まだこの地域は，経済的水準の収斂が遅く，労働者の自由移動が困難で国家間の財政的な調整が望めないので「最適通貨圏」とはいえない。しかしすでに通貨バスケット制やアジア通貨単位（ACU）の導入が考えられている。

　第4章では中国の対東アジア外交を見る。中国は台湾問題などでアメリカと対立関係にあるが，かといってアメリカとぶつかるのは得策ではない。ここで，もしもアメリカを除外した「東アジア共同体」ができれば，アメリカの影響力は低下し，その分中国の影響力がアップするはずだ。中国の対東アジア外交が活発化している背景の1つはここにある。

　第5章は日本の対東アジア外交を論ずる。日本政府は国連中心主義・自由主義諸国との協調・アジアの一員としての立場，という外交の3原則を掲げている。しかしこれまでアジア外交は軽視されてきた。とはいえ東南アジアとの関係では，1970年代後半から自ら地域構想を示し，「地域統合」に向けて一役買ってきた。今後はさらに中国や朝鮮半島も含めてどのようにして協力体制をつくるかが問われている。

　第6章はアメリカと東アジアとの関係を論ずる。アメリカは，東アジアの統合でアメリカが除外されることを嫌っている。東アジアにおけるアメリカの軍事的プレゼンスは大きいが，これは中国の存在とぶつかる可能性がある。また人権問題でもアメリカは熱心だが，これもやはり独裁国家の中国と衝突してしまう。「東アジア共同体」構想にとって，米中関係は非常に重要なファクター

なのである。

　第7章もアメリカが主役だが、ここでは核戦略が論じられる。ソ連解体後、アメリカの核戦略にとって重要になったのは、ここでもやはり中国だ。実際には中国の核戦力はアメリカとは比べものにならないくらい弱いものだが、それでも1発でもアメリカまで届けば、被害は想像を絶するほど大きいのである。また東アジアには北朝鮮の核開発問題という危険な問題がある。さらに、台湾をめぐりアメリカと中国が戦争をする可能性もある。まさに「火薬庫」だ。中東の「火薬庫」はイラク戦争で1回爆発したが、東アジアの「火薬庫」が爆発しないという保証はどこにもないのである。

　第8章では、その「火薬庫」を形成している北朝鮮と台湾について概観する。戦争の危険にさらされている北朝鮮と台湾は、さらに「東アジア共同体」構想からも外され、孤立している。北朝鮮は、労働党の一党独裁国家で、さらに金日成・金正日が親子で権力の座を独占し続けているが、経済はボロボロだ。そこで一発逆転を狙った政策こそ、核による脅しである。これに対し台湾では民主化が進んだが、民主化は「台湾独立」という議論を活性化させ、中国はこれに反対して台湾を孤立化させ、戦争をちらつかせている。こうして、孤立する両国をめぐって「火薬庫」が形成されているのである。

注

1) 田中均・田原総一朗『国家と外交』講談社、2005年、182ページ。田中氏は外務省でアジア大洋州局長、外務審議官などを経て、2005年に退官。
2) 「呉建民在名古屋国際学術研討会上発表講演」中華人民共和国駐名古屋領事館ウェブサイト http://nagoya.chineseconsulate.org/chn/xwdt/t233059.htm#（2006年7月14日確認）。呉氏は中国外交部でフランス大使などを経て、現在外交学院院長などの他、中国人民政治協商会議全国委員会のスポークスマンも担当。
3) 猪口孝「アジア・バロメーターにみられる共同体意識」『外交フォーラム』2005年10月号、57ページ。
4) 田中・田原、前掲書、183-84ページ。

ヨーロッパ共同体の建設

第1章　前史——欧州統合の夢と現実

1　ヨーロッパ（欧州）とは何か？

　地図の上でヨーロッパはユーラシア大陸の一部であり，そのアジアとの境はウラル山脈に沿って南下し，カスピ海から黒海の入口ボスフォラス海峡を結ぶ線で示される。その総面積はこの大陸の1/4弱の1000万 km^2 である。しかし歴史的に，また文化や政治の上でヨーロッパの境界はそれほど明確なわけではない。

　ヨーロッパはさらに南欧（アルプスの南およびピレネー山脈の西側，地中海を内海とし，ギリシャ・ローマの古代古典文明が栄えた地域），西・中欧（アルプス以北で，東はバルカン半島とポーランドのほぼ中央を走る線まで，北はスカンディナヴィア半島やイギリスを含む）そして東欧（ロシア平原と西は中欧の東境まで）に分けられる。

　しかしヨーロッパと他の世界との歴史的境は流動的で，南欧のピレネー以西は中世の大部分を通じてイスラム世界に属した。中欧もその東南部は16・17世紀にオスマン帝国の支配下に入る一方，初め東欧の中核だったビザンツ（東ローマ）帝国は一時は西アジアや北アフリカにも領土を広げたが，イスラム勢力に追われてギリシャ半島に後退し，ついにオスマン帝国に征服された。また東欧のロシア平原に住むスラブ人の多くはキリスト教を受け入れ，ヨーロッパ化する一方，13～17世紀にわたり，モンゴル帝国から生まれた汗（ハン）諸国の支配下にあった。

　さらにこれら3諸地域は，それぞれ住民の人種・言語・宗教でも互いに異なっている。南欧の住民はもっぱらラテン系で，宗教ではローマ・カトリック教徒が多い。また西・中欧は，中世以降いわばヨーロッパの「中心」地域で，そ

の住民は、フランスのラテン系や一部中欧のスラブ系を除けば、ドイツ、イギリス、スカンディナヴィア半島など圧倒的にゲルマン系で、宗教もプロテスタントが優勢である。これに対し東欧は、ヨーロッパの「周辺」といえようが、その住民はアジア系諸民族との混血のため複雑とはいえ、スラブ系が主流で、宗教もギリシャ（あるいは東方）正教が優勢、一部アジア系住民の間ではモスレム（イスラム教徒）も多い。このようにヨーロッパはその内部に非常に多様で異質なものをはらみながら、それにもかかわらず一体感、本書でいう「ヨーロッパは一つ」の理念が生まれ、生き続けたのはなぜであろうか。

　欧州統合理念の核として、多様性を前提にこの一体感を支えたのはまず第一にキリスト教という宗教であろう。次いで古代ギリシャ・ローマの文化遺産、ルネッサンス以来芸術や学問で創造されヨーロッパの共有財産になった諸業績。さらに大学はじめ教育制度、劇場・美術館など文化を受け継ぎ、広める諸制度にも国境を越える共通性があった。また文化と並んで、農業や手工業、農村・都市の活動や仕組みにも類似性が見られる。特に、主に西・中欧に広まった三圃農法に基づく村落と商人・手工業者のギルドに支えられた自治都市の組み合わせは、ヨーロッパ独特のものだった。

　そして16世紀の宗教改革が生んだプロテスタンティズムは、宗教を個人の信仰に帰する一方、勤労と節約・蓄財に倫理的価値を認めて、西・中欧を中心に資本主義経済の発展に大きく寄与した。そして18世紀以降、イギリスに始まる産業革命がこの基礎の上にヨーロッパの諸地域を次々と産業社会に変え、これによりヨーロッパは世界のすみずみに進出し、経済・政治を支配して、グローバリゼーション（世界の一体化）をリードした。19世紀はヨーロッパがまさに絶頂を極めた世紀であった。[1]

2　ナショナリズムとヨーロッパ

　しかし16世紀から20世紀前半まで、ヨーロッパの現実はこの一体理念とはうらはらに内での分裂を深めた。中世には散在する村落や都市の上に封建諸侯が君臨し、その上に立つ王の支配は名目にすぎなかった。しかし近世に入って王

は絶対君主になり，中央集権化を進めた。絶対主義国家は近代国民国家を準備したとはいえ，17・18世紀ヨーロッパでは，ドイツの宗教戦争や三十年戦争のように諸王朝や有力諸侯たちの勢力争い，それに今まで自治を享受してきた貴族や都市の抵抗，農民一揆が重なり，長期にわたる動乱が続き，外ではオランダ・英・仏間で海外植民地をめぐり戦争が絶えなかった。

15世紀末，コロンブスの新大陸到達に始まる「地理上の発見」以来，他の文明世界との触れ合いを通じてヨーロッパの知識人は自らとの違いを意識し始めた。しかし彼らも17・18世紀にはなお，戦乱・疫病・飢饉に悩むヨーロッパがアジアをはじめ他世界に比べて特に優れているとは考えなかった。やがて19世紀にヨーロッパが，英・仏など西欧諸国を先頭に，近代工業を発展させ，他の世界との経済格差が開くにつれ，人々はアジアの「停滞と野蛮」に対してヨーロッパの「進歩と文明」をたたえ，自らの優位を確信するようになった。[2]

しかし一方，18世紀末からヨーロッパの現実政治はこの確信あるいは期待をむしろ裏切るばかりだった。フランス革命で市民階級は「自由・平等・友愛」を旗印に絶対王権を倒し，近代ヨーロッパの幕を開いたとはいえ，19世紀初めこの革命が生んだフランス国民国家はナポレオン帝国の形でヨーロッパを席巻し，その支配の址にイタリアやドイツなどで民衆の国民感情が燃え上がった。独・伊の国民的統一は19世紀後半にやっと実現したが，これに続き中・東欧の民族・言語・宗教が複雑に入り組む地域でもナショナリズムが勢いを増した。

さらに19世紀末から20世紀初め，帝国主義の時代に入ると，世界市場はいっそう広がり，ヨーロッパ列強の国民市場も本国市場を核に近隣諸国や植民地・海外市場を含む広域市場圏に広がった。またフランス資本がロシア金融市場を支配したり，ドイツ経済が中欧のオーストリア・ハンガリー市場を牛耳るといった形で複数の国民市場間の結びつきも生まれていた。そして世紀の変わり目以降，国際対立は大英帝国とその覇権に挑戦するドイツの対立を軸に展開し，大戦の危機が迫った。一方，ヨーロッパの外にはアメリカ合衆国や日本のような新たなライバルが登場し，また植民地・従属地域では民族解放運動が活発になり始めていた。

しかしヨーロッパの指導者も民衆も多数派はこうした危機をよそにナショナ

リズムの熱狂に身を任せたままであった。しかし一部少数派はこれを深刻に受け止め，列強間の経済協力や市場統合，いわゆる「ヨーロッパ統合」による和解に対立打開の道を探った。この時人々が思い浮かべたのは，17世紀以来，様々な知識人や政治家が紡いできた，ヨーロッパの一体理念に基づく「欧州最高法廷」（サン・ピエール）や「欧州合衆国」（カント）など様々な超国家組織の構想だった。[3]

3 欧州統合運動の出発と挫折

19世紀末から20世紀初めによみがえったこれらの構想のそれ以前のとの違いは，まずそれが多く広域経済圏プランの形を取ったことだった。そして提案はもはや孤立した知識人や政治家の机上のユートピアではなく，政党や経済団体関係者が提唱して，政界，企業団体，大衆に支持を求める運動の形を取った。統合の理念はこの時初めて現実との接点を持ち，社会の要望や動きと結びついたといえよう。

　ドイツを例に取れば，この運動に一番熱心だったのはドイツ社会民主党（当時ヨーロッパ最強の社会主義政党）内で「修正派」（改革派）と呼ばれた右派や労働組合の穏健派指導者たちだった。彼らは左派・「革命」派と違い，資本主義や国民国家の海外発展・膨張を支持した。この派の一人ベルンシュタインは植民地政策を偉大な「文化諸国民の使命」と見なし，ヨーロッパ「文化諸国民のインターナショナル」を提唱した。この他様々な党内グループによって，中欧諸国の国内工業・労働市場の統合を目指す関税同盟「中欧共同体」や「上昇する欧州経済圏の連帯」などが提唱された。

　資本主義の現状維持を前提とする彼らの提案は，党内主流「革命派」から激しい批判を浴びたが，市場圏の拡大や戦争の危険という現実に支えられ，世論の支持を得たことも確かだった。それは，1913・14年に2度も，フランスとドイツの社会主義や自由主義諸党派の国会議員200名以上がスイスに集まり，両国和解の「癌」アルザス・ロレーヌ問題やロレーヌ・北フランス・ベルギーにまたがる鉄鉱石資源共同開発の構想――後のECSC（「欧州石炭鉄鋼共同体」）構

想の先駆――を議論したことにも表れていた。しかし現実の国際情勢は列強の融和とは逆方向にばかり進み，間もなくヨーロッパは第1次世界大戦に突入してしまった。

　この大戦で交戦諸国が目指したのはまず世界市場で自国の支配の拡大だった。しかし，開戦後，連合国に包囲され，海外市場から閉め出されたドイツは，軍事占領した中・東欧をたよりに勝利を目指すことを余儀なくされた。この情勢を背景にドイツの政界や財界に「中欧関税同盟」の構想がよみがえった。代表的なものとして電気コンツェルンAEGの社長で戦時経済の立役者ラーテナウが提案した「中欧関税同盟」（ドイツの指導下にオーストリア，フランス，ベルギーを含む）がある。しかし，特に反響を呼んだのは自由主義左派の政治家F. ナウマンが発表した『中欧論』（1915年）で，彼はドイツ・オーストリア両国のドイツ人を中心にハンガリーのマジャール人やチェコやポーランドの西スラブ諸民族が協力し，広域市場を基盤に政治的連合国家をつくることを提唱した。帝政の権威主義の下で民主主義と労働者への社会政策を夢見たナウマンは，このプランでも軍事大国ドイツの下で諸民族が政治的・文化的自治を享受し，協調する夢を描いた。人々はこの矛盾をつき，連合国側もこの案をドイツのヨーロッパ征服計画の一変種としか見なさなかった。事実ナウマン自身この矛盾を真剣に追求せず，また諸民族の平等を説きながら，一方ではドイツ人を「指導的国民」，他を「随伴的諸民族」と区別していたから，「欧州統合」の理念と現実の隔たりは彼自身の構想でもなお大きかった。

　しかしナウマンの『中欧論』は，こうした矛盾と非現実性をはらみながらも，大戦中のドイツで危機打開の一方策として支持者を広げていった。彼らは議会多数派の中核になり，「勝利の講和」に固執する政府・軍部・保守派に対し議会政治と「妥協の講和」により戦争を終わらせることを求めた。また革命後ワイマル共和国の政治的支柱になったのもこの中間派連合だった。そしてナウマンの『中欧論』は中間諸派の様々な「欧州統合」構想とともに両大戦間期にこの運動の主流となった。

4 両大戦間期の「パン・ヨーロッパ」運動

　第1次大戦後「ヨーロッパの没落」は誰の目にも明らかだった。戦争で疲弊したヨーロッパは世界市場を支配する力を失い，世界資本主義の中心はアメリカ合衆国に移っていった。その上ロシアが社会主義国ソ連になってヨーロッパから離れた。またハプスブルク帝国が崩壊した後，独立した諸小国家はそれぞれ国民市場をつくろうとし中欧の広域市場は細分された。一方ヴェルサイユ体制下でフランスはポーランドなどと組んでドイツ包囲網を築く一方，ドイツとオーストリアの合併を禁じた。ヨーロッパ制覇を目指すフランスはまた賠償支払いの遅れを口実に1923年ルール地域を占領，ルールの石炭，ロレーヌの鉄鉱石の独占を図ったが，失敗した。フランスの力はヨーロッパを単独で支配するには足りなかった。この後欧州の政治・経済は大混乱に陥り，ドーズ案というアメリカ資本のカンフル注射でやっと危機を脱することができた。

　こうした混乱と困難な現実を背景に欧州統合の理念が再びよみがえった。23年，オーストリア貴族で，半ば日本人の血を引くクーデンホーヴェ・カレルギーは「ヨーロッパ合衆国」を目指す「パン・ヨーロッパ」運動を始めた。ヨーロッパが平和と安定，さらに繁栄を取り戻すには共同市場と連邦組織の「合衆国」以外に道はないという彼の主張は大きな反響を見出した。20年代後半，欧州経済がやや安定し，資本市場や企業提携がさかんになると，今まで比較的冷たかった財界にも賛同者が増え，「ヨーロッパ合衆国」はやがて一種の流行語にさえなった。[6] しかし，共同市場の理念がいかに歓迎されても，これが国家単位で働く市場の現実に近づくと，依然無力なことが明らかになった。例えば1927年ジュネーヴで関税同盟の実現を目指し大規模な「世界経済会議」が催された時，ここで人々が知ったのはなお自国本位の考え，国家間の相互不信の強いことで，結局会議は何の成果も生まずに終わった。こうした理念と現実の隙間を埋めるため，国家間の対立を超える国際的政治家の強い指導力が期待された。1929年フランス外相ブリアンが，ジュネーヴの国際連盟でこの「合衆国」提案を発表したのは，こうした期待の下でだった。当時，ブリアンは25年ロカ

ルノ条約，28年のケロッグ・ブリアン不戦条約などの成功で名声の頂点にいた。彼は「ヨーロッパ合衆国」の経済的側面を強調し，「われわれがヨーロッパ諸国を経済的に接近させるなら，次にわれわれは諸民族を政治的にも結合させ，階級も歩み寄るであろう」といった。この提案に独仏協調の相手役，ドイツ外相シュトレーゼマンも賛成し，連盟総会はフランス政府に具体案作成を委託した。こうして「欧州統合」理念の実現が目前に迫ったかと思われた。[7]

仏政府が具体案を示すのに8ヵ月かかったが，その間にシュトレーゼマンの急死，ニューヨークの株式恐慌，仏の政府交代——ブリアンは外相に留まったが——というヨーロッパの前途に不吉な影を落とす事件が相次いで起こった。そして翌年5月公表された案では，ブリアンが先に示した案と違い，「合衆国」の政治的意義，フランスの安全保障が前面に押し出されていた。それは国境の現状維持を前提にロカルノ条約を全ヨーロッパに拡大するだけだったから，ドイツをはじめヴェルサイユ体制の現状に不満な国々が受け入れないことは明らかで，結局フランス案は立ち消えになった。

この8カ月の間にフランスが「ヨーロッパ合衆国」案を実現不可能なものに変えた理由は必ずしも明らかでない。また，その責任を負うのがブリアンか，あるいは他の外務省官僚かも依然謎である。だがブリアンが当時国内保守派の反対に抗して協調外交を進めたにせよ，彼が目指したのがヨーロッパの利益よりもフランスの国益，その安全保障だったことは確かであろう。

これと同じことは，ブリアンの相手方シュトレーゼマンにもいえる。大戦中，軍部・保守派のヨーロッパ征服計画を支持するナショナリストだった彼はワイマル時代，ロカルノ条約を成立させ，「ヨーロッパ合衆国」を支持する「平和外交家」「良きヨーロッパ人」に変わったといわれる。しかし彼が20年代に協調外交の指導者として追求したのは何よりもドイツの国家的利益だった。具体的にはヴェルサイユ体制をくつがえす前提としてドイツの立場強化，主に東での失地回復，さらに世界市場での戦前の地位を取り戻すことであった。

ドイツもまたヨーロッパをまず自国の利益のために利用しようとしたことは，同じ30年にオーストリアとの間で進めた両国の関税同盟交渉の理由づけにも表れていた。両国は，この関税同盟をフランスが提案する経済的「ヨーロッパ合

衆国」への第一歩と説明して独墺合併の既成事実をつくるのではないかというフランスの疑いをかわした。しかしこの説明はフランス政府を納得させず，結局ドイツはこの計画を放棄せざるをえなかった。欧州統合への寄与というドイツの説明がたとえ本当でも，その実現の第一歩がドイツ国家の強化につながることが，フランス・ナショナリズムには許せなかったのである。[8]

両大戦間期にはまだ，ヨーロッパ統合の理念がいかに高く掲げられようと，それが現実の政治過程に近づけば近づくほど，支配的な国民国家や国民市場の論理に取り込まれ，ナショナリズムに奉仕させられた。そして，30年代，ヨーロッパでは，ヒトラーのナチズムに代表される狂気のナショナリズムがますます勢いを得ていった。

注

1) クリスチーヌ・オクラン，伴野文夫訳『語り継ぐヨーロッパ統合の夢——ローマ帝国からユーロ誕生まで』日本放送出版協会，2002年，50ページ以下。クシシトフ・ポミアン，松村剛訳『ヨーロッパとは何か——分裂と統合の1500年』平凡社，1993年，第19, 20章を参照。
2) 木谷勤『帝国主義と世界の一体化』〈世界史リブレット〉山川出版社，1997年，54ページ以下「文明と野蛮の二分法」を参照。
3) Charles I. C. Saint Pierre (1658-1743) はフランスの聖職者。ヨーロッパの国際紛争を解決するため超国家的国際法廷を設けるよう提案した。主著『永久平和草案』。

 Immanuel Kant (1724-1804) は近代ドイツを代表する偉大な哲学者で，合理的認識の成立する仕組みを明らかにし，近代哲学の祖といわれる。また「ヨーロッパ合衆国」よって平和を求めた。
4) G. Schulz, "Die deutsche Sozialdemokratie und die Idee des internationalen Ausgleichs," in: *Aus Geschichte und Politik. Festschrift zum 70. Geburtstag von L. Strasser*, 1964, S. 99ff. 木谷勤「欧州統合の理念と現実」『思想』第489号，1965年3月，342ページ。
5) ナウマンと親しく，政治的立場も近かったマックス・ウエーバーも『中欧論』の非現実性を批判した。Wolfgang J. Mommsen, *Max Weber und die Deutsche Politik 1890-1920*, Tübingen: J. C. B. Mohr, 1959, S. 231. 〔安世舟他訳『マックス・ヴェーバーとドイツ政治Ⅱ』未来社，1994年，399ページ以下〕

6) クーデンホーフ・カレルギー『回想録』鹿島出版会, 1964年。
7) Walter Hagemann, "Die Europaidee bei Briand und Kudenhof-Kalerugie," in: *Aus Geschichte und Politik*, 1964, S. 154 ff.
8) Anneliese Thimme, Gustav Stresemann, "Legende und Wirklichkeit," in: *Historische Zeitschrift*, Bd. 191, S. 313f., 324ff. 木谷前掲論文, 346ページ以下参照。

参考文献

石川謙次郎『ヨーロッパ連合への道』NHKブックス, 1994年。
小倉欽一『ヨーロッパの文化と統合——国家・民族・社会の歴史』太陽出版, 2004年。
クリスチーヌ・オクラン, 伴野文夫訳『語り継ぐヨーロッパ統合の夢——ローマ帝国からユーロ誕生まで』日本放送出版協会, 2002年。
クーデンホーフ・カレルギー, 鹿島守之介訳『パン・ヨーロッパ』鹿島出版会, 1964年。
木谷勤『帝国主義と世界の一体化』〈世界リブレット〉山川書店, 1997年。
木畑洋一郎編『ヨーロッパ統合と国際関係』日本経済評論社, 2005年。
紀平栄作編『ヨーロッパ統合の理念と軌跡』京都大学学術出版会, 2004年。
テオ・ゾンマー, 加藤幹雄訳『不死身のヨーロッパ——過去・現在・未来』岩波書店, 2000年。
H. ケルブレ, 雨宮昭彦他訳『ひとつのヨーロッパへの道——その社会史的考察』日本経済評論社, 1997年。
クシシトフ・ポミアン, 松村剛訳『ヨーロッパとは何か——分裂と統合の1500年』平凡社, 1993年。

第2章　欧州統合の出発と実現

1　第2次大戦後，冷戦と西欧の復興

　第2次世界大戦は1939年9月，ヒトラーのポーランド侵攻に始まり，45年5月ドイツの無条件降伏で終わった（アジアの戦争は8月まで続いたが）。この戦争はヨーロッパをどん底に落ち込ませた。数年にわたる総力戦の結果，西欧や中欧の国々は多く焦土となり，経済も疲弊つくしたばかりか，国際政治でも米ソ両超大国の陰でほとんど無力になった。廃墟となったヨーロッパを前に「ヨーロッパ合衆国」建設の必要を最初に説いたのは，イギリスの戦時中の首相チャーチル（1946年スイスでの演説）だった。彼はヤルタ会談で米ソ（ローズヴェルトとスターリン）に対抗して大英帝国の権益とヨーロッパの立場を守るため（ドイツ占領にフランスが参加できたのも彼の尽力による）文字通り懸命の努力をした。この経験に基づき，老練なチャーチルは大戦前に一時はやった統合スローガンを持ち出したのであった。

　しかし掲げられた理念の実現に道を開き，それを歩んだのはイギリスではなく，大陸の西欧諸国フランス，ドイツ，イタリアとベネルックス3国だった。後者のベルギー，オランダ，ルクセンブルクはすでに大戦中の1944年に関税同盟を結び，小さいながら欧州統合のモデルを示していた。そしてこれら西欧を代表する国々に国民国家の枠を超え，統合への道を歩ませるきっかけを与えたのは，1947年から始まった冷戦の激化だった。[1]

　しかしこの統合の出発にアメリカ合衆国の果たした役割も見逃せない。第2次大戦後，合衆国は，世界資本主義の再建と平和実現のため，国際通貨基金IMFや世界銀行を柱に自由貿易市場の安定・拡大および国際連合の設立に指

導的役割を果たした。しかし戦後世界を牛耳る米ソ両大国の関係は悪くなるばかりで，1947年5月アメリカ合衆国大統領は「トルーマン宣言」を出し，ソ連封じ込めを始めた。それに伴い，合衆国はドイツ占領政策の重点を非ナチ化から経済復興に移す一方，戦後復興が遅れ，共産党の進出が目指ましい西欧諸国を自由陣営の大黒柱として再建するため，47年6月大規模な経済援助計画マーシャル・プランを提案した。実は，この案を準備する中で，アメリカ政界指導者の間ではドイツの東西分割（西ドイツ建国）と組み合わされ，西欧を統合する「ヨーロッパ関税同盟」の構想が生まれていた。その推進者の代表は当時共和党議員 J. F. ダレスで，彼はのち50年代にアイゼンハワー政権で国務長官になり，対ソ「巻き返し」政策の立役者になった。[2]

事実，「マーシャル・プラン」はソ連側の反発を呼び，東西対立は決定的になって，49年にドイツは分裂，西にドイツ連邦共和国，東にドイツ民主共和国が誕生した。また援助を受け入れた西欧諸国でも，政府から共産党閣僚が排除され，政争が激化した。しかし経済では援助資金による復興・安定が進み，西欧諸国の経済は1950年にほぼ戦前の水準に回復した。特にフランスではこれを機に「モネ・プラン」といわれる経済復興計画が実施されたが，それはすでに仏独を軸に欧州統合を視野に入れていた。また「マーシャル・プラン」の実施は西欧諸国間の貿易や為替取引の自由化・ルール化を促し，後の経済統合への道を準備する一方，これと結びついて「北大西洋条約機構」NATOへの参加も，安全保障のため超国家組織の下で国家主権の制限を受け入れる考えに西欧市民をなじませた。[3]

50年代西欧諸国の経済発展は目覚ましかったが，米ソ対立の谷間でアメリカへの従属が強まるにつれ，ヨーロッパの政治的無力はいっそう深まった。「マーシャル・プラン」以後西欧諸国で政権を担ったのは主に中道派だったが，その中核をなしたのはカトリック系キリスト教民主政党，フランスの人民共和運動 MRP，西独のキリスト教民主同盟 CDU，イタリアのキリスト教民主党 CDなどで，これら諸政党は，アメリカと協力しながらヨーロッパの復権を目指し，国民経済の枠を超えた共同市場づくりという大実験に取り組んだ。

それぞれ2億前後の人口とそれに見合う経済規模を持つ米ソ両国に，一番多

くても数千万の人口しか持たぬヨーロッパのどの国も一国では対抗できない。西欧諸国が結束し，米ソに匹敵する人口と経済力を持つ大市場をつくり，そこで重化学工業と農業の近代化・合理化を進めてこそ，世界市場での競争に生き残り，政治的にも自己主張できるだろう。当時，この構想実現の第一歩として人々が目指したのが，半世紀前から繰り返し提案されてきた，ルールの石炭とロレーヌの鉄鉱石を結びつける独仏協力であった。

かつて穏健社会主義者や左派自由主義者など中間派が提唱してきたこの構想の実現に，この時期最も真剣に取り組んだのが独仏伊3国のキリスト教民主党で，しかもこれらの党を指導した3人の政治家（MRPシューマン，CDUアデナウアー，CDのデ・ガスペリ）がいずれも国境に接し「相次ぐ戦争の犠牲になった諸地域」の出身者であったことは決して偶然でなかった。彼らの努力は1950年に採択された「シューマン・プラン」に基づき，52年西欧6カ国（独仏伊にベネルックス3国）が参加する「欧州石炭鉄鋼共同体」ECSC成立に結実した。

2　ECSCからEECへ

ECSCによる仏独提携は両国はじめ参加諸国の石炭・鉄鋼・機械・自動車など関連業界から歓迎され，ヨーロッパ統合の第一歩になった。しかしこうした個別分野の共同市場成立がそのまま全領域の統合を促進したわけではない。例えば石炭・鉄鋼に次いで独仏連携の目標になったのは農業だったが，関連分野が多岐にわたり，利害関係も複雑な農業での共同市場成立には障害も多かった。このため両国の間で農業共同市場創設を目指す「グリーン・プール計画」も，これを全西欧に拡大する「フリムラン・プラン」もともに失敗した。

政治面での統合も同様に進展しなかった。50年代初めアメリカが西独の再軍備を進めた時，シューマンらフランス政府首脳は「ヨーロッパ防衛共同体」EDCをつくり，NATO内のヨーロッパ軍にドイツ軍を仏・伊・ベルギー軍と一緒に組み入れることによって，国内世論の反対をかわそうとした。シューマンはこれによって欧州統合を安全保障の領域にも広げるつもりだった。しかしナチスの暴虐を忘れない諸国民の不安は大きく，特にフランスではドゴール派

と共産党が反対したため国論は二分し，論争が4年も続いた後，54年8月フランス国民議会はこれを否決した。EDCの失敗は欧州統合にとって大打撃で，そこには理念を強調し統合を急ぐ政財界エリートと現状になれた民衆との間のギャップがのぞいていた。

しかしこの挫折にもかかわらず西欧の統合は前進を続けた。ヨーロッパの再生にとって主権国家を超えた大きな枠組みの必要は至るところで痛感されていた。例えば経済でも農業など単一部門で共同市場が機能するには，その前提としてあらゆる産業部門を含む全般的な共同市場が必要なことが多くの人々にも分かり始めていた。このような全分野をおおう共同市場が「ヨーロッパ共同市場」EECであるが，欧州統合をECSCからEECに前進させるのに一番貢献したのは，50年代ますます明らかになった西欧国民国家の衰退，特にヨーロッパの世界支配の象徴だった海外植民地の相次ぐ喪失とそれが西欧諸国民にもたらした政治的混乱だった。

第2次大戦中およびその後，急速に力をのばしたアジア・アフリカの民族解放運動は，旧い植民地支配の復活を許さず，1945〜50年の間にインドネシア，インドが独立した。

しかし，この大戦でかろうじて戦勝国に仲間入りしたフランスは，この時代の流れを読み違え，ベトナム，北アフリカの旧植民地を手放そうとしなかった。50年代インドシナ戦争の敗北が傷口を広げ，さらに56年，イギリスとともに始めたスエズ戦争で，軍事的に成功しながら，外交と政治でアラブ・ナショナリズムと米ソの介入の前に完敗した。これに加え，国内の政治的混乱に拍車をかけたのが北アフリカ，アルジェリアの反仏独立戦争だった。泥沼化した植民地戦争を終わらせるため，58年右派＝植民地維持派に擁立されてドゴールが政権を握り，第5共和制を発足させた。しかし翌59年ドゴールは支持勢力の期待を裏切り，アルジェリアの独立承認を決断した。

実はECSCからEECへ，部門統合から全般的共同市場への飛躍は「欧州統合の長い成立期のクライマックス」とも呼ばれるが，それが準備されたのは，フランスが国民国家として破綻の危機にひんした時期だった。すなわち1955年，EDC計画が挫折した年の翌年，ECSC加盟6カ国の代表はイタリアのメッシ

ーナに集まり「統合の再開」に合意した。そしてここでの提案をたたき台に激しい議論が2年も続いた後、57年3月「ローマ条約」調印でやっと「欧州共同市場」EECが誕生した（58年1月発足）。

「ローマ条約」による統合の再活性化にイニシアティブを取ったのはベネルックス3国中のオランダだった。農業国オランダは先述の独仏2国間の農業共同市場をめぐる交渉がもし成立すれば、オランダ農産物が両国特に西独市場から閉め出されるのを恐れていた。

それゆえオランダは「グリーン・プール」計画が挫折した後、共同市場・関税同盟によってヨーロッパ6カ国が互いに市場を開放し合う方策を求めた。アルジェリアはじめ植民地から撤退せざるをえないフランスも欧州市場をより重視するようになっていた。西独も自国の農業利害を超えて、国際的地位向上のために、欧州統合の前進を必要とした。その上アメリカの攻撃的な農産物放出政策が6カ国すべてに共同市場による対外保護関税域の設定を期待させていた。こうして農業の共通市場構想は「ローマ条約」が全般的共同市場を準備する中で最初に浮上し、その実現は「欧州原子力共同体」EURATOM ──「当時、原子力の神秘的な威信はとても大きかった」（Ch. オクラン）──とともにEEC発足の門出をかざった。[5]

3　欧州統合とナショナル・インタレスト──ドゴールのフランス

以上ヨーロッパ統合形成期の経過を見ると、西欧諸国が統合を目指し何らかの政策を進める際、掲げられる理念や目標の背後に常に何らかの具体的ナショナル・インタレストが潜んでいた。

それゆえ統合の経済史家ミルワードは「ヨーロッパ統合は国民国家（経済）救済のために成立した」とさえいう。[6] 確かに欧州統合の理念と主権国家利害の相克あるいは相互補完性は、すでに見たように両大戦間期の「欧州合衆国」構想でのブリアンやシュトレーゼマンでも同じだった。ただ違いは、ナショナリズムや主権国家全盛期の第2次大戦前では、統合と国家利害の2要因のうち圧倒的に優勢だったのが後者で、前者の理念や目的は常に後者の現実に引き寄せ

られ，そして現実に近づけば近づくほど変質し，ついには消滅することが多かった。

これに対し大戦後の冷戦下，無力になった西欧諸国では，この関係が逆転した。むしろ主権国家の利益は統合の名の下，国家間の協力や主権の制限・共有によってより良く守られ，達成されることが多くなった。もちろん今日も国家はそれぞれ独自の利害，ナショナル・インタレストを持ち，それが国際インタレストや主権国家を超える統合の理念と衝突することも多い。しかしグローバリゼーションが進む今日，統合はもはや理念に留まらず現実的なインタレストとして政治や経済を律する強力な力，趨勢になっている。いい換えれば今日，ヨーロッパ統合の理念は個々の国家のナショナル・インタレストと対立しつつ，互いに助け合い，補完する関係にあるといえよう。

われわれはこのような対立と相互補完の最も際立った例を，フランスのドゴール大統領（在任1959～69年）の政策に見ることができよう。ドゴールはフランスの国家的危機を救うため登場し，その後ほぼ10年にわたりEECの拡大・発展に寄与――時には妨害も――した。

第2次大戦中，対独レジスタンスを指導し，戦後短期間首相としてフランスの復興にあたったナショナリスト，ドゴールが一番憎んだのは大戦後フランスをのけ者にし，米ソの世界支配をもたらした「ヤルタ体制」だった。政界を退いた後も，彼はフランスを愛する立場からモネやシューマンらMRP中道派が進めた欧州統合に批判的で，彼の意を受け継ぐドゴール派は例えば50年代前半に国論を二分したEDC問題でも反対を貫いた。

しかしドゴールは自分の熱望するフランスの栄光回復，経済の復興，国際政治で米ソとの同権を達成するため西欧諸国との協力や「第三世界」の支持が必要なことをよく理解していた。それゆえ彼は別の機会に「諸国民の連合，諸国家の連邦，これこそ私がつくることを提案し，1943年以来取り組み始めたものです。……私見では，誰も統合ヨーロッパへの参加を真剣に望んでいるのです」(53年)といっている。それにもかかわらず当時ドゴールが中道派の統合推進に一貫して反対したのは，統合がアメリカの覇権と「ヤルタ体制」を前提にしたまま，政治・軍事にまで踏み込んで性急に進められるのに賛成できなか

ったからであった。政治の表舞台から退いた50年代のドゴールにとって，理念・目標としてのヨーロッパ統合と彼自身のナショナル・インタレストはまだかけ離れていたといえよう。

しかし58年6月，フランスを危機から救う責任を負わされたドゴールはただちにこのズレを乗り越えねばならなかった。そして彼が選んだのは支持者や反対派の期待や予想を超える思い切った方向転換だった。まずアルジェリア問題について，ドゴールは保守派ナショナリストの期待に反し，アルジェリアの完全独立を認め，その後3年にわたる現地軍や植民者たちの激しい反対やテロを乗り切って，フランス国民もこれを受け入れた。

また国内の中道派は，前年ローマ条約に反対した新大統領ドゴールが発足したばかりのEECを葬り去るのではないかと恐れていたが，ドゴールはローマ条約の尊重を約束し，58年秋には西独首相アデナウアーと会って統合での協力を確認した。その後，この2人の老政治家の緊密な結びつきの上に62年9月「独仏相互協力条約」が生まれ，2世紀にわたりヨーロッパの平和を脅かし続けた両国の対立に終止符が打たれた。

一見，パラドキシカルなドゴールの政策選択には一貫した目標が貫いていた。それは米ソの谷間に沈んだフランスの復権，その前提としてのフランス経済の活性化とそれを助ける国際環境の創出だった。事実，アリジェリア独立による脱植民地化はフランス経済を停滞する植民地市場から急成長するEEC大市場に向かわせ，その後60年代半ばまで年率5％もの高い成長を達成し，フランスを工・農業ともに一級の先進国に仲間入りさせた。またドゴールがアデナウアーと協力して築いた「独仏枢軸」も，両国がEEC内で主導権を維持するという国家目標に役立った。

そしてドゴール時代，フランスの欧州統合はそれ以前のシューマン，モネ期の政策と連続面を持つと同時に明らかに断絶していた。それは対米関係での変化で，シューマンやモネの統合理念はすでに見たようにフランスさらに西欧の復権を目指しながら，それはあくまでアメリカとの協調，その傘の下での自立であった。しかし「ヤルタ体制」を敵視し，アメリカへの従属を拒否するドゴールは対米政策で明らかにそれ以前と断絶し，このためフランスの外交・軍事

政策はしばしばアメリカとの摩擦を生み，それは EEC 内部に混乱を引き起こした。

もともと軍事機構 NATO をアメリカのヨーロッパ支配の道具と見るドゴールは59年以来フランス海軍の一部を NATO の指揮から離脱させていたが，63年からその範囲が拡大し，69年にはついに全軍を NATO から引きあげた。この他，ドゴールの対米挑戦は冷戦のさなか「東」への接近という形も取り，彼は64年に中国を承認し，また仏ソ通商協定を締結，66年にはソ連・東欧諸国を公式訪問して，ワシントンをいらだたせた。またこの時期フランスは「第三世界」への経済・技術援助を積極的に進め，アフリカの新興諸国を味方に引き入れる一方，ベトナムの民族運動と中立化を支持して，アメリカの軍事介入を批判した。また中南米にも援助の手を広げ，特にアメリカに経済封鎖されたキューバを助けてアメリカを激怒させた。

フランスの国際的地位を高めるための対米戦略はまたイギリスの EEC 加盟にも影を落とした。世界中に広がる帝国の遺産や合衆国との特別の縁のためイギリスは大陸生まれの EEC への参加をためらい，初め北欧諸国やスイス，オーストリアなど6カ国をさそい「ヨーロッパ自由貿易連合」EFTA をつくって対抗した。しかし脱植民地化をてこに英米の2倍の早さで経済成長をとげる EEC の実績の前に折れて，イギリスはそれへの加盟を申請した。しかしイギリスを合衆国が統合欧州に送り込むトロイの木馬と見るドゴールは63年1月この申請を拒否した。EEC 内でもイギリスの加盟を歓迎する声が強かったにもかかわらずである。この他農業問題でフランスの利害の突出，政策決定での全員一致原則（多数決原理の拒否）への固執，さらに激化するベトナム戦争での対米姿勢をめぐり深まる他の国々との亀裂など，ドゴールが欧州統合の中で求めた国益は時には統合の前進にとってブレーキになった。[7]

4　統合の「拡大と深化」——「外部化と内部化」

1967年に EEC は ECSC と EURATOM を合わせて「欧州共同体」EC になった。その後欧州統合は順調に発展し，「拡大と深化」を続けた。まず「拡

大」あるいは「外部化」では、69年ドゴール退陣後フランスの反対がやみ、73年にイギリスはアイルランド、デンマークとともに EC に加盟した。さらに80年代ギリシャ、スペイン、ポルトガル 3 国、95年にはスウェーデン、フィンランド、オーストリアが加わり、加盟国は15カ国になった。この間にアメリカ経済の圧倒的優位は終わり、EC（93年から「欧州連合」EU）は合衆国、日本とともに世界経済の 3 極構造の一郭をなすに至った。

　一方、統合の「深化」また「内部化」の前進も著しかった。初め EEC 加盟 6 カ国は関税同盟で域内のモノとヒトの自由な往き来を促進し、国境の壁を段階的に取り払っていった。すなわち68年には共通関税が発足し、さらに86年加盟国間に残る様々な非関税障壁（税や技術・資格基準などの格差）を撤廃した「単一ヨーロッパ議定書」はその総仕上げだった。また加盟国は農業（62年「共通農業政策」CAP 成立）、運輸、通商など諸経済分野で共通政策を進めた。この他統合ヨーロッパの意思決定の場や手続きも次第に整備され、67年に「閣僚理事会」や「欧州委員会」などの設置も決まった。そして、こうした主要機関で決定が全員一致でなされた場合、加盟国は国家主権の一部を放棄し、その機関に委ねることになった。その上でブリュッセルのエリート官僚が運営する諸機関を監視、チェックするため、加盟国市民が直接議員を選ぶ「欧州議会」もストラスブールに発足した（79年）。

　EEC から EU まで欧州統合の前進はヨーロッパの経済のみならず政治・社会のありようも根底から変えた。この大実験を通じてかつて西欧の政治を特徴づけてきた国家間のパワー・ポリティクスは妥協と取引・交渉の政治に道を譲った。もちろん前に見たように統合で加盟国が追求したのは何よりも自国の国益だったから何らかの主権制限や権利放棄を伴う妥協に達する交渉の道は遠かった。そして困難な交渉はしばしば決裂の危機を生み、統合の前途に暗雲を漂わせた。例えばドゴールは自国のアイデンティティを守るため EEC 内の諸小国やブリュッセル官僚が熱心な「連邦化」に反対だったが、65年 7 月「欧州委員会」が進める新財政政策に反対して 6 カ月も EEC の活動をボイコットした。そして重要案件については全員一致の原則を守るという妥協が成立して、やっと危機が回避された。

「ブリュッセルのマラソン」と呼ばれるこうしたねばり強い駆け引きの連続はしばしば統合ヨーロッパの機構的欠陥と非難される。しかし、それはもはや国家間の対立を力で解決することをやめた「不戦共同体」のむしろすぐれた属性といえよう。そしてこの新欧州の国家関係のありようはすでに80年代半ばEC加盟国市民の多くに肯定的に受け入れられていた。一方、核兵器で脅し合う冷戦下、西欧が、NATOの武力を後ろ盾にとはいえ、力より妥協や交渉を選ぶ「不戦共同体」を築き、広げていったこと——統合の「外部化」のもう1つの側面——は、20世紀末に起こる東欧共産圏崩壊とそれに伴う欧州統合の新展開に思いがけず寄与した。

実はドゴールが退陣した69年、西独でも社民・自由連合のブラント政権が誕生し、東独・ポーランド・ソ連とのデタント外交（「東方政策」）を進めていた。ブラントは鉄のカーテンの向こう側を敵視し否定するだけの冷戦の論理を超えて、その存在を認め、またそれらの国々にドイツがかつて加えた危害を率直に詫び、援助の手をさしのべた。その外交は、80年代後半にECのCOMECON（ソ連圏の経済相互援助機構）との取引や援助を増やす政策転換の先駆けとなり、それがまた当時行き詰まりつつあったソ連圏の——崩壊に終わったとはいえ——自己変革の開始に少なからず力を貸したといえよう[8]。

5 冷戦終結・ドイツ再統一と統合の新展開

1989年秋、東欧社会主義諸国で連続革命が始まり、11月にベルリンの壁が崩壊した。東ドイツでの革命の進行はECの欧州統合にも衝撃を与えた。初め体制の民主化を求めて立ち上がった東独民衆のデモは、経済の急速な悪化の中で、豊かな兄弟国西独との即時統一を求めるようになり、1年後に東独は西独に吸収されてドイツ再統一は完了した。

この合併はEC内でドイツの存在を他国との均衡を破るぐらい大きくした。すなわち新ドイツは、8000万近い人口と1兆ドルを超えるGNPを持って、ずば抜けて大きく、ECが「ドイツ化」されるのではないかという恐怖が、大戦中のナチス・ドイツの占領の記憶とともによみがえった。イギリスのサッチャ

一首相が激しく，仏大統領マクミランが穏やかにこの恐れを語った。しかし合併による統一を進めた独首相コール，外相ゲンシャーのコンビは的確な対応でこの心配を消していった。ハードルの1つはポーランドとの国境（オーデル・ナイセ線）問題で，ドイツは国内への配慮から今まで曖昧にしてきた戦後の国境変更を改めて受け入れ，確認することでこれを乗り越えた。また統一後のドイツがNATOに留まることへのソ連の反対もこの軍事機構の攻撃的性格を薄め，続く冷戦の終結によって自然に克服された。[9]

そして最大の障害，EC内の「強すぎるドイツ」への危惧を封じ込めたのは，この歴史的な民族再統一を迎えるドイツ市民の冷静さ――ナショナリズムの昂揚は見られず，西独では性急な統一への批判も強かった――とEC発足以来統合ヨーロッパでドイツ人が西欧世界にとけ込み，そこでポジティブな役割を果たしてきた実績であった。要するに統一ドイツのECへのスムーズな受け入れは，人々の恐れた「ヨーロッパのドイツ化」ではなく，「ドイツのヨーロッパ化」が保障されたことによって可能になった。

このことを最もはっきり人々に訴えたのは90年10月3日統一式典でワイツゼッカー大統領が国境の意義について語った次の言葉であろう。「ドイツほど多くの国と国境を接している国はありません。過去100年，それぞれの国境で暴力が行使され，そして限りなく多くの血が流されました。しかし今や，われわれのすべての隣国も，またわれわれドイツ人も安全な国境の中で生活を送っています。国境は，われわれが暴力の行使を放棄することによってのみならず，国境の機能の変化を十分わきまえることによって守られるようになったのです。……われわれは国境から人々を分かつ性格を除きたい。すべてのドイツの国境は隣国への架橋にならなければならない。それがわれわれドイツ人の意思であります」。[10]

大統領の演説が示すように，ECは「不戦共同体」になろうとしていた。そして統一ドイツの受け入れはむしろ欧州統合の前進をうながし，91年末のマーストリヒト会議で共通通貨ユーロの採択が決まった。このとき同時にECは「欧州連合」EU（93年発足）になり，共通の外交や安全保障（防衛）政策を持った。統合欧州は将来政治共同体になることを目指し，加盟国は2004年さらに25

カ国に増えた。

　EUはこのように「拡大」と「深化」を続けたが，その歩みは依然非常にゆっくりである。統一通貨ユーロを例に取れば，EUの通貨統合計画は70年代に始まり1度挫折した。フランやマルクといった各国通貨は主権国家のシンボルだから，統合の対象にはなりえないと当時多くの人は考えた。しかし78年に再び持ち出され，承認されたが，その後も，実施計画を盛り込んだマーストリヒト条約が発効したのが93年，そして加盟11カ国で新通貨ユーロが流通し始めたのが2002年と，実現まで実に20年以上かかった。しかも——04年新規加盟の10カ国を別にして——今なおイギリスなど3カ国がこれを受け入れてない。

　さらにEUは2004年，政治共同体に近づく一歩として，EU大統領ならびに外相職を置く欧州憲法条約を採択し，その批准を各加盟国に委ねた。しかし05年5/6月フランスとオランダの国民投票はこの憲法草案を大差で否決してしまった。世論の逆風を知ってイギリスの労働党ブレア政権も予定していた国民投票の実施を凍結した。欧州憲法の発効は加盟25カ国の批准——国民投票，国会での票決のどちらでもよい——が条件だから，1カ国でも反対のうちは，憲法は成立しない。冷戦終了後，順風満帆の勢いで進んでいた欧州統合の「拡大と深化」は今ここで暗礁に乗り上げたかに見える。

6　21世紀にEUが直面する課題

　第2次大戦大戦後のほぼ半世紀，ヨーロッパの統合はその理念（「多様性の中の統一」）と目標（「平和と繁栄」）をほぼ達成した。もっともこの成果は近年，成長の鈍化や失業の増加などによって多少かげりを見せているとはいえ，EUの豊かさは依然周辺の国々の人々を強く引きつけている。その作用は冷戦中，ソ連圏に属した中東欧諸国の人々に対して特に強く，04年に新規加盟した10カ国中の8カ国（ポーランド，ハンガリー，チェコなど，および旧バルト3国）がこの地域に属し，それにブルガリア，ルーマニアや旧ユーゴの国々が続き，さらに国民の99％がモスレムのトルコさえEU加盟を熱望している。

　この吸引力の秘密は，EUがまず人口4億5700万人（米国2億9100万人，日本

1億2700万人)，国内総生産 GDP 10兆2890億ユーロ（米9兆4300億ユーロ，日3兆7580億ユーロ）(04年)の繁栄する大市場であることであろう。しかもこの巨大な共同市場に加入するには，市場での一定の競争力と経済・財政の運営能力を求められる一方，道路・橋など遅れたインフラ整備や農業振興・環境改善などのため援助が与えられた。それゆえ EU への加盟はこれら諸国にとり先進国の仲間入りするのに最も近道と思われた。この他 EU 先進諸国が，国により差はあれ，アメリカの市場原理の競争社会と比べ，おおむね弱者に優しい福祉社会を維持していること，また EU が民主主義を基本に自由や人権の擁護を求めつつ，加盟国間の平等，民族や言語の多様性を尊重する「不戦共同体」をうたっていることも，強制と抑圧，憎悪と闘争にあふれた歴史をつい最近まで負ってきた中東欧の人々にとって大きな魅力であるに違いない。[11]

　もちろん EU をめぐる歴史は単なる成功物語ではなく，それは今理念と現実の衝突の新たなディレンマに直面している。そのディレンマは，EU のまさに成功の結果で，加盟国が広がり文化や民族の多様性が増して，EU 全体を包む一体性，その理念のいう「多様性の中の統一」が人々に実感できなくなったことにあった。

　例えば，04年ポーランドの EU への加盟を EU 側は「ヨーロッパの拡大」と呼ぶが，ポーランド人特に知識人は「ヨーロッパへの回帰」と呼ぶ。それによって自分たちはもともとヨーロッパ人なのだといいたいのである。その上，冷戦時代に「東欧」と見なされることの多かったポーランドの歴史家は最近ヨーロッパを「西欧」「西中欧」「東中欧」「東欧」の4地域に分け，自国を「東中欧」に入れる。そこには，ポーランドをヨーロッパの辺境「東欧」から外す一方，ドイツが入る「西中欧」と別に「東中欧」を立て，ドイツの影響からも脱したい彼らの願いがうかがわれる。[12]

　これに対し西欧でも，特に05年5月，欧州憲法の国民投票の時，EU の拡大で東方から入ってくる安い労働力の象徴として「ポーランドの配管工」という根拠のない噂が広まった。憲法反対派はこれによって失業の不安におびえる庶民の心を捉えようとしたのである。

　これと同時に，トルコの EU 加盟交渉も難航した。トルコはすでに1952年か

ら西欧防衛の NATO に加わり、EU への加盟申請も83年と中東欧諸国よりも早かった。05年10月やっと正式の加盟交渉が始まったが、その前途は暗い。その背景には、この年の暮れに公表された EU 世論調査によれば、トルコ加盟への支持が25カ国平均でわずか31％という厳しい現実がある。

　先に述べたように、EU は90年代から独自の外交と安全保障政策を取り始めたが、失敗の連続だった。始まりかけた旧ユーゴの民族紛争を鎮めようと努力したものの、集団虐殺や大量難民といった危機の発生を防げず、結局 NATO の軍事力に頼る他なかった。この苦い経験をもとに EU 首脳は99年末紛争現場で活動する5〜6万人規模の危機対応部隊や治安維持に当たる警察を設け、実際にアフリカのコンゴや旧ユーゴのボスニア・ヘルツェゴヴィナに派遣した。内で平和を固めたヨーロッパは、今や平和を外に広げる活動を始めたといえよう。

　2001年9月の同時多発テロ以後、アメリカは対テロ戦争の名のもとアフガン戦争、03年3月対イラク戦争を始めた。当時、EU は独自の欧州安全保障戦略を練っていたが、その重点は国連などとの連携をうたった「効果的な多国間主義」や対話と説得、援助と制裁を組み合わせる紛争予防外交にあった。これはテロの危険に先制攻撃をしかけ、自由拡大のため「民主介入」戦争も辞さないアメリカの方針と合わなかった。国連安保理事会でイラク政権の「テロとの関わり」「大量破壊兵器保有」を理由に即時開戦を主張する米英外交への対応をめぐり EU 外交は03年2月ついに分裂した。親米派に英・伊・スペイン、さらにポーランドなど中東欧諸国が与し、戦争反対の仏・独をベルギーやルクセンブルクが支持した。EU の平和外交、ヨーロッパの不戦の理念は力が優越する国際社会の現実の前に敗れた。

　現在 EU を危機に陥れているのは政策の行き詰まりや分裂だけではない。先述のフランスとオランダでの欧州憲法批准投票の失敗は何よりも EU が今日国民の多くにとって縁遠い存在になり、それへの関心と吸引力が失われたことを示すといわれる。その責任の多くは欧州委員会に代表されるブリュッセルの高級官僚（ユーロクラット）に帰せられて、彼らが市民への相談なしにすべてを決めていると非難される。確かに各国の政府や議会の動向がメディアを通じて

日々伝えられるのに対して,ブリュッセルやストラスブールで闘わされる議論や取引の情報はなかなか庶民の耳には届かない。たとえ届いてもそこでの決定の仕組みが分からなかったり,またその決定を伝える文書があまりに膨大で——批准される憲法草案の全条文は290ページ,附属議定書や宣言を足すと492ページになる——誰も読まないという。これを人はEUの「民主主義の赤字(不足)」と名づける。もちろんこれを克服するためすでに様々な改革が提案され,今回の憲法草案はその成果を反映していた。EUの見える顔としての大統領や外相職の設置,重要機関で全員一致方式を減らし意思決定をスピードアップする。諮問機関にすぎなかった欧州議会に法案の修正・否決権を認め,またEUで提案された法案について各国議会の意見を求めるなど,眼に見える改善が含まれていた。それゆえ,05年の憲法批准の凍結は関係者にとって打撃であるが,今のところ打開の道はまだ見えていない。

ただ憲法の未成立は,普通の国家と違い,EUを機能停止に追い込むわけでないから,関係者の危機感はそれほど大きくないという。その自信を支えるのは欧州統合が困難な条件のもとで積み上げてきた大きな実績,加盟諸国をつなぐ固い信頼関係そして難問にはゆっくり忍耐強く取り組む「ブリュッセルのマラソン」の伝統であろう。

注
1) 中木康夫・河合秀和・山口定編『現代西ヨーロッパ政治史』有斐閣ブックス,1990年。本書は戦後の西ヨーロッパ,特に仏独伊3国の欧州統合に向けて政治過程について詳しい。
2) 紀平栄作編『ヨーロッパ統合の理念と軌跡』京都大学学術出版会,2004年,特に第5章を参照。
3) ディットマー・ペッティーナ,後藤俊明訳「1845年以後の経済再建」『レヴァイアサン』特集「戦後における西独と日本」1990年夏季号,41ページ。なお広田愛理「独仏経済関係と欧州統合」『現代史研究』49,2003年も参照。
4) 中木康夫「序章——戦後の西ヨーロッパ政治」中木他編前掲書,14ページ。
5) 川島周一「EECの成立と欧州統合史研究の手法に関する一考察」『現代史研究』49,2003年,64ページ。
6) Alan Milward, *The European Rescue of the Nation State,* London: Rout-

ledge, 1992, Chap. 5. "The Europeanization of Agrivaultural Protection."
7) 中木康夫「第2章　現代フランスの政治　3　第5共和制とドゴール主義の挑戦」中木他編前掲書，169-204ページ。
8) 鴨武彦『ヨーロッパ統合』NHK ブックス，1992年，25-35ページ。
9) 山口定「終章：ドイツ統一と新欧州秩序」中木他編前掲書，324-40ページ。
10) 鴨前掲書，24-25ページ。訳文を一部改めた。
11) 脇坂紀行『大欧州の時代——ブリュッセルからの報告』岩波新書，2006年，46-51ページ。
12) 小山哲「トポスとしてのサルマチア——ポーランド史におけるヨーロッパ的アイデンティティ」紀平編前掲書，113-14ページ。

参考文献
浅川千尋『EUと現代ドイツ——歴史・文化・社会』世界思想社，2003年。
小野耕二『EU統合の政治学』青木書店，1995年。
梶田孝道『統合と分裂のヨーロッパ——EC・国家・民族』岩波新書，1993年。
鴨武彦『ヨーロッパ統合』NHK ブックス，1992年。
中木康夫・河合秀和・山口定編『現代西ヨーロッパ政治史』有斐閣ブックス，1990年。
羽場久美子編『ヨーロッパの東方拡大』岩波書店，2006年。
藤原豊司『欧州統合の地平——拡大・深化・最終形態』日本評論社，2002年。
ロベール・フランク，広田功訳『欧州統合史のダイナミズム——フランスとパートナー国』日本経済評論社，2003年。
山崎智嘉『もっと知ろうよ！EU』第1巻『EUの歴史』，第2巻『EUの政治と経済』，第3巻『EUの文化』汐文社，2005年。
脇坂紀行『大欧州の時代——ブリュッセルからの報告』岩波新書，2006年。

第3章　EUの組織と市場統合

はじめに

　EUの組織を概観する前に，EUの性格について一言する必要がある。EUは，単なる多国間の協力の枠組みではなく，超国家的な機関と組織である。そこでは単に交渉や協力が行われる場ではなく，決定がなされ，そしてその決定が加盟国を拘束するのである。他の地域共同体とのEUの根本的相違は，こうした超国家的な法的・制度的機構が確立していることである。それは，「国家連合」に近い性質を有しているといえよう。「国家連合」は，主権を保持したまま，複数の国家が集まり，共同決定のための機構を設立し，その共同決定に個々の国家が従う方式である。しかし，いまだ「国家」ではないために，「国家連合」から離脱することも自由である。こうしたEUの「国家連合」的性格が，これから「連邦国家」に発展しうるかは今後の発展にかかっているといえよう。欧州連合条約は，2005年にフランスやオランダの国民投票によって否決されたとはいえ，統一した憲法を持つことによって，こうした道に向かう第一歩であった。しかしすでにEU参加国の間には関税自主権は存在しないし，通貨統合の参加国の間では，通貨主権は失われ，金融政策も欧州中央銀行の管轄下にある。また「EU法の優越」という原則があり，EU法は国内法に優越するため，連合条約やEU法の成立によって，各国の憲法や国内法は大幅な改正を余儀なくされてきた。これからの課題は，安全保障や外交の分野における統合がどこまで可能となるかにかかっているといえる。

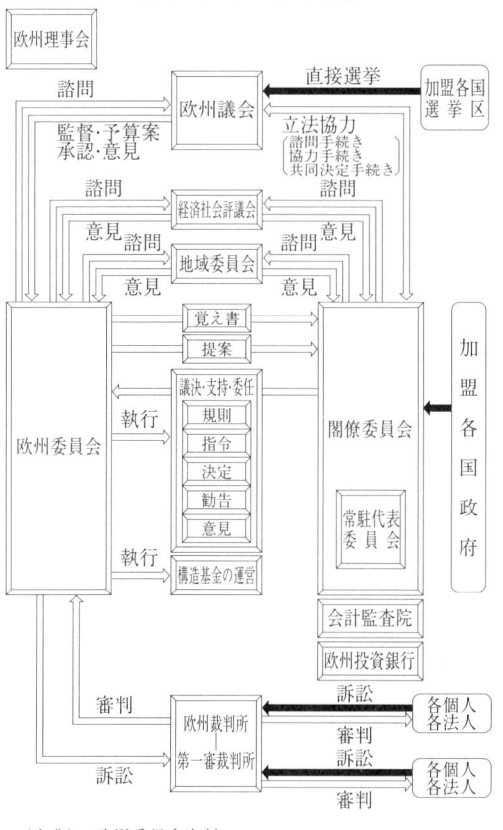

図 I-3-1　EUの機構

(出典)　欧州委員会資料。

1　EUの組織

ここでは，EUの組織を，欧州理事会，閣僚理事会，欧州委員会，欧州議会そして欧州裁判所に区別して考察することにする。

欧州理事会

この欧州理事会は，1974年12月に，パリのEC首脳会議によって設けること

表 I-3-1 閣僚理事会における各国の表決数

国名	票数
ドイツ	29
フランス	29
イギリス	29
イタリア	29
スペイン	27
ポーランド	27
オランダ	13
ベルギー	12
ギリシャ	12
ポルトガル	12
チェコ	12
ハンガリー	12
スウェーデン	10
オーストリア	10
デンマーク	7
アイルランド	7
フィンランド	7
スロヴァキア	7
リトアニア	7
ルクセンブルク	4
ラトヴィア	4
スロヴェニア	4
エストニア	4
キプロス	4
マルタ	3
合計（必要表決数）	321（232）

が決定されたものである。その最終コミュニケにおいては，「国家あるいは政府の長は，外務大臣を伴って，1年に3回，また必要があれば，政治協力を目的として会合する」と明記されている。そしてこの欧州理事会をEC上の機関とする提案が1990年のローマ首脳会議で検討され，それが1992年のマーストリヒト条約によって決定された。

欧州理事会は，事実上の最高決定機関であり，最重要議題が論議され，それを受けて閣僚会議がその決定を確認し，実行していくことになる。したがって欧州理事会は，EUの方向を定め，対外的な方針を決定する上できわめて重要な最高機関といえる。欧州理事会の決定は，全会一致である。

閣僚理事会

閣僚理事会は，EUの主要な意思決定機関であり，各構成国の政府代表から構成されているため，政府間会議的性格を有している。通常は，各国の外務大臣によって構成されることが多いが，財政問題であれば財務相といったように，問題となるテーマに応じて，政府閣僚が出席することとなる。閣僚理事会は毎月1回開催され，半年ごとに議長国が交替する仕組みになっている。

閣僚理事会は，欧州理事会の方針を受け継ぎ，またEU委員会からの提案に基づいて，さらには，欧州議会の同意を経て，具体的な政策を決定する。それは，条約の範囲内において，構成国の政府や市民に直接適用される規則や命令を制定する。また閣僚理事会は行政的機能を併せ持っており，対外関係において欧州委員会に対して交渉を許可したり，EUの予算案を作成して，欧州議会とともにこれを決定する権限も有している。ところでEUの立法過程において重要な役割を担う閣僚理事会は，どのような意思決定方式を採用しているのだろうか。意思決定方式には，全会一致，単純多数決，特定多数決の3つの方式がある。全会一致は，きわめて民主的であるが，1国でも反対すれば決定が下せないので，閣僚理事会が機能麻痺に陥る危険性がある。他方，多数決制度の場合には，少数意見が無視される欠点がある。現在，問題の重要性に応じて，この3つの方式が使い分けられている。一番多いのが特定多数決方式であり，全会一致方式が使われるのは共通外交・安全保障政策，司法・内務協力，税制など限られた場合である。特定多数決では，345票中255票が必要であり，反対が91票になると否決される。また賛成国の人口が加盟国の全人口の62%以上であることが必要である。

欧州委員会

欧州理事会や閣僚理事会と比較して超国家的性格が強いのが欧州委員会である。欧州委員会は，法案提出権限を有すると同時に，EUの執行機関であり，任期が5年の24人の委員と任期が2年の委員長によって構成される。委員長は対外的にEUを代表するので，例えばサミット（先進国首脳会議）の場合にも必ず出席する。また委員は，各加盟国の代表者によって構成される。欧州委員会の委員長ないし委員は，各加盟国から完全に独立してその職務を行い，本国からの指示は一切受けないことになっている。欧州委員会の下では，約2万人のEU公務員を抱える，24の総局と出版局や人道局などの部・局など合計36の局があり，EUの行政機能を担っている。

欧州委員会は，EUの政策についての提案を行い，閣僚理事会とEU議会で議決されれば，その政策を実行する役割を担う。また欧州委員会は，EU法上

図 I-3-2　EU委員会の本部組織

- 事務総局
- 法制局
- スポークスマン・グループ
- 未来問題研究ユニット
- 通訳・会議合同部
- 統計局
- 保安局

- 総局
  - 第1総局　（DG I）――――対外経済関係
  - 第1総局A（DG IA）――――対外政治関係・拡大タスクフォース
  - 第2総局　（DG II）――――経済・財政問題
  - 第3総局　（DG III）――――産業
  - 第4総局　（DG IV）――――競争
  - 第5総局　（DG V）――――雇用・産業関係・社会問題
  - 第6総局　（DG VI）――――農業
  - 第7総局　（DG VII）――――運輸
  - 第8総局　（DG VIII）――――開発
  - 第9総局　（DG IX）――――人事・総務
  - 第10総局（DG X）――――情報・コミュニケーション・文化・視聴覚メディア
  - 第11総局（DG XI）――――環境・核安全・市民保護
  - 第12総局（DG XII）――――科学・研究開発
    - 共同研究センター（JRC）
  - 第13総局（DG XIII）――――電気通信・情報市場・技術移転
  - 第14総局（DG XIV）――――漁業
  - 第15総局（DG XV）――――域内市場・金融サービス
  - 第16総局（DG XVI）――――地域政策
  - 第17総局（DG XVII）――――エネルギー
  - 第18総局（DG XVIII）――――信用・投資
  - 第19総局（DG XIX）――――予算
  - 第20総局（DG XX）――――財務管理
  - 第21総局（DG XXI）――――関税・間接税
  - 第22総局（DG XXII）――――教育・職業訓練・青少年問題
  - 第23総局（DG XXIII）――――企業政策・流通取引・観光・協同組合
  - 第24総局（DG XXIV）――――消費者政策

- EURATOM（欧州原子力共同体）供給庁
- 出版局
- 人権局
- 人道援助局

(注)　「総局」を除いて，主要部局のみを掲載。
(出所)　欧州委員会資料。

の義務を履行しなかった加盟国を EU 裁判所に訴える権限を有している。

　歴代の委員長は，フランス社会党の出身で財務相であったドロール（1985.1〜1995.1），ルクセンブルクの首相であったサンテール（1995.1〜1999.6），イタリアの首相であったプロディ（1999.7〜2004.10），ポルトガルの首相であったバローゾ（2004.11〜　）である。特にドロールが欧州統合に果たした役割は顕著であり，彼は政治統合をうたったマーストリヒト条約（欧州連合条約）の成立に際して不可欠な役割を果たした。ちなみに委員長は，欧州理事会において全会一致で選出される。

欧州議会

　欧州議会の特徴は，議員が出身国別ではなく，政党別に設けられた議員席につくことである。したがって欧州議会の議員は，国家の代表として行動するのではなく，各政党によって構成される会派の一員として行動することとなる。欧州議会においては，月1回の本会議がストラスブールで開催され，19ある常設委員会の会合や会派別会合はブリュッセルで行われ，議会事務局はルクセンブルクに置かれている。

　2004年6月に行われた欧州議会の各会派と主要構成政党は次の通りである。なお選挙は5年に1度行われる。総議席は732。

(1)　欧州人民・民主党グループ　268名
　　　主要政党──イギリス保守党，ドイツキリスト教民主・社会同盟，スペイン国民党，フランス民主連合の一部，イタリア人民党
(2)　欧州社会民主党グループ　202名
　　　主要政党──イギリス労働党，ドイツ社会民主党，スペイン社会労働党，フランス社会党，イタリア左翼民主党
(3)　欧州自由民主連盟　88名
　　　主要政党──ポルトガル社民党，フランス民主連合の一部，ドイツ自由民主党
(4)　緑グループ　42名
(5)　欧州左翼連合　41名

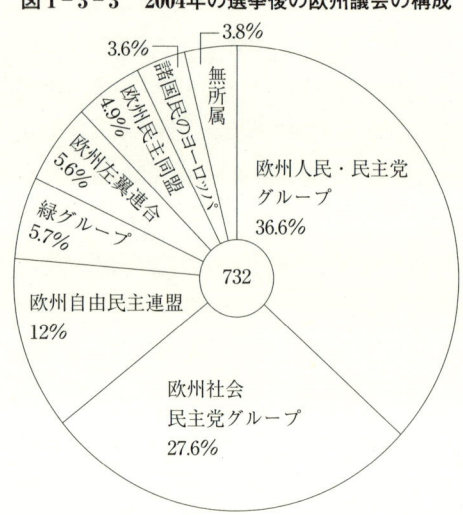

図 I-3-3　2004年の選挙後の欧州議会の構成

- 欧州人民・民主党グループ 36.6%
- 欧州社会民主党グループ 27.6%
- 欧州自由民主連盟 12%
- 緑グループ 5.7%
- 欧州左翼連合 5.6%
- 欧州民主同盟 4.9%
- 諸国民のヨーロッパ 3.6%
- 無所属 3.8%
- 計 732

表 I-3-2　2004年6月の選挙での国別議席数（732人の議員）

ドイツ	99	フランス	78	イギリス	78	イタリア	78	スペイン	54
オランダ	27	ギリシャ	24	ポルトガル	24	ベルギー	24	スウェーデン	19
オーストリア	18	フィンランド	14	デンマーク	14	アイルランド	13	ルクセンブルク	6
ポーランド	54	チェコ	24	ハンガリー	24	スロヴァキア	14	リトアニア	13
ラトヴィア	9	スロヴェニア	7	エストニア	6	キプロス	6	マルタ	5

(6) 欧州民主同盟　36名
(7) 諸国民のヨーロッパ　27名
(8) 無所属　28名

　なお2004年6月の欧州議会選挙の投票率は，45.5％で，1999年の49.8％，そして議会選挙が最初に行われた1979年の63％に比べて格段に低く，棄権率が高いのは気になるところである。
　次に欧州議会の議員がどのようにして選出されるのかを見ておくことにしよう。欧州議会は当初，各構成国の議会の議員から選出されたメンバーによって構成されていたが，1970年から直接選挙が行われ，欧州市民を代表して議席を

獲得することとなった。選挙は各国ごとに行われ，各国に**表Ⅰ-3-2**に示すように議席数が配分されている。選挙は各国独自の選挙法に従って実施される。全国を単一，ないし3～5の選挙区とする比例代表制度が中心で，イギリスだけが小選挙区制である。大半の国で国会議員との兼職が許されており，有権者は18歳以上の市民である。

　ところで欧州議会は，どのような役割を果たすのであろうか。欧州議会は設立当初は，監督ないし助言を行う諮問機関としての権限しか持たなかったが，その後次第に権限を拡大し，立法に関する協力手続き，共同決定手続きが導入された。欧州議会の権限を，監督権限，予算に関する権限，そして立法権の3つに区別して説明することとする。

　▶監督権限

　議会は，様々な問題を討議して，議会としての立場を表明し，監督機能を果たす。

　第一に，EU委員会が提出する一般年次報告書を公開の会議で討論する（ローマ条約140条）。第二に，欧州議会議員は，EU委員会に対して質問する（ローマ条約140条）。第三に，EU委員会に対して不信任動議を票決する権限がある（ローマ条約144条）。なおこの不信任動議は，過去提出されたことはあるが，1度も成立していない。

　▶予算に関する権限

　欧州議会は，予算審議過程に参加することができ，閣僚理事会が決定した予算案に対して修正権，ないし拒否権を有している。

　▶立法権（拒否権と修正権）

　一定の分野において，例えば，労働者の自由移動，開業の自由，単一市場の完成，消費者保護の分野において，欧州議会は法案を完全に阻止する権限を持っている。マーストリヒト条約によれば，欧州委員会の提案に基づき，また欧州議会の意見を聴取して，閣僚理事会が決定した「共通の立場」を，欧州議会が3カ月以内に承認するか，決定を下さない場合には，「共通の立場」は最終的に採択されることになる。しかし欧州議会が構成員の絶対多数によりその法律を拒否した場合には，調停委員会が召集され，それでも議会が「共通の立

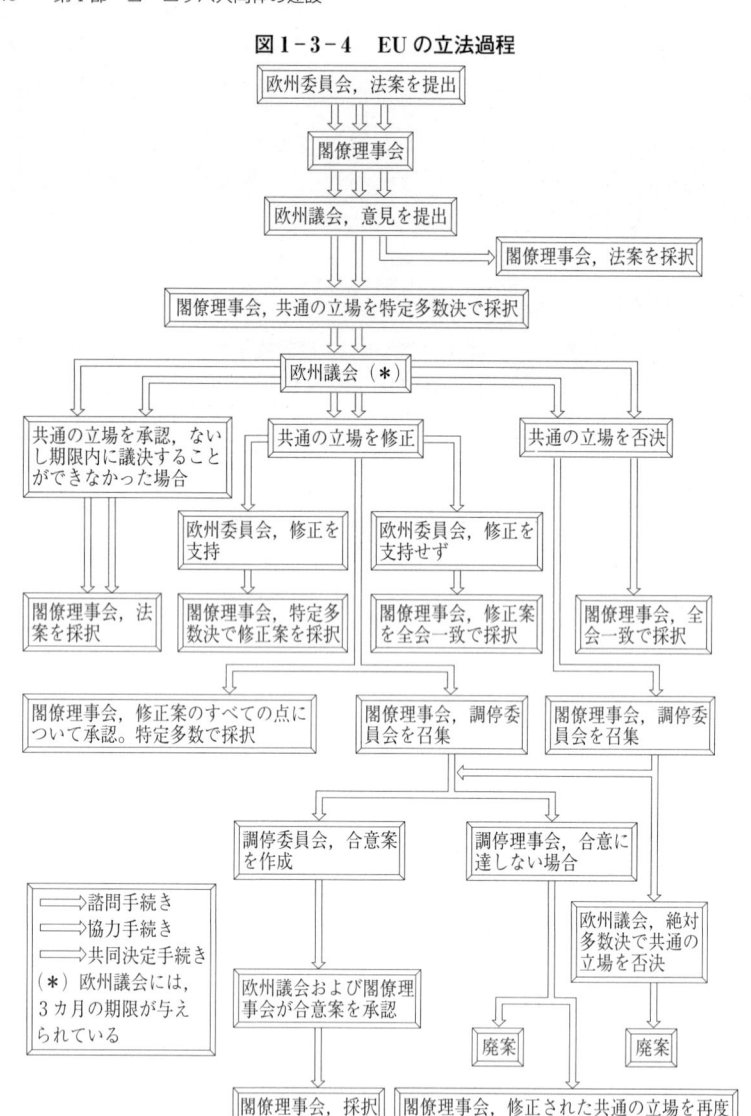

46　第Ⅰ部　ヨーロッパ共同体の建設

図1-3-4　EUの立法過程

```
           欧州委員会，法案を提出
                  ↓
              閣僚理事会
                  ↓
           欧州議会，意見を提出 ───→ 閣僚理事会，法案を採択
                  ↓
      閣僚理事会，共通の立場を特定多数決で採択
                  ↓
              欧州議会（＊）
      ┌───────────┼───────────┐
  共通の立場を承認，  共通の立場を修正    共通の立場を否決
  ないし期限内に議
  決することができ
  なかった場合
      │       ┌────┴────┐           │
      │  欧州委員会，    欧州委員会，      │
      │  修正を支持     修正を支持せず     │
      ↓       ↓            ↓            ↓
  閣僚理事会，  閣僚理事会，特定   閣僚理事会，修正   閣僚理事会，全
  法案を採択   多数決で修正案   案を全会一致で   会一致で採択
            を採択        採択
               ↓            ↓            ↓
         閣僚理事会，修正   閣僚理事会，調停   閣僚理事会，調停
         案のすべての点   委員会を召集    委員会を召集
         について承認。特
         定多数で採択
                          ↓            ↓
                     調停委員会，合意   調停理事会，合意
                     案を作成       に達しない場合
                                      ↓
                                  欧州議会，絶対
                                  多数決で共通の
                                  立場を否決
                          ↓       ↓    ↓
                     欧州議会および閣   廃案   廃案
                     僚理事会が合意
                     案を承認
                          ↓
                     閣僚理事会，採択　閣僚理事会，修正された共通の立場を再度
                                  確認し，採択（ただし，欧州議会が絶対多
                                  数決で再度否決した場合は廃案となる）
```

⇒諮問手続き
⇒協力手続き
⇒共同決定手続き
（＊）欧州議会には，3カ月の期限が与えられている

（出典）　欧州委員会資料。

場」の成立を否決すれば，その法案は採択されない。また欧州議会が絶対多数で修正案を出した場合には，欧州委員会が修正を支持し，理事会が特定多数決によりその修正案を承認すると，その修正案が法案として採択されることになる。理事会がこの修正案を承認しない場合には，調停委員会が召集されて合意案が作成され，それが欧州議会において絶対多数，閣僚理事会において特定多数で採択すれば，それは最終的に成立するが，この2つの機関の中でいずれも不採択で終わった場合には，この法案は成立しない。このように欧州議会は，意思決定過程において少なからず重要な役割が与えられるようになり，特定の分野において閣僚理事会と共同して立法権を行使することが可能となった。かくして欧州議会は，気に入らない法案に対して最後まで拒否すれば，その法案の成立を拒む権限を持つに至ったのである。

▶その他

新加盟国の承認，および連合条約の締結に関して，「欧州議会の構成員の絶対多数による同意」が要求されることになる。これらの問題に関して，欧州議会は閣僚理事会との共同決定権を持つことになる。

欧州裁判所

欧州裁判所はEU法の解釈について権限を有し，法の遵守を確保する使命を持っている。EU構成国の市民は，個人の資格でEU法上の争いを欧州裁判所に提訴することができる。またEU法は，構成国の国内で国内法と同様に個人にも適用され，しかも構成国の国内法にも優越するのである。ちなみに欧州裁判所は，15人の裁判官からなり，任期は6年で，3年ごとに一部の裁判官が入れ替わる。裁判所長官は3年の任期で裁判官から選出される。欧州裁判所は，ルクセンブルクに置かれている。

なおEU法は，基本条約と派生法によって形成されている。なお派生法には，法的拘束力を有する規則や命令そして決定と，法的拘束力のない勧告や意見が存在する。

(1) 規則（regulation）——国内法の法律に類似するEU法であり，EU加盟国ないしEU市民に対して一般的拘束力を持つ。

(2) 命令（directive）——命令は一般的拘束力を持たず，特定の加盟国にだけ妥当する。また達成すべき結果についてだけ加盟国を拘束し，そのための方法や手段に関しては，加盟国に裁量が委ねられている。
(3) 決定（decision）——決定は，一般的拘束力を持たず，それが下される加盟国や企業，個人だけを拘束する。これは，許認可権といった国家の行政的措置と似たものである。

2 共通農業政策と地域振興政策

共通農業政策（CAP）

CAPは，農産物の域内における自由な流通と，農家保護を目的とする価格支持政策を特徴とするものであり，EECの設立条約であるローマ条約（1957年調印）で規定され，1968年に確立した。EUの予算の半分以上を占めるのが，この共通農業政策に関わる出費である。

CAPの特徴としては以下の3つがある。
(1) EUが域内の農産物を一定の価格で買い取り，農民の所得を保障する。
(2) 輸入品が域内価格より安い値段で入ってこないようにするため，内外価格差を輸入課徴金という形で徴収する。
(3) 輸出補助金を出し，農産物の輸出を奨励する。

しかし，こうした政策によって共通農業政策に関わる経費が飛躍的に増大し，また輸出補助金による輸出の奨励により保護貿易やダンピングという批判が域外から出されたり，チーズやワインなどの農産物が構造的に過剰生産されたことにより，1993年から次の改善策を採用するに至った。
(1) 生産割当て制の導入
(2) 輸出補助金の削減
(3) スタビライザー制の導入——生産過剰年度の翌々年における支持価格の自動的な引き下げ。これによって価格支持制が直接所得補償制となり，過剰生産は抑制されることとなった。

CAPの予算で問題となるのは，EUの予算に対する負担と受益のバランス

の不均衡の問題であり，イギリスやドイツの工業国と，フランスやスペイン，そして新規加盟国の中でポーランドやバルト3国といった農業国との間には農業補助金の配分をめぐって対立がある。

地域振興政策

　地域振興の目的は，「加盟国の地域差を狭め，後進地域の発展を促すことにより調和の取れた発展」を行うことであった。現在 EU の地域振興の対象となっている地域は，ギリシャ，ポルトガル，アイルランド，北アイルランド，スペイン，イタリア南部などの未開発地域，イギリスの一部，スペイン，フランス北部などの主要産業の衰退により経済地盤が低下した地域，フランス中西部やスコットランドのような人口過疎地域，そして新規に加盟した10カ国である。EU の地域振興のための予算は，「欧州地域開発基金」，「欧州社会基金」，「欧州農業指導保証基金」からなる「構造基金」であり，これは大体 EU 予算の1/3 つまり213億ユーロに達している。「欧州地域開発基金」は，輸送・通信システムの近代化などのインフラ整備を行い，「欧州社会基金」は25歳以下の若年層の失業者のための雇用創出や職業教育を援助し，「欧州農業指導基金」は，農業の近代化のための機械設備購入に伴う低利融資や農業技術の提供などを行っている。

3　市場統合の完成

　すでに域内の関税撤廃は1968年7月に実現し，1968年8月から域外共通関税が実施された。こうして「関税同盟」が完成したのである。しかし，「非関税障壁」の撤廃が市場統合の実現のためには不可避である。「単一欧州議定書」は，「域内市場とは，物，人，サービス，資本の自由な移動が保障された国境のない領域」と定義している。物，人，サービス，資本の自由移動を妨げている障壁は，次の3つに大別される。

物理的障壁

　この障壁は，国境における物および人の自由移動を妨げている規制である。それは，国境分断の象徴のみならず，国境通過のための余分なコストを課するものである。こうした規制を撤廃するために，次のことが実施されている。

(1) 国境での検問やパスポート呈示の撤廃——このために，1985年6月に人の移動に関してパスポートの国境検査を廃止した「シェンゲン協定」が，ベネルックス3国，ドイツ，フランスの間で発効した。現在この協定に参加している国は，イギリスやアイルランドを除く15カ国であり，その中にはノルウェーやアイスランドなどEU未加盟国も含まれている。

(2) 1986年から共通ビザ政策が実施されている。

(3) 労働者の自由移動——労働契約，ないし雇用に応じることを証明する書類があれば，ビザなしで域内の他の国に入国し，滞在し，働くことができる。ただし，新規加盟国に対しては，最長7年間，自由な労働者の移動を制限することがが既加盟国の裁量で可能となった。

　なお，シェンゲン協定の国境での検問やパスポートの呈示の廃止，ビザの問題，庇護や移民問題に関しては，1997年調印のアムステルダム条約によって，EUの管轄となった。

技術的障壁

　これは，各国の基準・認証制度（Standards / Attestation）の相違より，人，物，資本などの自由な流れが妨害されることである。過去に各国は「基準」を設け，一定の品質や安全を確保しようとした。しかしそうした各国バラバラの基準・認証制度は，自由な市場統合を妨げるとして，基準や資格ないし免許の統一が行われた。

　「基準」の策定は，「安全性」，「健康・衛生」といった最低限必要なものに限られ，「欧州共通規格」が作成された。例えば，乗用車の排気ガス基準や安全性の基準，食品添加物の内容表示の統一などが挙げられる。またこの基準を満たしている製品にはEUマークが添付されることが決定された。これによって特定の製品があるEU加盟国で認可されると，それは他のEU諸国においても

販売されることが可能となった。

　また，今まで資格の相互承認が行われなかったため，他国で営業したり，働いたりすることができなかったが，一定の条件の下に資格や免許の相互承認を行うことによって，他国での就業が可能となった。例えば医師の場合には，最低6年間の高等教育，5500時間以上の研修が免許取得のために必要とされた。

財政的障壁──付加価値税の税率の収斂

　域内の物の自由な流通のためには，域内関税の撤廃だけでは不十分であり，付加価値税率の収斂が不可欠である。同じ価格の車を買ったとしても，税率が異なる国々の消費者は，異なった金額を払うことになる。1990年10月にEUは，1996年末までに標準税率を最低15％にする，割り増し税率を廃止する，一定の物品に限り最低5％の軽減税率を設けることなどを定めた。付加価値税以外に法人税率の収斂も進んでいるが，社会保険料の収斂は各国が異なった社会保障制度を持っているので進んでいない。

　上述した非関税障壁の撤廃によって，欧州の市場統合は飛躍的に拡大した。しかし，モノ，ヒト，サービス，資本が自由に行き来するための最後の障壁が各国の通貨であった。

参考文献
大場智満・渡辺博史編『NEWヨーロッパを読む』有斐閣，1995年。
庄司勝宏著『EU法基礎編』岩波書店，2003年。
瀬島誠他『激動するヨーロッパ〔改訂版〕』晃洋書房，2006年。
田中俊郎『EUの政治』岩波書店，1998年。
野島卓爾・岡村尭・田中俊郎編著『EU入門』有斐閣，2000年。
藤井良広『EUの知識』日本経済新聞社，2005年
宮島喬『ヨーロッパ市民の誕生──開かれたシティズンシップへ』岩波新書，2004年。
脇坂紀行『大欧州の時代──ブリュッセルからの報告』岩波新書，2006年。

第4章　EU 通貨統合の課題と展望

1　単一通貨ユーロの誕生

　1999年1月1日，EU（欧州連合）加盟国15ヵ国（現在は25ヵ国）のうち11ヵ国（後にギリシャが参加して現在12ヵ国）が自国の通貨を捨て，共通通貨ユーロ（Euro）の導入を決めた。それに伴い，各国の通貨価値はユーロに固定された。導入時には，1ユーロ＝1.1756米ドルでスタートした。実際に紙幣と硬貨が市場流通を始めたのは，2002年1月1日。現在，単一通貨ユーロを使用している国は，ドイツ，フランス，イタリア，ベルギー，ルクセンブルグ，オランダ，スペイン，ポルトガル，アイルランド，オーストリア，フィンランド，ギリシャの12ヵ国である。

2　現在のユーロの為替・金融市場での評価

　その後，期待に反してEU経済の低迷などの原因から，ユーロは対ドル，対円とも下落基調をたどり，低迷を続けた。その大きな要因としては，米国との金利差拡大など資金の流れの変化があった。米国が，インフレ懸念から政策金利（FF＝米連邦準備理事会の短期金利の誘導水準）を着実に引き上げているのに対して，ECB（欧州中央銀行，後述）は超低金利政策を継続してきた。
　しかし，ここにきて，原油高などを受け消費者物価は，ECBが目指す年2％の壁を突破（7「ECB（欧州中央銀行）の機能と金融政策」参照）。インフレ懸念は欧州にも忍び寄る。ECBは2005年の12月から，5年ぶりに金融引き締め局面に入り8月までに4回利上げした。ユーロ圏経済は回復基調にあり，利上げ

第4章 EU通貨統合の課題と展望　53

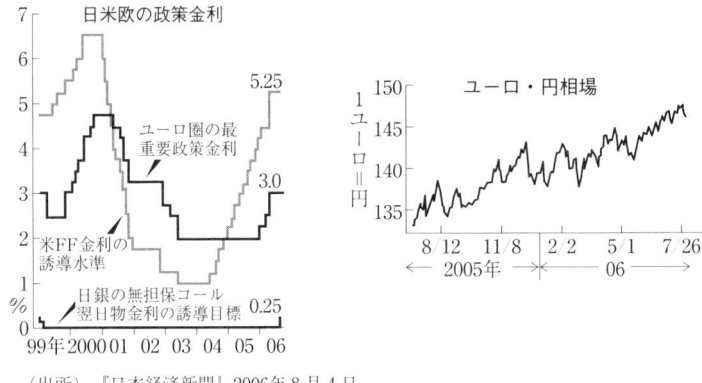

図 I-4-1　ユーロ・ドル相場

(出所)『日本経済新聞』2006年8月4日。

に伴い，ユーロは対ドルで上昇傾向。対円でも最高値に接近している。

3　ユーロ導入までの動き

　第2次世界大戦後の世界では，米ドルが基軸通貨として圧倒的地位を占めてきた。ドル中心の世界であった。しかし，1971年8月の通貨危機（ニクソン・ショック）が発生し，ブレトンウッズ体制（国際通貨体制）が崩壊。その後，米ドルへの信頼は徐々に低下し，不安定な変動相場制の世界となった。国際通貨市場はドル危機を何回も経験することになる。
　このような状況下で米ドルに対抗する通貨の誕生が求められた。EUでユーロ導入を決めたのはマーストリヒト条約（後述）である。この条約は，通貨統合を3段階で実施し統合を図ろうとしたもので，単に「欧州通貨統合」と呼ばずに，Economic and Monetary Union「経済・通貨同盟」という名称で呼ぶのは，通貨の統合（Currency Integration）が経済統合と一体であることの表現である。「各国の固有の歴史，文化，政治，経済を背負った自国の通貨を捨て，1つの通貨とするということは歴史的にも重大なできごとである」，とノーベル経済学賞の受賞者，ロバート・マンデル（通貨同盟の権威でコロンビア大学教授）は述べている。

第1段階では，90年7月から域内の資本移動の自由化，単一市場の完成，EU 全通貨が EMS（欧州通貨制度，後述）内の ERM（為替相場メカニズム，後述）に参加することにより参加国の財政金融政策の調和を図り，為替変動幅を縮小していくことを目指した。

第2段階では，ECB の前身の EMI（欧州通貨機構，後述）を設立することを目的とし，そして，第3段階では，EMU の本番である99年の単一通貨の導入と EMI から ECB への移行による域内金融政策の一本化を目指した。

通貨統合にあたり最大の挑戦は，参加各国間の経済格差についてどのようにして縮小を図るかであった。各参加国の経済の収斂（Convergence）が最大のテーマであった。そのためのマーストリヒト条約で決められた収斂条件には，次のような物価上昇率，財政，為替などに関するクライテリア（判定基準）が盛り込まれた。具体的には各国は，インフレ率の低位安定を図ること（物価），財政赤字額を GDP の3％以内に収めること（財政），少なくとも2年間，ERM の標準変動幅を遵守し，通貨の切り下げを行わないこと（為替），などがその内容である。後に各国が苦しんだのは財政赤字を「対名目 GDP 比3％以内」に抑えるという基準が原因であった。この3％以内に抑えるという条件は，かなり厳しく，やむなく例外条項も設けられた。この「3％条件」は，その後まで尾を引くこととなる（6「マーストリヒト条約と SGP（安定・成長協定）」参照）。また，異なる通貨間の交換には，当然為替変動を伴うため，これが通貨統合に際して発生する大きな不安定要因（5「1992年の欧州通貨危機」参照）となった。

4　EMS（欧州通貨制度）体制

1970年代後半アメリカのビナイン・ネグレクト政策（現状を黙認する政策）のおかげで，米ドルの乱高下が続く状態から EC 諸国（EU の前身）は，自ら為替安定ゾーンをつくる必要性を痛感した。

1979年3月に発足した EMS は，域内の通貨相互の安定性を保つため ECU（欧州通貨単位）の創設と ERM の導入の2つを決めた。

ECUはEMSに参加する国の共通通貨として創設された。この通貨は当時のEC加盟9ヵ国のバスケット通貨であるため，相場は比較的安定した。このECU（エキューと発音）とは，参加国の通貨を一定のウェイトで加重平均した価値（各国のGDPや貿易量から計算）で決まる仮想通貨である。このバスケット内の各国の通貨価値は，適時見直しがなされる。EMSの創設は，また，EC諸国の経済停滞の克服が目的であり，この制度は，一言でいう調整可能な固定相場であった。

以前の変動幅がゼロという完全固定相場であったのと異なり，加盟国はERMの下で市場介入を通じて自国通貨の中心レートからの変動幅を原則として2.25％の幅内に維持することを目的とした。ただし，例外も認められており，国によっては6％という大幅な変動が認められた制度であった。したがって，これを固定相場制といえるかどうか疑問も残る。

この変動幅の採用以後も，各国の経済状態の違いから，通貨の切り下げによる調整が何回もなされた。

5　1992年の欧州通貨危機

1989年にベルリンの壁が崩壊，そして，ソ連の社会主義体制が瓦解。西ドイツは東ドイツ経済再建という重い課題を背負うことになる。東ドイツの実態は深刻で巨額の投資を必要とした統一ドイツ政府は，戦後最悪の財政赤字を抱え込むことになる。インフレ圧力が高まり，物価安定を最優先するブンデスバンク（ドイツ中央銀行）は，公定歩合を次々と引き上げざるをえず，1992年7月には8.75％という高い水準に達した。そこで，ERMのアンカーであるドイツの金融政策に歩調を合わせてきた他のEC諸国は，景気低迷の中で本音は金利をむしろ引き下げたい状況にありながら，ドイツに追従して金利引き上げを迫られた。当時，各国の国内事情は，いずれも不況に苦しんでおり，現実には金利引き上げは困難な状態であった。各国の資本はドイツに流れ込みマルクは高騰し，他の通貨は下落した。こうしてEMSの中心レート（平価）を維持できなくなった。

このEMSは参加国も拡大していったが、上記の状況から1992年に重大な通貨危機に直面する。最初に北欧の通貨が投機にさらされ、次にイタリア・リラが攻撃されEMSを離脱する。さらに、英国ポンド、フランス・フランが攻撃の対象となる。両国は莫大な額の市場介入を行い、変動幅の2.25％内に収めようとした。しかし、ポンドは結局ERMから離脱せざるをえなくなる。一番激しい投機の間、英国は1週間で通貨買い支えのため10億ドルの為替差損を被った。為替投機で成功して10億ドルの利益を上げたのはヘッジ・ファンド（Quantum Fund）のジョージ・ソロスである。

1993年にも通貨危機が発生。ERMの為替変動幅は、当初の2.25％から、やむなく15％に拡大される。上下15％という幅は、フロート制と同じでERMはほぼ意味がなくなった。このようにして、EMSの最初の試みは失敗する。失敗の原因は、加盟国間のマクロ経済政策の収斂を図らずに、まず為替変動幅を人為的に2.25％に設定して、縮小を図ったことにある。

6　マーストリヒト条約とSGP（安定・成長協定）

1992年にマーストリヒト条約が調印される。この条約は、経済と通貨の統合を目指すとともに、政治統合をも含む野心的試みであり、これが基礎となり、後のEU（欧州連合）に発展する。前述の通り、ECUに代わる新しい通貨、ユーロの下に厳しい経済収斂を求める条件の導入が決められた。そして、通貨統合を1997年、遅くとも1999年に行うことが決められた。

マーストリヒト条約はその後、加盟国の批准に付されたが、1992年6月、デンマークが国民投票で、この条約を拒否、ERMの混乱の発端となる。通貨危機の直接のきっかけは、同年9月20日のフランスの国民投票である。それ以後、前述の通貨危機が続くこととなる。このマーストリヒト条約は、また、ユーロ導入国が、単に金融政策だけでなく、財政赤字を増やさないために財政規律を守らせることを決めた。これが1997年にアムステルダムで決まったSGP（The Stability and Growth Pact：安定・成長協定）である。この協定により、ユーロ参加国は毎年の財政赤字をGDP比3％以内に収める義務を負う。この協定は、

ユーロ参加国だけでなく，目下ユーロ不参加の EU 諸国にも適用されるが，罰則はユーロ参加国に限られる。

この財政面の縛りの導入を主張したのは当時健全財政を誇っていたドイツである。しかし，今日独仏というユーロ圏のリーダーが，これに違反し財政赤字がGDPの3％を上回っている状態が続いている。両国の3％の基準達成期限が延長されており，政治的決着が図られている状態。このような財政規律の違反は，独仏に限らず，オランダ，ギリシャ，イタリア，ポルトガルと広がっている。ユーロ参加国ではないが，2004年 EU 加盟の中・東欧諸国も財政赤字が続いている。財政赤字の改善が進まないと，ユーロの信用にも大きな影響を与える。このSGPに違反している国の収支立て直しが急務である。ドイツは財政赤字解消のため2007年度増税を決めた。

7 ECB（欧州中央銀行）の機能と金融政策

ユーロ参加12ヵ国の金融政策は，ECBという1つの中央銀行によって決定，運営されている。ECBの前身はEMI。各国にはいまだ中央銀行は存在しているが，EUの金融政策に関わる権限は持っていない。ユーロ導入国は，ESCB（欧州中央銀行制度）に参加することで，金融政策の権限をECBに委ねている。

ECBは1998年6月にドイツ・フランクフルトで発足。ECBおよびESCBの最大の政策目標は，「物価の安定」に置かれている。この政策目標達成のため，ECBはユーロ圏の消費者物価指数の対前年比伸び率を2％以下に抑えることを目標としてきた。過去5年間にわたりECBは2％という超低金利政策を続けていたが，ここに来て消費者物価が2％を超えたため，2005年12月以降3回にわたり利上げに踏み切った（前述の2「現在のユーロ為替・金融市場での評価」を参照）。これは，原油高などによる中長期的インフレ圧力の高まりに対応する狙い。ユーロ圏の景気回復はいまだ外需依存の色彩が濃く，さらにユーロ高が進むと，ユーロ圏以外への輸出に影響が出る。

マクロ政策面でも，金融政策はESCBの下で統一的に実施されるため，ユーロ圏の1ヵ国が景気が悪いからといって，その国のために金融緩和政策を採

図 I-4-2　ユーロ圏と主要3カ国の実質GDP
(前期比増減率)

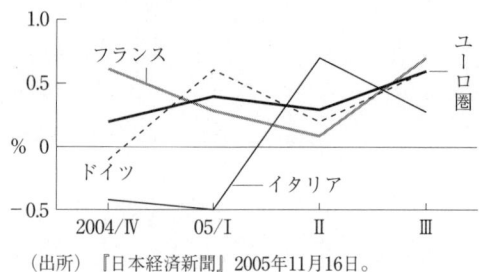

(出所)『日本経済新聞』2005年11月16日。

ることはできない。全体を勘案した統一した金融政策の実施がECBの使命である。しかし，現実には各国の物価安定に対する意識の違いもあり，しかも，国家主権は各国に残されている現状でECBとしては強制はできず，中央銀行としての運営は難しい局面が続いている。

8　ユーロ導入のメリットとデメリット

　EUは1992年末にEU域内でのヒト，モノ，カネ，サービスの移動を自由にする単一市場を達成した。しかし，各国の通貨はそのままであったため両替の手間，為替リスク，手数料などは変わらず，EU統合の効果を上げるには単一通貨の実現が不可欠であった。
　ユーロの誕生は，これらのコスト軽減，為替リスクの解消に役立った。ユーロの流通によって，ユーロ域内の各国で販売される財・サービスの価格の国境を越えた比較が容易になった。それだけ各国間，各企業間の競争が激しくなり，価格が収斂する方向に動いた。EUの貿易は約60％が域内であることから，域内の為替リスクの軽減は，大幅な貿易促進・消費拡大につながった。また，ユーロ導入後は，リスクプレミアムが解消され，実質金利の低下から，経済活性化への効果を生んだ。さらに，後述する欧州資本市場の厚みが増した。欧州各国の金融取引は，従来間接金融中心であったが，ユーロ建てに統一された結果，資本市場の厚みが増し，直接金融のウェイトが増加した。ユーロ導入が銀行業

に革命的インパクトを与えたのも事実である。

　逆に，ユーロ導入のデメリットは，各国政府が景気調節の手段としてきた為替政策の権限を失ったことである。従来，国内景気が悪くなると，その国の通貨は売られて通貨安となった。その結果，輸出促進効果を生んだ。一方，輸入は割高となり抑制効果が働き，国内産業を刺激

図 I-4-3　国際債の通貨別シェア

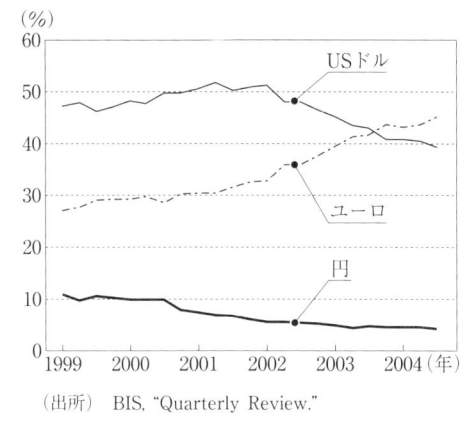

(出所)　BIS, "Quarterly Review."

した。政府はこうした市場のメカニズムを活用して，為替市場介入を実施できた。しかし，各国はそのような金融・為替の調整手段を失った。例えばイタリアは，過去にはインフレ，国内物価高騰などで，輸出競争力を失うと，通貨リラの切り下げを行ってその場を凌いできた。しかし，もはやそれが許されない。2005年は不況に苦しみ，そのためユーロからの離脱を求める声が国内に上がった。

9　ユーロの国際金融市場での地位

　国際金融市場でのユーロの地位の上昇が顕著である。資本市場でのユーロのシェアは，急速に高まっている。ユーロ建て国際債のシェアは，44％とドル建て国際債のシェアの40％を上回っている（2004年1～6月の統計）。このように，債券市場でのユーロ建て債が増加した理由は，従来の各国別通貨での債券発行に比べて，債券市場が格段に大きくなり厚みを増した点である。ユーロの導入とともに，ECBの本拠をフランクフルトに定めたこと，また，英国がユーロに参加しなかったことから，当初欧州の金融・資本市場の中心は，それまでのロンドン・The Cityからフランクフルトに移るというのが大方の予想で，ロンドン・シティの地盤沈下がささやかれた。

しかし，現在の欧州の金融地図を見ると，予想に反して，依然として金融の中心はロンドンに留まり，むしろフランクフルトにその勢いはない。英国は，ユーロに参加していないにもかかわらず，ユーロ債の取引もロンドンの方が活発である。また，現在，ロンドンの金融市場で働いている人の数は33万人，これに対してフランクフルトでは10万人（2005年12月現在）。その理由は何であろうか？　多くの理由が考えられるが，筆者のロンドン勤務の経験から判断するにロンドンには国際金融市場に求められるインフラが，すべて整っていることが挙げられる。ロンドンは，EU内の金融・資本市場としての役割だけでなく，世界の国際金融市場としての役割，ことにユーロの債券発行市場，流通市場の役割を考えた場合，フランクフルトより，ロンドンの方が相応しいことが挙げられる。また，国際金融取引においては，ロンドンとニューヨークという世界の2大金融市場で，英語が共通語であることもその大きな利点である。

10　国際通貨ユーロの行方

　欧州通貨統合は実現したが，現在のユーロ圏は必ずしも最適通貨圏ではない。通貨統合が実現したら域内格差は労働力の自由移動などによって是正されるはずであるが，それはできていない。失業率・成長率格差は依然存在しており，雇用制度などの硬直性を残している。したがって，賃金の弾力性に関しても下方硬直的である。EUの中核国，ドイツの構造改革も進んでない。最近のフランスにおける雇用制度改革に対する混乱などにも見られるように，ユーロ圏は相変わらず構造問題を抱えている。これに対して，アメリカ国内で「単一通貨」のドルが成功している理由としては，やはり経済の柔軟性が挙げられる。賃金は競争条件で変わり，人々は失業率の高い地域から低い地域に移動する。アメリカ国外でも，ドルはやはり使い勝手のよい通貨である。

　それにもかかわらず，第2次世界大戦後，国際通貨体制の主軸を占めていた米ドルが，その地位をユーロに侵食されており，ドルの凋落が進行している。各国ともその外貨保有比率を，米ドルからユーロに徐々に移し，通貨保有の分散を図っている。日本に次ぐ外貨保有国，中国にもその動きが見られる。日本

の膨大な外貨建て保有資産は大半が米ドル建てであり，大幅な目減りが進んでいる。日本の場合，その政治的理由から，また，そのドル保有の規模の大きさから簡単に通貨の分散を図れない。目下，原油価格の高騰が続いているが，原油取引の大半は米ドル建てである。アラブ諸国も，ドルの下落を憂慮してユーロ建て取引を増やすと考えられる。イランが自国の石油取引決済を，すべてユーロ建てにするとの情報もある。

　このようにして，国際通貨としてのユーロへの期待は大きい。すでに金融取引通貨としては，前述のようにユーロの資本市場の規模は拡大している。これから貿易決済通貨としてEU域外に，どの程度広がるかである。EUはユーロの導入とともにEUの経済システムにも，大きな変化が起こっている。アメリカ型の資本主義が浸透しだし，企業間競争は激しくなり，M&A（企業の合併・買収）も頻繁に行われるようになった。最近は，買収相手の経営陣の同意を求めない敵対的企業買収が増加している。ユーロは，ユーロ圏12ヵ国を超えて，EU域内はもとより域外に位置する新規加盟を申請している国々にも貿易決済通貨として，また，金融取引通貨として広がっている。また，EUに新規加盟した中・東欧など10ヵ国がERM2（欧州為替相場メカニズム）に参加した。このうちユーロ導入に向けた準備に入った国はすでに7ヵ国である。今後は自国通貨の安定性確保，財政収支の改善を進め，2009年のユーロ導入を目指している。

　また，ユーロの将来性に関して見落とせないのは，目下ユーロ不参加の英国，デンマーク，スウェーデンの3ヵ国の動向である。いずれの3ヵ国でも国民のユーロへの不信感は強く，ことに英国は£（ポンド）への愛着が強い。英国の主要輸出市場はEUである。同国のCBI（日本の経団連に相当）など経済界はユーロ参加を強く求めているが，当面，英国の経済が堅調に推移していることもあり，すぐに参加するニーズを感じていない。

　このような状況下で，果たしてユーロは，ドルを凌駕することができるであろうか？

　これには疑問が残る。理由はユーロ圏の経済が必ずしも一体化の方向に動いていないことである。12ヵ国の経済格差がむしろ広がりを見せている。ベルギー，フィンランド，アイルランドは財政均衡を維持しているが，前述のごとく，

ドイツ，フランス，イタリアなどの財政赤字は３％を超えている。また，EU経済の75％を占めるドイツなど５大国の2006年度の経済成長率予測を見ると，域内の経済格差は相変わらず続く。スペインの成長率は３％を超す好調を維持。一方，ドイツは1.5％。イタリアはマイナス成長を脱したが，1.3％と低めの成長を予想（2006年２月21日のEUの欧州委員会発表の2006年の経済見通しによる）。この成長率格差は，前述のECBの通貨・金融政策の対応を難しくしている。

2005年の５月のフランス，オランダの欧州憲法批准の否決は，通貨市場にも大きな影響を残した。ユーロは最大の下げを記録した。欧米のアナリストの中には，「政治同盟に発展しない通貨同盟が果たして成功するか？」という疑問の声が上がっている。EUはあくまで25ヵ国の連合体にすぎず，ユーロ圏12ヵ国にしても政治統合がいまだ実現していないため，通貨も非常に不安定で推移するというのがその根拠である。それでは政治統合とは何を指すのか？ ユーロに参加した各国は，国家主権の１つである通貨をECBに委ねたことは確かである。しかし，ユーロ圏の統合プロセスが現状で留まっている限り，通貨・金融市場はユーロを安定した国際通貨として信頼していないことも事実である。

しかも，最近EU統合の理念とは逆行して，国益がむき出しになる事例が増えている。EU内でのM&A動きに政治介入する動きを指す。経済愛国主義（Economic Patriotism）を唱えて，政治介入を正当化する動きが目立つ。このような現状から，政治統合の実現はかなり先の話になる公算が大きい。今後も通貨としてのユーロのVolatility（予想変動率）は米ドルより高い状態で推移すると考えられる。

世界の外為市場における通貨別の取引で，最も大きいのは米ドルで，88.7％のシェアを占める（2004年４月，取引には２つの通貨が関わるため合計は200％となる）。次いでユーロの37.2％。円は英国ポンドと同じ18％。アメリカのGDPは世界のGDPの約30％を占めている。ユーロ12ヵ国のGDPは20％強。ユーロに加盟する国が増加すればユーロ圏経済の規模もアメリカに匹敵するようになる可能性は大きい。当然，ドルのシェアは相対的に低下することは考えられる。米ドルは，ブレトンウッズ体制崩壊後に減価を続けているにもかかわらず，これに代替する国際通貨がないことから，基軸通貨の地位に留まっている。

このように見てくると，10～20年のタイムスパンでユーロがドルに代替することには疑問が残る。ポンドからドルへの交代も，アメリカ経済が英国経済を凌駕した後，40年以上かかっている。したがって，もっと長期のスパンで見るとユーロがドルに匹敵する通貨になることは大いにありうる。その場合も，安定した世界の基軸通貨となるのには，前述の通りEU内部の，少なくともユーロ圏諸国の政治統合が不可欠と考える。

　一方，円の国際化は，一時期叫ばれたことがあったが，アジアにおける中国中心の政治地図の変化とともに，再度浮上する可能性は低い。最近のIMF（国際通貨基金）は，2006年1月からSDR（Special Drawing Right 特別引き出し権）に占める円の比率をこれまでの15％から11％に引き下げた。ドルを補完する準備通貨の地位から今や落ち，英国ポンドと同じ比率となる。IMFは，5年ごとに世界の貿易と金融に占める通貨の比率，各国の外貨保有高，などから加重の比率を算出するが，円の比率は低下傾向を続けている。ドル，ユーロの2大通貨体制がほぼ固まってきた。その中で，当分，米ドルの優位性は続くと思われる。

参考文献

相沢幸悦『ユーロは世界を変える』平凡社新書，1999年。
嘉治佐和子『国際通貨体制の経済学』日本経済新聞社，2004年。
黒田東彦『通貨の興亡』中央公論新社，2005年。
宿輪純一『アジア金融システムの経済学』日本経済新聞社，2006年。
谷川寛『欧州通貨危機の分析と対応──EMS体制の問題点』〈大阪国際大学研究叢書〉No. 8，2000年。
中島精也『グローバルエコノミーの潮流』シグマベイスキャピタル，1999年。
藤井良広『EUの知識』中央公論新社，2005年。
吉川雅幸『ドルリスク』日本経済新聞社，2005年。
BIS, Annual Report, 1993, 2003.
Nigel Healey, *The Economics of the New Europe*, Routledge, 1996.
IMF, World Economic & Financial Surveys, 1993, 2003.
Henry Kaufman, On *Money and Markets*, McGraw-Hill, 2004.
Charles Kindleberger, Manias, *Panics & Crisis ?: History of Financial Crisis*（4th

ed.), John Wiley & Sons, 2000.

Alexander Noble, *From Rome to Maastricht*, Warner Books, 1995.

T. R. Reed, *The United States of Europe*, 新潮社, 2005.

The Economist, *The World in 2004*.

第5章　NATO と EU の安全保障ゲーム[1]

はじめに

　第2次大戦後における欧州での経済・政治的な共同体構築の経験から現在のアジア・太平洋地域がどのような教訓を学べるかについて，軍事・安全保障分野での教訓は後者のケースに簡単には適用し難い。歴史的経験，国力の配分状況としての国際構造などの違いがそれを難しくしている。19世紀には世界を植民地分割していた欧州の諸大国は2つの世界大戦の主戦場となった結果，その国力は衰退したが，アジアでは各国国内での大変動は観測されたものの，欧州のような大戦争は起きなかった。欧州ではフランス，イギリス，ドイツの3国が政治・経済・軍事・文化の次元においてほぼ同じような国力を持つ国として存在しているが，アジアでは各国の国力は次元ごとに異なり，また，域外のアメリカと密接な関係を持つ国が多いため，国力の分散としての構造は複雑である。

　それでも，何らかの比較の示唆を得る必要があるとするなら，そのためには，NATOやEUの共通対外安全保障政策の詳細を紹介することよりも，ある程度の抽象度を上げて，NATOやEUを説明することの方が有益であろう。この小論は，ゲームの理論を使って，その変化を整理する作業を行うものである。この分析結果は不十分で過渡的なものであることは明らかであり，現時点でこれを用いた現在のアジア・太平洋の状況分析を行うという拙速は控えたい。

　以下では，まず，基礎的なゲームの理論の説明を行う。その上で，NATO成立時点でのゲームの状況をモデルで示し，その後に，冷戦後の複雑なNATOとEUの安全保障ゲームを説明する[2]。

　ここでの分析には次の3点の特徴がある。第1の点は，ゲームの理論を用い

てNATOの費用分担ではなく，NATOの成立とその変容を説明しようとすることである。ゲーム理論を使ったNATOの分析については，NATOを加盟各国の公共財と捉えて，公共財供給の際に問題となる費用分担の問題を説明するために使われることが多い。NATOを国際公共財または秩序と捉えると，この小論の分析はその生成と変容，そして場合によっては崩壊という，秩序のライフサイクルを分析しようとする試みの1つである[3]。

第2の点は，非対称な利得のゲームを活用して，国際問題の分析を試みたことである。ゲームの理論を国際危機の研究に適用した既存の研究としては，Glenn Snyder と Paul Diesing の研究がある[4]。そこでは主にプレイヤーが同じ利得の配分構造に直面する対称的な利得のゲームが利用され，非対称な利得のゲームとしては，空脅し，強者，大強者の3つが紹介されている。しかし，この小論は，それ以外の多様な非対称利得のゲームを採用している。それらにはまだ名称がつけられていないが，この分析は非対称利得のゲームの応用可能性を示すことに貢献するはずである。

第3の点は，各ゲーム間の相互関係を分析しようとしていることである。ゲームの分析にしろ進化ゲームの分析にしろ，その研究の主流は単一のゲームがその利得を変更することなく展開されるものである。しかし，現実世界ではゲームが単独で行われることはなく，他のゲームとの間で影響を及ぼしあったり影響されたりする。また，ゲームの利得も変化してゆき，時間とともに，また，他のゲームに影響されて別の種類のゲームにシフトすることがある。もちろん，この分析は複雑でまだまだ端緒についたばかりであるが，この小論はその方向での研究の1つの試みである[5]。

1 ゲームの理論とモデル枠組み

ここでは，最初にゲーム理論について触れ，次に，同盟ゲームのモデル枠組みについて説明する。ゲーム理論とは，何らかの目的を持ってその実現を目指す複数のプレイヤー間で，各プレイヤーのそれぞれの意思決定と行動が相互に関連し合っており，それらの意思決定と行動の集合的な結果がそのような相互

図 I-5-1 囚人のディレンマゲーム

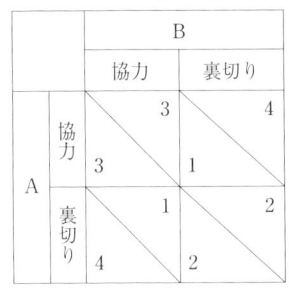

		B	
		協力	裏切り
A	協力	3, 3	1, 4
	裏切り	4, 1	2, 2

図 I-5-2 チキンゲーム

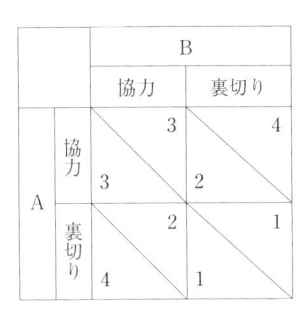

		B	
		協力	裏切り
A	協力	3, 3	2, 4
	裏切り	4, 2	1, 1

依存状態によって決まる戦略的な関係を分析しようとするものである。この章で用いるのは基本的な2人標準型ゲームで，そこでは2人のプレイヤーがいて，それぞれに2つの行動の選択肢（一般には協力と裏切りの2つの行動）があり，その結果としてそれぞれのプレイヤーに一定の利得が与えられる[6]。各プレイヤーはその相手の行動を考えながら自らより好ましい結果が得られるような行動を選択する。この章で使う利得は，貿易額や収入などの具体的な数値ではなく，各プレイヤーにとって好ましい値の重さ順として表示される。4が最も好ましく1が最悪の結果であるが，各利得の値の差が実際にどれだけあるかはそこには示されていない。その数値は4＞3＞2＞1という順番でプレイヤーに好まれる結果のリストとしての意味しかない。

図 I-5-1 は囚人のディレンマ（PD）ゲームであり，それぞれのプレイヤーには協力（黙秘）と裏切り（密告）の2つの行動選択肢がある。双方が協力を選べばそれぞれ2番目に好ましい利得を得る。しかし，相手が協力した場合，自分が裏切ることによって最も好ましい利得を得ることができるし，逆に自分が協力して相手が裏切ると自分は最悪の利得を得ることとなる。その結果，相互の不信感が強まると，双方のプレイヤーは裏切りを選ぶこととなり，最悪ではないがその次に悪い利得を得ることとなる。ここでは，各プレイヤーは相手がどちらの行動を選択するかにかかわらず裏切りを選択した方がその逆よりも相対的に好ましい結果を与えてくれる。このように相手の選択に関わりなく自分にとって好ましい行動が常に1つに決まる場合，そこでの戦略は支配戦略と

図 I-5-3　男女の闘い
ゲーム

		女	
		海	山
男	海	3 \ 4	1 \ 1
	山	2 \ 2	4 \ 3

図 I-5-4　デッドロック
ゲーム

		B	
		協力	裏切り
A	協力	2 \ 2	4 \ 1
	裏切り	1 \ 4	3 \ 3

図 I-5-5　空脅しゲーム

		B	
		協力	裏切り
A	協力	3 \ 3	4 \ 1
	裏切り	2 \ 4	1 \ 2

図 I-5-6　強者ゲーム

		B	
		協力	裏切り
A	協力	2 \ 2	4 \ 1
	裏切り	2 \ 4	1 \ 3

呼ばれる[7]。このゲームは，両者にとってお互いに協力した方が好ましいのに結果的にお互いに裏切りを選んでしまう状況をモデル化している。

　この利得の優先順位を変更することによって様々なゲーム状況を表現することができる[8]。**図 I-5-2** はチキンゲームである。上の PD ゲームでは〔自分の協力，相手の裏切り〕の利得の方が〔自分の裏切り，相手の裏切り〕の利得よりも悪いが，チキンゲームではそれが逆になっており，お互いに裏切ることが最悪の結果を相互にもたらし，〔自分の協力，相手の裏切り〕の利得の方がそれよりも好ましいものとなる。このゲームでは，どちらかが先に裏切りの行動を選択することを決定してしまうと，相手は協力行動を取ることが合理的となる。しかし，相互に裏切ることのダメージが余りにも大きすぎ，かつ，相手の行動に100％信頼が置けない場合，裏切りを選択することは困難になる。

　図 I-5-3 は男女の闘い（BS）ゲームである。両プレイヤーは同じ行動を選

択することを最優先とするが,どちらの行動を選択したいかの好みが異なっている状況である。この場合,両者の力関係でどちらの行動が採択されるかが決まることがある。図Ⅰ-5-4は,デッドロック(DL)ゲームであり,それぞれのプレイヤーの支配戦略は裏切りとなるきわめて厳しい対立状況をモデル化したものである。

さらに,図Ⅰ-5-5は空脅し(called bluff)と呼ばれるゲームであり,一方のプレイヤーはチキンゲームをプレイし,他方のプレイヤーはPDゲームをプレイしている。図ではプレイヤーAがPDゲームを,プレイヤーBがチキンゲームをプレイしている。この結果は,チキンゲームのプレイヤーは相手が支配戦略である裏切りを選択するため,協力を選択せざるをえなくなる。図Ⅰ-5-6の強者(bully)ゲームでは一方のプレイヤーはチキンゲームをプレイし,他方のプレイヤーはDLゲームをプレイする。図では,プレイヤーAがDLゲームを,プレイヤーBがチキンゲームをプレイしている。結果は,DL側の支配戦略は裏切りで,Bは協力を選ぶこととなる。

次に,同盟ゲームのためのモデル枠組みであるが,Tゲーム,Sゲーム,Rゲームという3つの部分ゲームから構成される。軍事同盟が実際にどのように成立するか,その力学の実際には多様な側面が存在する。NATOに対抗する東側諸国の軍事同盟であったワルシャワ条約機構のように,強国の勢力圏下に置かれた弱小国がその影響下で軍事同盟に参加せざるをえない場合もある。直接的な支配下になくても,国力に違いがある国同士の同盟構築は,弱小国にとって自発的な決断とならない場合もある。軍事同盟の結成においては国力比,地理的な位置関係,歴史,国内政治,経済関係など多様な側面の要因が関わってくる。そのため同盟参加の計算は自ずと複雑なものになる。そのことを踏まえた上でここではあえて対外的な脅威への対応と同盟参加国間でのコストの分担,参加各国の国内批准の3つの側面を取り上げてモデルを構築する。

軍事同盟は,同盟当事国の間で対外的には脅威に対する安全保障の確保という側面についてのゲーム(Tゲーム:threatゲーム),当事国同士の間で同盟のコストをどのように関係国で分担するかをめぐるゲーム(Sゲーム:sharingゲーム),そして軍事同盟について国内の承認を得るゲーム(Rゲーム:ratification

ゲーム)という3つの側面が関わってくる。Tゲーム，Sゲーム，Rゲームはそれぞれ同盟構築ゲームの部分ゲームと位置づけられる。

　同盟構築のゲームがどのような形になるかは，その3つの部分ゲームの重みづけによって決まる。一般に，Tゲームでの対外的な脅威が切迫したものでないと，軍事同盟の当事者間で相互防衛の負担をどのように配分するかというSゲームはPDゲームの特徴を強く持ったものとなる。そのゲームの結果は，プレイヤーは相互に協力をしないものとなる。双方にとって共通の脅威が存在する限り同盟と軍事安全保障面での協力関係を進めることは好ましい。しかし，共同防衛の負担を相手に押しつけることによってただ乗りができる方が個別には好ましい行動となり，各国がそのような計算を行うことによって，協力は不可能なものとなる。国内のRゲームは国内の政治勢力間の対立を反映したものとなり，また，Sゲームでの協力の達成を阻害するように作用する。

　他方，一般に脅威の側面が強くなりTゲームの重みが増すと，同盟参加国間のゲーム(Sゲーム)では当事諸国間での協力の傾向が強まる。PDゲームの利得構造が変化し，自国が協力して相手国にただ乗りされる利得よりも双方が裏切りを選ぶことによって同盟が成立しない場合の利得が小さくなる。その時，このゲームはチキンゲームの利得構造に変化する。さらにTゲームの重みが高まり，相手国の防衛努力にただ乗りすることの利得は低くなり相互に協力する利得の値が高くなると，そのゲームは協力が支配戦略のゲームとなる。国内の承認ゲーム(Rゲーム)は，対外的に国内の分裂は好ましくないので，同盟に参加するかしないか，どちらかで国論を一致させる必要が高まる。その時，国内承認のゲームはBSゲームの特徴を強く持ったものとなる。そこでの結果は両者の力関係とその時の環境(TゲームとSゲーム)によって影響される。

2　NATO成立

　第2次世界大戦後，西欧諸国の国力は戦争によって疲弊した。ドイツが敗北した後，欧州において大きな軍事力を保有するのはアメリカとソ連であったが，アメリカには孤立主義外交の伝統があり，第2次世界大戦後，アメリカは欧州

からその軍事力を引き揚げるものと考えられた。欧州大陸において最も大きな軍事力を有していたのはソ連であった。さらにはソ連に対抗する西欧諸国にとって懸念されたのは，国内では共産主義勢力の活動が活発化したことであった。

1947年のトルーマンドクトリンを1つの転機として，アメリカはソ連との対決姿勢を明らかにしていった。しかし，ヨーロッパ大陸におけるソ連の軍事力に対抗するためには，アメリカがその軍事的コミットメントを明確にしていくことが重要であり，西欧諸国はアメリカとの軍事同盟の締結を模索していった。その第1段階として，1948年3月に西方同盟 (Western Union) がイギリス，フランス，ベネルックス3国によって結成された。その後，アメリカ議会上院は「ヴァンデンバーグ決議」を採択して平時におけるアメリカの軍事同盟参加を可能とし，10月からアメリカと西欧諸国間の同盟交渉が本格化した。1949年4月に北大西洋条約が締結され，軍事同盟 NATO が結成された。

最初に，米ソ間の脅威ゲームを見てみると，冷戦初期，米ソ間のゲームは，アメリカが DL ゲームをプレイし，ソ連はチキンゲームをプレイするという強者ゲームであった。アメリカは原子爆弾とその運搬手段としての爆撃機を有していたのに対して，ソ連は原子爆弾開発に後れを取り，またアメリカに対する運搬手段を持っていなかった。朝鮮戦争においてもソ連は北朝鮮に対する軍事支援を隠密に行い，ソ連に対する明確な対決の口実を与えないように意を使った。なお，冷戦の時代が進み，アメリカに対してソ連が対抗しうる核戦力を整えていった1970年代以降，米ソの核戦力が相対的に均衡する状況において，米ソ関係はチキンゲームの様相を呈するようになった。相互確証破壊状態において，アメリカの強硬姿勢にソ連が強硬姿勢で応える状況は最悪の結果をもたらすと認識されていった。

T ゲームのウェイトが高く，対外的な脅威が無視できない状況における国内の承認ゲーム (R ゲーム) は，国論統一の必要から図 I-5-7 のように BS ゲームの特徴を強く持ったものとなる。アメリカ大統領とアメリカ議会の間のゲームとしてモデル化すると，内政の対立を外交政策に反映させることは国益に反することなので，両者とも国際主義と孤立主義のどちらかの政策で合意を得ることを優先する。大統領の方は国際的な協力を重視しているため国際の選

図Ⅰ-5-7 冷戦下米Rゲーム

		米国議会	
		国際	孤立
米大統領	国際	3 / 4	2 / 2
	孤立	1 / 1	4 / 3

択肢の方を優先しようとし,他方,議会の方はアメリカ国内の有権者の意向に敏感であり,どちらかというと国際主義よりも孤立主義に傾きがちである。それでも両者は国際か孤立かのどちらの選択肢で合意を得ることを優先する。このRゲームの結果は,両者の力関係によって決定されるが,その力関係にはそのゲームが行われる環境要因も影響を与え,同盟候補国や脅威国の動きがこのゲームの均衡解を決定する上で重要となる。脅威が高まるほど,孤立主義政策で合意の利得は減少し,国際主義での合意の利得は高くなる。同盟候補国が同盟結成のためにより多くのコストを支払うのであれば,国際主義での合意は容易になるし,同盟候補国が共同防衛のコスト負担に消極的であると認識されれば,孤立主義での合意の可能性が高まる。

また,ソ連に対抗するための同盟が存在しない状況においては,西欧諸国とソ連のゲームは図Ⅰ-5-8のような強者ゲームであった。ソ連はDLゲームをプレイし西欧諸国はそれに対してチキンゲームをプレイした。ソ連の支配戦略は強硬策であり,それに対して西欧諸国は強硬策で応える方が利得が小さい。

以上のような対立の度合いが高い米ソのゲーム,政策の一致を求めるアメリカ国内のゲーム,そしてソ連優位の西欧ソ連ゲームを併せると,同盟諸国間のSゲームはPDゲームとは異なった様相を呈するようになる。図Ⅰ-5-9はこのような米欧間のゲームをモデル化したものである。西欧諸国とアメリカが協力する,すなわち対ソ軍事同盟が成立すれば,西欧諸国のソ連に対する立場は強化されるから,両者が協力するというゲームの結果において西欧諸国側の利得は増えていく,さらには,アメリカが協力し西欧が裏切る時の利得4に近づくか場合によってはそれを凌駕する。また,アメリカ国内で政策の一致を求めるSゲームが行われる時,アメリカが協力をしない状態でも西欧諸国が協力することによってアメリカの内政ゲームで国際主義の結果が得られ,西欧諸国の利得が増える。図Ⅰ-5-9でいうと,同盟諸国間のゲームだけではPDゲー

図I-5-8　西欧ソ連
Tゲーム

		ソ連	
		譲歩	強硬
西欧	譲歩	3 \ 2	4 \ 2
	強硬	4 \ 1	3 \ 1

図I-5-9　冷戦下米西欧の
Sゲーム

		西欧	
		協力	裏切り
アメリカ	協力	3 \ 3→4	4 \ 1
	裏切り	4 \ 1→2	2 \ 2

ムとして〔アメリカの裏切り，西欧の裏切り〕の結果に終わり，同盟が結成されないが，TゲームとSゲームの存在によって，その行き詰まりから脱却して〔アメリカの裏切り，西欧の協力〕に移行する道が用意される。実際，西欧諸国の自助努力をシンボリックに示すものとして西方同盟が結成された。西欧諸国が協力政策を採用する条件において，Tゲームでの脅威の高まりによってアメリカが協力を選択することによるアメリカの利得3の値が増大し，裏切りの利得4に近づくか4よりも大きくなることになると，軍事同盟結成に至る〔アメリカの協力，西欧の協力〕という双方にとって好ましい結果が導き出される道が開ける。実際，ソ連との対立が深まると，トルーマン政権は西欧諸国との軍事同盟への動きを強め，西方同盟によってアメリカ世論の西欧諸国に対する不信感が低められ，議会は国際主義での政策協調を決断し，ヴァンデンバーグ決議案が採択された。

3　冷戦後の世界でのNATOとESDP

　冷戦の終焉以後の世界における軍事同盟について考える際に重要な変化のポイントは2つあり，それらはTゲーム，Sゲーム，Rゲームのモデルに含まれない外生的なものである。第1のポイントは，ソ連の崩壊によって脅威ゲームは大きく変わったことである。ソ連が崩壊してロシアが成立した。その後ロシアの内政の不安定化から中東欧諸国に安全保障上の不安が拡がり，NATO

加盟国が続出した。しかし，エリツィン政権の末期以後，NATO 諸国とロシアとの関係は比較的安定している。もちろん，ロシアは依然として強大な核戦力を維持しているが，かつての第2次ベルリン危機やキューバ危機のような一触即発の国際的な危機が発生する可能性は無視できるほど低まっている。

　第2のポイントは，軍事環境が大きく変わりつつあることである。湾岸戦争以後，トマホークなどの精密誘導兵器，GPS などの情報通信機器，組織のネットワーク化など，これまでとは異なる戦争のやり方が台頭している。これは第3次軍事革命と呼ばれる新しい戦争のあり方かどうか議論があるものの，それが従来とは異なる戦争の戦い方をもたらしたのと同様に，軍事同盟にも何らかの変化をもたらす可能性がある。また，9.11事件に代表されるような，非正規軍による戦闘（テロなど）も頻発してきている。[9]

　ソ連の崩壊によって，脅威ゲーム（T ゲーム）の利得は NATO 側優位のゲームとなっている。図 I-5-10 のように，両プレイヤーともに現状維持か現状変革かの2つの政策選択肢を持っている。NATO の東方拡大（と EU の東方拡大）は冷戦後の現状を変更するものでロシアにとっては勢力圏の後退であった。旧ユーゴスラヴィアに対する EU や NATO の行動はかつてソ連が影響力を保持しようとしていた地域に対する行動となった。NATO は変革を選択しているものの，それによってロシアとの衝突を求めているわけではない。NATO がプレイしているのは PD ゲームで，支配戦略は変革である。それに対して，ロシアは冷戦後の現状維持を最も強く希望する。しかし，NATO がその支配戦略の変革を強行する場合には，それに対して対抗する措置を取る方が好ましい。

　T ゲームにおけるこのような変化は，その他の2つのゲーム（S ゲームと R ゲーム）にも影響を与えた。まず，アメリカ国内の R ゲームは，冷戦時代の強者ゲームとチキンゲームの時代には国論の統一が重視されたが，全面核戦争の危険の低下などによって世界的な危機のレベルが低下すると，図 I-5-11 のようなゲームとなる。大統領は国際的なコミットメントを重視しており支配戦略は国際主義である。他方，世論に敏感な議会は孤立主義を選択する方向に傾斜している。しかし，議会の構成と世論の動向を反映して，イラク戦争の開戦時のように大統領主導の下で国際主義を選択することが好ましい場合もあるし，

図 I-5-10 冷戦後米ロ
Tゲーム

		ロシア	
		維持	変革
NATO	維持	4 / 3	3 / 1
	変革	1 / 4	2 / 2

図 I-5-11 冷戦後米国の
Rゲーム

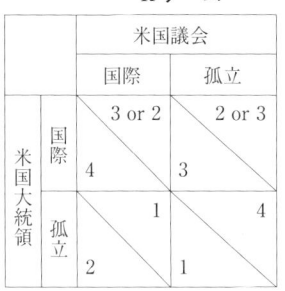

		米国議会	
		国際	孤立
米国大統領	国際	3 or 2 / 4	2 or 3 / 3
	孤立	1 / 2	4 / 1

イラク戦争泥沼化のあとのように孤立主義に傾くこともある。議会が孤立主義に傾斜し大統領が国際主義を推進しようとすると，アメリカ外交は多国間主義よりも単独行動主義に傾斜しやすくなる。左上と右上の結果のどちらがより好ましいかによってその時々の議会の行動は決定される。

　冷戦終焉後の欧州諸国の立場はきわめて複雑である。冷戦時代に欧州共同体が設立されその機能が拡大されてきたことによって，欧州諸国の一体性は増大した。他方，ソ連の崩壊により対外的な脅威が低下したことによって欧州として一まとまりの安全保障政策を採用しなければならないという要請は低まった。さらに，それまでのソ連の影響力下にあった中東欧諸国がNATOとEUへの加盟を進めることによって，欧州諸国の多様性が増大したため，欧州諸国の間で共通の政策を採用することへの困難は増大した。

　冷戦後，EUは欧州安全保障防衛政策ESDPを体系化する作業に取り組んでいる。1992年のマーストリヒト条約に明文化されて以後，共通の外交安全保障政策CFSPを制度化する試みが行われている。旧ユーゴスラヴィアではEUを中心とした組織が十分な貢献を行うことができず，また，アメリカは技術的に遅れた欧州諸国の軍隊との共同作戦に消極的になっていった。NATOでは次第に欧州の軍事的重要性が低下し，アメリカの単独主義的傾向が強まった。この状況を憂慮して，英仏首脳は1998年サン・マロ宣言の中で欧州の軍事的イニシアティブの重要性を改めて訴えた。それは，CFSPの組織化を必要とするものであった。また，司令部レベルでのNATOとEUとの協力が行われてい

る。1999年6月のケルン欧州理事会では，国際危機に対応するため，欧州連合が自律的な軍事活動を可能とする必要があることが合意された。同年12月のヘルシンキ欧州理事会では，ピータースベルグ・ミッションの全活動を実施に移[10]せるように，5万人から6万人に上る軍事要員を60日以内に展開でき，かつ，その展開を最低1年以上維持できるだけの態勢を構築すること，欧州連合の枠内でそのような軍事活動が実施に移されることを保障するために新たな政治的・軍事的組織を欧州連合内に設置することなどが，重要目標とされた。それを受けて，2001年1月には政治・安全保障委員会，軍事委員会，参謀本部などが設置された。また2003年5月には，欧州理事会はすべてのピータースベルグ・ミッションに対応できるだけの作戦能力を保持していることを明らかにした。2003年12月以後，欧州安全保障防衛政策の試みは強化されている。2003年11月，欧州防衛庁を設置することが合意され翌年その活動を開始し，12月には「よりよい世界における安全の欧州」と題した欧州の安全保障戦略が採択された。

このような欧州諸国の動きがNATOの崩壊をもたらすのではないかとの懸念もある。しかし，ESDPはNATOに取って代わるものではなく，それを補完する色彩が強いといわれる。例えば，2003年12月のブリュッセル欧州理事会で設置が決定された欧州司令部はNATOとの連絡を密にするものであるし，これまでの欧州諸国の実績においてもその多くはNATOの能力を利用したものか，NATOとはきわめて密接に関連した部隊による活動であった。[11]

欧州の各国はそれぞれゲームを行っているわけであるから，その組み合わせの数だけゲームを検討しなければならない。紙幅の制約と相対的簡便さのために，ここでは，図Ⅰ-5-12のような簡単な検討に留める。各国は他の国々とプレイをしており，そのゲームは典型的なPDゲームである。冷戦後の欧州と周辺地域の安全保障問題を解決するためにどのように費用を分担すべきか，各国はいわゆる集合行為の問題に直面している。[12]欧州各国が大西洋関係とは別に費用分担のSゲームを展開していることになる。

そして，米欧関係のSゲームであるが，図Ⅰ-5-13のように両プレイヤーともに多国間主義と単独主義という行動の選択肢を持つものとする。単独行動とは，NATOの枠組みを重視しない行動である。アメリカの単独主義行動は

第5章　NATOとEUの安全保障ゲーム　77

図 I-5-12　冷戦後欧州内 Sゲーム

		欧州他国	
		協力	裏切り
欧州一国	協力	3 / 3	4 / 1
	裏切り	1 / 4	2 / 2

図 I-5-13　冷戦後米欧の Sゲーム

		欧州	
		多国	単独
アメリカ	多国	4 / 3	3 / 1
	単独	2 / 4	1 / 2

軍事同盟ではなく有志連合 (coalition) を重視するものである[13]。ここで, 第2のモデル外の変数 (外生変数) である, 軍事革命の影響が作用する。それはアメリカの軍組織に変更を求めるもので, アメリカの軍事行動と欧州諸国の軍事行動との相互運用可能性を低める方向で働いている。正規軍同士の戦闘ではアメリカは単独で戦闘を行った方が効率的であるという。そのため, **図 I-5-13**ではアメリカは単独行動の選択からより多くの利得を得ることになっている。ヨーロッパの単独主義行動とはここではNATOの枠組みに対抗しうるような形で欧州の共通防衛政策を推進することである。しかし, 冷戦後欧州諸国の内政が数々の変動を経験しており, 欧州諸国間のゲームは**図 I-5-12**のPDゲームとなるから, 欧州諸国が単独行動を選択することは難しい。

　ここでの多国間主義はNATOの枠組みを重視し, 相手国との政策協議を密に協調的な対外行動を推進するものである。非軍事的な面での紛争解決ではアメリカは依然として欧州諸国との協力を必要としており, 欧州が多国間主義で協力する場合, アメリカも多国間主義で協力する可能性もある。アメリカが多国間主義で欧州と協調するかは, **図 I-5-13**の左上のアメリカの利得が左下のアメリカの利得よりも大きくなるかに大きく依存する。この2つの利得のバランスに影響を与えるのは**図 I-5-11**のアメリカ国内のRゲームで, 議会が国際主義に傾けばSゲームにおいてアメリカは多国間主義に傾斜することになりえる。このモデルにおいては, アメリカの支配戦略は単独行動であるが, 欧州諸国には支配戦略は存在しない。アメリカが単独行動を選択することを前提

とすると,欧州は多国間主義を選択することが好ましい。なぜならば,欧州諸国はアメリカのRゲームで好ましい変化を生み出すために,できるだけ多国間主義を推進する方向でNATOを補うESDPの活動を進めることが好ましいからである。

結　論

この小論は,NATOの成立と冷戦後のNATOとEUの共通安全保障外交政策について,ゲームの理論を使って一般的に整理することを試みたものである。ここで明らかになったことは,第一にたかだか3つのゲームしかないものの,その間の相互関係は複雑であるということ,当然ながらTゲームは他のゲームに大きな影響を与えるということである。なお,他の2つのゲームがTゲームに及ぼす影響についてはこの分析ではモデルとして明確にできなかった。第二に,現実の世界においてゲームの理論を適用しようとすると,対称的な利得のゲームではなく,非対称的な利得ゲームが多くあり,その事例が豊富だということである。そして,第三に,ゲームの利得がどのように変化するかについて,そのシフトは,国際システムの構造レベルの変化だけではなく,他のゲームの影響などプロセスレベルの影響を受けるということである。

注

1) この小論は独立行政法人日本学術振興会,科学研究補助金基盤研究 (S)「グローバル公共財としての地球秩序に関するシミュレーション分析」(代表者,吉田和男・京都大学教授) の研究成果の一部である。
2) NATOとEUの歴史については瀬島誠・古賀敬太・池田佳隆・山本周次『激動するヨーロッパ〔改訂版〕』晃洋書房,2006年を参照。
3) 吉田和男『安全保障の経済分析』日本経済新聞社,1996年。Todd Sandler, and Keith Hartley, *The Political Economy of NATO*, Cambridge: Cambridge University Press, 1999. Inge Karl, Isabelle Grunberg, Marc A. Stern, eds., *Global Public Goods*, New York: Oxford University Press, 1999. Inge Karl, *et al.*, eds., *Providing Global Public Goods*, New York: Oxford University Press,

2003.
4) Glenn H. Snyder and Paul Diesing, *Conflict among Nations*, Princeton, NJ: Princeton University Press, 1977.
5) 瀬島誠「アナーキー下における地域協力の可能性」『国際政治』第124号，2000年。George Tsebelis, *Nested Games*, Berkeley, CA: University of California Press, 1990. Jenna Bedner and Scott Page (2004) "Can Game(s) Theory Explain Culture?"〈http://www.santafe.edu/research/publications/working-paper/04-12-039.pdf〉.
6) 標準型以外に展開型のゲームがある。標準型の方が直感的に理解しやすいと考えて，展開型はここでは扱っていない。また，情報に関しても基本的に各プレイヤーは相手の利得を知っているものとする。ただし，冷戦時代の米ソ間のチキンゲームでは，米ソは相互の行動を100％信頼しているとはいえない状態で分析を行っている。ゲーム理論については，岡田章『ゲーム理論』有斐閣，1996年。エリック・ラスムセン，細江守紀・村田省三・有定愛理訳『ゲームと情報の経済分析』Ⅰ・Ⅱ，九州大学出版会，1991年。
7) 行動とは，1回のゲームで各プレイヤーが選択するもので，一般に協力と裏切りの2つが設定される。戦略とは繰り返されるゲームにおいてどのように行動を選択してゆくかを決めるものである。
8) ここでのゲームの利得は，Snyder & Diesing にならって，各国が認識していると筆者が判断するゲームの利得である。以下の具体的な状況で使用するゲームの利得の配分が特定の形を取る理由は詳しく説明するだけの紙幅がない。もちろん歴史解釈には複数のものがありうるのでここで提示されたゲームと異なったゲームを想定することも可能かもしれないが，できるだけ歴史に忠実にモデル化を試みたつもりである。
9) Elinor C. Sloan, *The Revolution in Military Affairs*, Montreal: McGill-Queen's University Press, 2002. Geoffrey Parker, *The Military Revolution*, Cambridge: Cambridge University Press, 1988.
10) 1992年，ドイツのピータースベルグ・ホテルで開催された西欧同盟閣僚理事会で定められた任務であり，(1)人道・救援活動任務，(2)平和維持任務，(3)平和創設を含む危機管理での戦闘部隊任務が規定されている。この任務は今日 EU 条約第17条で規定されている。
11) これらの動きについては，広瀬佳一「欧州安全保障・防衛政策の可能性」『国際政治』第142号，2005年。金子謙・吉崎知典・佐藤丙午・岡垣知子「国際政治構造と同盟の変容」『防衛研究所紀要』第7巻第1号，2004年。植田隆子「欧州連合の

軍事化と米欧関係」『日本EU学会年報』第20号，2000年。Stanley R. Sloan, *NATO, the European Union, and the Atlantic Community*, Lanham, MD: Rowman & Littlefield, 2003 などを参照した。
12) Mancur Olson, *The Logic of Collective Action*, Cambridge, MA: Harvard University Press, 1971.
13) 『米国の安全保障政策とコアリションに関する調査』財団法人平和・安全保障研究所，2005年5月。

参考文献
石黒馨『国際政治経済の理論』勁草書房，1998年。
岡田章『ゲーム理論』有斐閣，1996年。
鈴木基史『国際関係』東京大学出版会，2000年。
ジョセフ・S. ナイ・ジュニア，田中明彦・村田晃嗣訳『国際紛争』原書第5版，有斐閣，2005年。
中西寛『国際政治とは何か』中央公論新社，2003年。
吉田和男『安全保障の経済分析』日本経済新聞社，1996年。
エリック・ラムスセン，細江守紀・村田省三・有定愛展訳『ゲームと情報の経済分析』I・II，九州大学出版会，1991年。
George Tsebelis, *Nested Games*, Berkeley, CA.: University of California Press, 1990.
Glenn H. Snyder and Paul Diesing, *Conflict among Nations*, N. J.: Princetn University Press, 1977.
Todd Sundler and Keith Hurtley, *The Political Economy of NATO*, Cambridge, Cambridge University Press, 1999.

第6章 EUの環境政策

1 なぜEUは熱心に取り組むのか

　EUの環境政策を概観して感じるのは，挑戦的とまでいえる水準の高さと，妥協や譲歩を繰り返してもその主張を実現しようとする粘り強さである。EUは，なぜそこまで一生懸命になるのか。何がEUをして，そこまでさせるのか。
　その答えの1つとして，EUの地理的条件を挙げることができよう。確かにEU内では，多くの国が国境を接して存立し，大河がいくつもの国をまたがって流れている。地理的に見れば，「1つの国」という理解も可能だろう。実際，1986年4月のウクライナ・チェルノブイリ原発事故では，死の灰は全ヨーロッパに拡散して，国境・国籍を越えて多くのEU市民が放射能の恐怖に直面したし，また同年11月のスイス・バーゼルにおける化学品倉庫での火災では，大量の水銀等がライン川に流れ出し，スイス，ドイツ，フランス，オランダの市民に被害を与えている。
　しかし，環境問題というのは，本来，地域性が強いテーマである。これは例えば，典型7公害といわれる騒音，振動，大気汚染，土壌汚染などの紛争事例を見るとよく分かるが，問題の発生の多くはピンポイントで被害も局所的である。そして，地域性が強いということは，紛争地点からの距離によっては利害の濃淡があり，それが時には互いの対立を招くということも珍しくない（ごみ焼却場の設置で考えてみてほしい。周辺地域は反対，はるか遠い地域では無関心あるいは賛成）。それゆえ環境問題は共同が成り立ちにくい分野である。
　確かにEUの地理的条件は，EUが環境問題に真剣にかつ共同して取り組む理由の1つにはなるが，それだけでは，必ずしも納得的ではない。

なぜ，EU は環境問題に熱心に取り組むのか。その政策が野心的なのはなぜか。そして，この EU の取り組みが日本や世界にどのような影響を与えているのか。本章では，EU 環境政策を概観しながら，こうした問題を考えてみよう。

2　EU 環境政策の歴史

EU 環境政策の歴史を条約と行動計画から確認しておこう。

条約と環境政策

EU は，いくつかの条約を締結しているが，ここでは環境政策という点から関連の条約を見ておこう。

(i)**ローマ条約（EEC 条約，1958年）**

EU の起源は，市場統合にあったから，欧州経済共同体（EEC）が発足した当初は，環境保護は共同体の目的としては明確には位置づけられていなかった。そのためローマ条約には，環境保護を直截に規定する条文はなかった。

共同体として環境問題が意識されたのは，貿易障壁という側面からで，例えば環境基準が低い国でつくられた製品は環境基準の高い国では輸入禁止とされることが，つまり加盟国間での環境基準の不統一が，自由貿易の妨げとなるのではないかと考えられた。この経済との関係が，EU が環境保護に取り組む契機となった点は示唆的である。

(ii)**単一欧州議定書（1987年）**

単一欧州議定書で初めて，環境に関する規定が EC 条約に入れられ，環境政策が EC の権限であることが明確になった。第174条（条文は現在。以下同じ）は，共同体の環境政策の目的や基本原則，第175条は政策決定手続き，第176条は EC 条約と合致する限り，加盟国が厳しい措置を取ることを認めている。

(iii)**マーストリヒト条約（1993年）**

この条約の正式名称は欧州連合条約（Treaty on European Union）であり，EU の創設を規定した条約である。環境政策が EU の権限であることがよりいっそう明確に規定された（第3条）。

(iv)アムステルダム条約（1999年）

この条約では，EC条約第1部基本原則の第2条に，「環境の質の高いレベルの保護と改善」(a high level of protection and improvement of the quality of the environment) が規定された。また，第6条に移されたEUの政策と環境の統合は，環境政策の位置づけをさらに高めるものである。

行動計画

EUでは環境保護を推進するため，行動計画を定めている。英語表記では，Environmental Action Programmeであるが，アクションプランというよりも環境基本計画のような内容である。表I-6-1に示すように，第1次から第6次までの計画が定められている。

このうち，EUの環境政策のターニングポイントとなったのが，第5次の行動計画である。環境問題を他の政策に取り入れるための幅広い義務を定め，持続可能な開発を基本とするなどEUの環境政策のスタンスが明確になった。同時に政策実現手段も，規制的手法に留まらず経済的手法も含む多様なものとなっている。

現在の計画は，第6次行動計画で，「環境2010：私たちの未来，私たちの選択」というやや力の入った副題を持っている。この計画では，気候変動，自然と生物多様性，環境および健康と生活の質，天然資源と廃棄物の4つが優先政策分野に挙げられているが，副題の「私たち」の意味が地球規模まで広がっていることが分かる。なお，この第6次行動計画は，計画期間が10年間に延び，法的性格もこれまでの行動計画とは違う，法的拘束力を有する決定の形式を取っている点に注目してほしい。

表I-6-1　環境行動計画

第1次（1973～1976年）	環境政策の目的は，EC国民の生活の質や条件の改善
第2次（1977～1981年）	共同体としての環境政策の目的や原則の再声明
第3次（1982～1986年）	計画や開発の中に環境への配慮を統合すべき
第4次（1987～1992年）	新たな規制手法の採用
第5次（1993～2000年）	副題「環境に配慮した持続性のある経済成長」
第6次（2001～2010年）	副題「環境2010：私たちの未来，私たちの選択」

3 EU環境政策の理念・原則・内容

目　標

EUの環境政策の目的は，EC条約の第174条1項に定められている。
① 環境の質の保全および保護と改善
② 人の健康の保護
③ 自然資源の賢明かつ合理的な利用
④ 地域的ないし世界的な環境問題 (regional or worldwide environmental problems) に対処する国際的なレベルでの措置の推進

であるが，④で明示されているように，環境問題をEU域内だけでなく，世界的・国際的なレベルで積極的に取り組むという点が際立っている。

基本原則

EC条約第174条2項に規定しているのが，次の4つの基本原則である。

①予防原則──重大な損害または回復不可能な損害の発生の恐れのある場合には，完全な科学データでその危険性を十分に証明できなくても，予防的に措置を取ることができるとする考え方である (Precautionary Principle)。

②未然防止原則──発生してしまった損害に対応するだけでなく，むしろ未然防止に焦点を置くべきであるとする原則である (Prevention Principle)。

③環境損害の発生源での防止を優先する原則──発生源で環境汚染に対処する (environmental damage should as a priority be rectified at source) という原則である。

④汚染者負担の原則──環境汚染の予防と修復のための費用は，その汚染に責任を有する者が負担すべきという原則である (Polluter Pays Principle)。

このうち，最も議論になるのが予防原則である。食品の安全性 (BSE，遺伝子組み換え作物) をめぐって，日米で紛争が起こっているが，この予防原則をめぐる争いである。確かに，この原則が主張する意味はよく理解できるが，だからといって科学的な裏づけのない不安や心配のために，経済活動・市民生活

が規制されるのも問題がある。その折り合いをつけるのは難しいが，高い保護水準を確保するという視点を持ちつつ，できる限り常に新しい科学的データに照らした再検討を行うというのがEUのスタンスである[1]。

　汚染者負担の原則も議論がある原則である。つまり誰が汚染者なのかが必ずしも明確ではないからである（自動車の不法投棄でいえば，汚染者は所有者なのか，製造者なのかがはっきりしない）。ただ，今日では，拡大生産者責任（Extended Producer Responsibility）に準拠して，製造者に費用の全部（大部分）を負担させる指令が増えている（自動車リサイクル，包装廃棄物，電気・電子機器廃棄物など）。

　この4原則に加えて，次の原則もEU環境政策の柱となっている。

　⑤持続可能な開発の原則（Sustainable Development）――経済と環境を両立させて経済成長や生活の質の向上など社会の発展を推進していこうとする考え方である（第2条）。持続可能な開発は，環境問題を考える際の基本的な考え方に留まらず，欧州社会モデルの中核的理念になっている。

　⑥統合原則――共同体の政策と活動は，環境保護の要請を満たすために政策統合されなくてはいけないとする原則である。単一欧州議定書で挿入され，アムステルダム条約で原則とされた。統合される政策は，農業，輸送，開発，エネルギー，域内市場，産業，財務など広範囲にわたる（第6条）。統合原則によって，EU全体の中で環境政策が占める比重は大きなものになっている。

　　内　　容

　EU環境政策の内容は，総則的事項の他，廃棄物管理，騒音，大気汚染，気候変動，水汚染，自然と生物多様性の保護，化学物質など主権国家の環境政策とほとんど同じ範囲に及んでいる。

　この環境政策の法形式は，大半が指令（Directive）の形式を取っている。EU法の形式のうち，規則（Regulation）は加盟国を直接拘束するが，指令は加盟国によって国内法化されて初めて効力を有するものである。指令形式がなじむのは，環境問題が本来持っている地域性に由来する。この指令を担保するために，通告状や意見の送付，欧州裁判所への提訴（第226条），裁判所の判決に従って違法状態を除去する義務や履行しない場合の課徴金（第228条）など，EU

法が各構成国に適切に実施されるための措置が用意されている。

政策実現の手法

こうした環境政策を実現する手段については，第6次行動計画において「10の戦略的アプローチ」にまとめられている。詳細はそれを参照してもらいたいが，

① 規制的手法だけでなく，市場メカニズムを活用した経済的手段（環境税，課徴金，エコラベル，環境管理・監査など）の活用
② 企業との協働・連携，個人や企業への情報提供，市民の理解と参加といった協働的手法の採用

が特に注目される。

加盟国の環境政策との関係

加盟国は指令の国内法化措置を講じることが求められる（第249条）。そこで，指令と国内法との関係が議論になるが，加盟国はより厳しい措置を維持，導入できる（第176条）など加盟国の権限が尊重される仕組みとなっている。

自由な取引と環境保護の調整

EUの最大の目的は，単一市場の形成を通した自由な取引である。この原則を守るために，加盟国間における関税や同じ効果を持つ租税の禁止（第23～27条），輸入や輸出に関する数量制限の禁止（第28～31条）が規定されている（ただし，第30条では健康・生命の保護等を理由とする輸出入制限の合法性を認めている）。

他方，第6条では，EUの政策と環境との統合原則を採用し，また第176条では，構成国がEUより厳しい環境保護措置を取ることを認めている。

この自由な取引と環境保護の調整をどうバランスを取るのかが問題となる。最終的にはケースごとに欧州裁判所の判断に委ねるということになるが，ここではドイツの強制デポジット制度に関する事例を紹介しよう。

ドイツでは増大する廃棄物の減量・リサイクルに対応すべく，1991年に包装廃棄物政令を定めた。これは体積でゴミ全体の50％以上を占める包装廃棄物については，行政回収とは別に事業者が独自に回収するという画期的な政令であ

る（デュアルシステムという。2つの回収を並行（dual）して行うからである）。その回収のために，回収会社（DSD社）をつくり，この会社のライセンスマーク（Der Grune Punkt）をつけた製品を回収・リサイクルする方法を構築した。

　しかし，このリサイクル方式は，それまでドイツで広く行われていたリターナブル容器の使用率を低下させる心配があることから，包装廃棄物政令では，リターナブル容器の使用率が72％以下になった場合，強制デポジットを発動するという制度を採用した。強制デポジットを実施することになれば，事業者には多大な負担がかかることから，こうした牽制制度を用意することでリターナブル容器を守ろうとしたものである。その意味では，実際に適用されることを必ずしも予定していなかった制度といえる。

　ところが，1997年，1998年の2年連続でリターナブル容器使用率が72％を割ることになってしまったことから，このデポジット条項が現実のものとなった。議論の曲折はあったものの，2003年1月から強制デポジットを発動することになったが，それに対して，外国の飲料メーカーが，これはドイツ市場への参入障壁であるとしたのである。つまり，強制デポジットが導入され，リターナブルびんの導入を強制されると，使用した空きびんを再び生産地まで運ばなければならないが，これにはコストがかかり，事実上の自由貿易侵害に当たるというものである（とりわけ，ミネラルウォーターのように産地で直接瓶詰めしなければ商品価値が乏しいものについては大きな負担である）。その後，欧州裁判所の判決を受けて制度の手直しが行われるなど曲折はあったものの，結局，デポジットは導入されている。[3]

4　EU環境政策の影響

　EUの環境政策は，どのような影響を与えているのか。EUの域内と域外に分けて見てみよう。

EU内での影響

　まず，EU域内における影響であるが，EU加盟国になるには，アキ・コミュノテール（Acquis Communautaire）と呼ばれるEU法すべてを受け入れなけ

ればならない。新規加盟国が既存の EU 法を遵守できないからといって，EU 全体の水準を下げることはしないから，概して環境基準が低い新規加盟国（中東欧諸国）にとっては，EU の水準を達成するのは容易なことではない。しかし，こうしたハードルを乗り越えることで，高い環境基準と経済発展を得ることもできる。EU は2004年5月1日に25ヵ国体制へと拡大し，総人口4億5400万人を擁する共同体になったが，これだけの規模を誇る共同体が高い水準の環境政策に取り組むことは，地域的に見ても世界的に見ても，その影響には大きなものがある（とりわけ，地球規模の環境問題に取り組む際には有効である）。

この新たな EU 加盟国を支える仕組みが，加盟前援助制度である。

これには新加盟国の法整備，行財政制度整備等を支援する PHARE（Poland and Hungary: Action for the Restructuring of the Economy），新加盟国の農業分野，地域振興における支援（市場の効率化促進と保健レベル向上，環境保護等）を行う SAPARD（Special Pre-Accession Assistance for Agriculture and Rural Development），運輸および環境分野のインフラ整備プロジェクトを支援する ISPA（Instrument for Structural Policies for Pre-Accession）がある。

EU 外への影響──地球環境問題への取り組み

EU の環境政策は，域外にも大きな影響を与えているが，ここでは地球環境問題の1つである温暖化防止対策への取り組みを見てみよう。

気候変動への対応は，第6次行動計画の優先政策分野の1つである。気候変動に関する政府間パネル IPCC の第2次報告書（1995年）によれば，19世紀末以降，地球の平均気温は0.3～0.6℃上昇し，海面も10～25 cm 上昇し，二酸化炭素の大気中濃度は，産業革命以前の 280ppmv から 360ppmv に上昇している。その結果，異常気象や砂漠化など人類の生活に影響を与え始めているが，これは産業革命以降に石炭，石油といった化石燃料を多用したことが原因とされている。

1992年に制定された気候変動枠組み条約（Framework Convention on Climate Change）の第2条「目的」には，かような気候変動への懸念に対して，「気候系に対して危険な人為的干渉を及ぼすこととならない水準において大気中の温室効果ガスの濃度を安定化させることを究極的な目的とする。そのような水準

は，生態系が気候変動に自然に適応し，食糧の生産が脅かされず，かつ，経済開発が持続可能な態様で進行することができるような期間内に達成されるべきである」として，困難な問題にどう折り合いをつけていくかが示されている。[4]

また，第3条3項では，「締約国は，気候変動の原因を予測し，防止しまたは最小限にするための予防措置を取るとともに，気候変動の悪影響を緩和すべきである。深刻または回復不可能な損害の恐れのある場合には，科学的な確実性が十分にないことをもって，このような予防措置を取ることを延期する理由とすべきではない」として，EUの環境政策の基本原則である予防原則に立脚した考え方が示されている。

この枠組み条約という考え方は，いわゆるソフトローといわれるもので，裁判所による強制的実行は保証されていないが，当事者の行動や実践に拘束感を与えている規範である。条約では防止することの必要性を確認し，内容は締結国が集まって，COP（Conference of the Parties：コップ）と呼ばれる締約国会議で，別途，定めるという方法が採られる。COPは，定期的に議論をする場を設定するとともに，期限を付した進捗管理を行うことで，加盟国間の相互理解を進め，問題解決に向けて着実にステップを上げていく手法である。

COPにおける検討経緯は，**表 I-6-2** に示したが，このうち京都会議はCOP第3回会議で，条約の内容を決めた重要な会議である。

京都議定書で決定されたポイントとしては，

① 附属書の国々が，2008〜2012年の期間に温室効果ガス排出量を1990年比で平均5.2%削減すること。これは努力目標ではなく，法的拘束力を有する義務である。国別では日本が6％，アメリカが7％，EUが8％と決められた。

② 京都メカニズムの導入である。これには3つの仕組みがある。「排出量取引」は，例えば排出量削減義務を達成できなかった国が，削減義務を超過達成ができた国から，超過達成分を買い取ることができるというシステムである。「共同実施」は，先進国同士が共同で排出削減や吸収のプロジェクトを実施し，投資国がそれによる削減量をクレジットとして獲得できるというものである。「クリーン開発メカニズム」は，先進国と途上国が

表 I-6-2　枠組み条約の進展

- 第1回締約国会議（COP1）　1995年3〜4月　ドイツ・ベルリン
  - 温室効果ガス削減目標を盛り込んだ議定書をCOP3で定める
  - 削減目標は条約附属書国のみに限定し，発展途上国には約束を課さない
- 第2回締約国会議（COP2）　1996年7月　スイス・ジュネーブ
  - 削減義務目標を法的拘束力のあるものとする
- 第3回締約国会議（COP3）　1997年12月　京都
  - 温室効果ガス排出量を1990年比で5.2％削減
  - 京都メカニズム（排出権取引，共同実施，クリーン開発メカニズム）
  - 森林吸収源
- 第4回締約国会議（COP4）　1998年11月，アルゼンチン・ブエノスアイレス
  - 京都議定書運用のルールをCOP6までに決定する
- 第5回締約国会議（COP5）　1999年10月〜11月　ドイツ・ボン
  - 京都メカニズムの遵守，気候変動の悪影響，対処能力の向上
- 第6回締約国会議（COP6）　2000年11月　オランダ・ハーグ
- アメリカが京都議定書からの離脱表明　2001年3月
- COP6再開会合　2001年7月　ドイツ・ボン

  森林吸収源について，プロンク議長（オランダ環境相）が日本の主張を大幅に取り入れる妥協案を出すことで妥協が成立した
- 第7回締約国会議（COP7）　2001年10月〜11月　モロッコ・マラケシュ

  法的文書づくり。発効にむけてのお膳立て
- 第8回締約国会議（COP8）　2002年10月〜11月　インド・ニューデリー

  京都議定書に基づく報告・審査ガイドラインが策定。クリーン開発メカニズムの手続きの整備
- 京都議定書の発効　2005年2月16日

  ロシアの参加

共同で温室効果ガス削減プロジェクトを途上国において実施し，そこで生じた削減分の一部を先進国がクレジットとして，自国の削減に充当できる仕組みである。環境の売買・移転で，やや違和感がある仕組みであるが，この京都メカニズムの採用が，米国がCOP3で7％削減を受け入れた理由となっている。

③　森林吸収源に関わるものである。森林は光合成によって二酸化炭素を吸

収するが，日本は6％の割り当てのうち，これで3.7％分の削減を達成することなどが挙げられる。

京都議定書以降の動きを見ると，発効まで7年以上経過している。その間，EU は米国抜きでも発効を実現しようと考え，日本やロシアに妥協と譲歩を繰り返しながら，粘り強く取り組んでいる。

5 EU 環境政策を考える

なぜ野心的な政策がつくられるのか

政策は必要性と引き金 (trigger) があって初めてつくられる。ただ，その強さには政府や市民が持つ政治的意思の強さが影響を与える。EU の野心的ともいえる環境政策がつくられる背景には，一般には現実感が乏しい地球環境問題に，本気で取り組もうと意識し行動した市民（それに後押しされた政府）がいることは無視できないであろう。

また，EU が，後続国のソフトランディングために移行期間の設定や幾重もの加盟前援助制度を用意して，手厚いサポート体制を取っていることも，挑戦的ともいえる環境政策を後続国が受け入れることができる理由でもある。さらには COP で見たように，EU が地道で粘り強い交渉意思と技術を持っていることも重要な要因であろう。

こうした要因の他，ここでは EU の政策決定の仕組み（特に EU 委員会）に注目したい。

EU 委員会は，EU の中で唯一法案提出権を有している機関である。また閣僚理事会と EU 議会によって議決された政策を実行し，義務を履行しない加盟国を EU 裁判所に訴える権限も有している。アムステルダム条約で，EU 議会の権限は強化されたが（共同決定手続き (co-decision procedure)（第251条）），EU 委員会が政策立案の主導権と政策遂行権限を持っているという点は重要である。同時に，EU 委員会が加盟国や EU 市民，企業からの独立していること，また2万人以上の職員がいる巨大な官僚組織であるという点も，自ら信じる政策を推進させる大きな力になるだろう。

こうしたEUの政策決定（EU委員会）の独自性は，日本の政策決定と比較してみると違いが顕著である。日本では，業界団体との事業者調整が政策立案の中心となる（各種のリサイクル法の制定で経済産業省が主導権を握ったものこのためである）。同時に，審議会への住民参加やパブリックコメント制度の導入で，市民の意見も無視できないほど大きな位置を占めるようになった。その結果，できあがる政策は，折衷的で漸進的・微温的なものとなりがちである。これに対して，直接には加盟国を相手とし，域内の企業や市民から「遊離」しているEUの場合は，おのずと環境総局（European Commission DG Environment）の力が強くなるのは十分考えられる。これが野心的ともいえる政策がつくられる大きな原動力になっていると思われる。

EUの生き残り策としての経済と環境の調和

一般には経済と環境保護は対立し，環境保護は経済の発展にブレーキをかけると考えられている。しかし，日本の経験でも，日本版マスキー法（自動車から排出される窒素酸化物の排出量を90％以上削減するという規制）が，その後の日本車の低燃費性（技術向上）に寄与し，日本の自動車産業の競争力を高めていったように，環境基準を厳しくすることが，必ずしも経済発展の妨げになるわけではなく，むしろ促進するという一面もある。

EUの環境政策は，日本が日本版マスキー法で実践したように，経済と環境を両立させて生き残っていこうとする世界戦略の一環である。いくら25カ国が集まったとしても，米国と同じ大量消費・大量生産・大量廃棄＝ワンウェイ型経済では勝負にならない。別のモデルを示す必要があるが，それが経済と環境の調和を図るリデュース（Reduce）・リユース（Reuse）・リサイクル（Recycle）の循環型経済システムである。かような視点で見ると，もう1つのグローバルスタンダードをつくるべくEUが妥協と譲歩を重ねて，京都議定書の批准を目指した意味も理解できるし，逆に世界の非難を覚悟で京都議定書から離脱する米国の立場もよく理解できる。米国の立場から見れば，もしEUの戦略に巻き込まれることになれば，これまでの実践してきた米国型グローバル化・自由競争の理念で世界経済を席巻する戦略が揺らぐことになるし，実際，温暖化ガス

排出量を削減するために火力発電所を動かす石炭を他のエネルギーに転換すれば，それは明らかに米国経済にとって大きなマイナスになるからである。ここに環境保護という崇高な理想の別の一面を垣間見ることができるが，米国とは違った社会を実現しなければ，自分たちは生き残る道がないと考えているEUの生き方は，同じく資源が乏しく，高技術で世界経済に伍していこうとする日本と共通のものがある。そこに日本がアジアの国々との連帯を真剣に模索しなければならないヒントがあろう。

注

1) 「予防原則に関するEUコミュニケーション」日本語訳については，環境省HP www.env.go.jp/policy/report/h16-03/mat03.pdf。

2) 環境行動計画の経緯は，岡村堯『ヨーロッパ環境法』三省堂，2004年。第6次行動計画の原文は，欧州委員会のHP http://europa.eu.int/comm/environment/newprg/index.htm。

3) ドイツにおける強制デポジット制の導入までの動きは，『循環経済に関わる内外制度及び経済への影響に関する調査報告』経済産業省，2003年が分かりやすい。

4) 気候変動枠組み条約の日本語訳は環境省 http://www.env.go.jp/earth/cop3/kaigi/jouyaku.html。

参考文献

環境問題に関する文献は多岐にわたる。石弘之『必読！　環境本100』平凡社，2001年というガイドブックもあるくらいである。

初学者向けとしては，『新版　環境学がわかる。』朝日新聞社，2005年；安井至『市民のための環境学入門』丸善，2003年。

本章との関連では，倉阪秀史『エコロジカルな経済学』筑摩書房，2003年；加藤尚武編『環境と倫理──自然と人間の共生を求めて』有斐閣，2005年；植田和広『現代経済学入門──環境経済学』岩波書店，1996年；岡村堯『ヨーロッパ環境法』三省堂，2004年；浜中裕徳編『京都議定書をめぐる国際交渉：COP3以降の交渉経緯』慶應義塾大学出版会，2006年；寺西俊一他編『地球環境保全への途──アジアからのメッセージ』有斐閣，2006年。

なお，筆者が公害・環境問題に関心を持つきっかけとなったのが，田尻宗昭『四日市・死の海と闘う』岩波書店，1972年。

第7章　EUの教育政策

　EU統合の目的は，恒久平和，多民族・多文化・多言語の共生と調和そして発展である。それには，EUの若者たちが欧州市民としての連帯意識と共通の価値観を持つことが必要で，教育の重要性がうたわれている。EUの教育政策は，欧州教育網の構築，留学・交流の促進，複言語習得と異文化理解教育，情報通信技術教育，そして生涯教育と遠隔教育の推進である。

1　欧州評議会（欧州審議会）── Europarat（Council of Europe）

　EU教育政策といってもヨーロッパレベルでの教育政策は，EU固有のものでない。その先駆けはEUより古い歴史を持つ欧州評議会だった。現在は両者が主体となっている。
　EU加盟国は，EUに加盟する以前に欧州評議会に加盟していなければならないという制約だけでなく，EUは「教育分野所轄の国際機関，特に欧州評議会との協力を促進する」（後述）と明記されているように，教育面では欧州評議会とEUの関係は非常に強い。
　したがってEU教育政策に言及する前に欧州評議会に触れる。日本は欧州評議会のオブザーバー[1]であり，EUとはパートナーシップの関係にある。

略　史
　第2次世界大戦後初の国際機関。共通の価値観（後述）を持つ10カ国が，その実現のために加盟国間の協力を拡大することを目的として，ストラースブールに設立（1949年5月）。2006年現在加盟国46カ国[2]。協議対象は司法・行政・政治・経済・社会・文化にわたるが，軍事・防衛は（設立当初以来）対象外。

その活動は，超国家的な統合体ではなく，共通に守るべき条約をつくるという方法で，加盟国間の緊密化を進めてきた。条約（2006年3月現在201）の1つに「基本的人権と自由の救済に関する条約」（欧州人権条約，1953年発効）がある。

教育活動[3]

　1950年代は「高等教育入学資格の同等性」(54年) や「修学期間の同等性」(57年) に関する条約を締結している。人権擁護，複数政党民主主義，寛容と相互，法の支配といった基本理念を普及させ，相互理解と信頼醸成を促進するためには教育が重要という考えから，欧州市民権教育，歴史教育，言語教育，教育資格の相互認知などに関するプロジェクトを実施している。支援プログラムは，①ロマの教育・欧州におけるジプシーの子どもたちの教育，②記念日・追悼の教育，③民主主義の公民権と人権教育，④歴史の授業，⑤異文化教育，⑥言語政策，⑦高等教育，⑧再教育のための協力，⑨専門教育のための訓練など。2001年はEU（欧州委員会）との協力で「欧州言語年2001」を実施。

2　EUの教育・文化総局（欧州委員会第10総局）
Education and Culture Directorates-General

　EC（EUの前身）条約に，すでに「教育，職業訓練および青少年」に関する規定はあるが，職業訓練および経済発展につながる高等教育に限定された分野での活動が中心であった。その後，マーストリヒト条約（126～128条）に文化，教育に関する条項が加わり，EUも初等・中等教育を含めた教育分野の活動に本格的に取り組む。現在，EC時代に策定された教育・職業訓練の諸プログラムはEU設立時に再編成され，広く普及している。

　しかし，マーストリヒト条約126条「教育」（後述）では，各構成国の制度や法律を尊重することが原則とされていることから，教育政策は基本的に加盟国権限に属し，EUの役割は，加盟各国の補完と支援に限定され，教育プログラムは資金援助が中心である。

　その後，「リスボン戦略」[4]（2000年3月）において，EU全体としての教育政策に

おける目標が設定され、その一環として「欧州における教育・訓練制度の目標達成のための行動計画」(2000年3月) が出された。2010年までのEU全体の教育目標達成のために、この行動計画に基づく加盟各国の取り組みを奨励している。

文化と教育に関する規定
(i)第2次世界大戦後からEUまでの条約

欧州石炭鉄鋼共同体（ECSC設立条約），欧州経済共同体（EEC設立条約），欧州原子力共同体（EURATOM設立条約）が誕生、この3共同体は合併して1967年7月欧州共同体（EC設立条約）となり、1991年12月マーストリヒトで開催された欧州理事会での条約調印（1993年11月1日発効）をもってEUに発展。

EU設立以降、マーストリヒト条約（EU条約）は、アムステルダム条約（1999年5月発効），ニース条約（2003年2月発効）と改正が重ねられた。EU憲法条約（2004年10月調印）は現在、批准段階で躓いているので、当初予定の2006年11月発効は不可能。

(ii)アムステルダム条約149〜151条（マーストリヒト条約126〜128条）

「普通教育と職業教育と青少年」については以下の通り（第3章・表題6）。
▶第149条：普通教育
1. 欧州共同体は、構成国間協力を促進し、教育内容および教育制度、同様に構成国の文化と言語の多様性に対する構成国の責務を尊重しながら、構成国の活動を必要時には支援し、補完することにより、質の高い教育の開発に尽力する。
2. 欧州共同体の行動は以下の目的を持つ。
   - 特に構成国の言語の習得と普及により、教育制度における欧州領域を構築する。
   - また学位および在学年数を大学が認定することを促すことにより、学ぶ者と教える者の移動性を促進する。
   - 教育機関間協力を助成する。
   - 構成諸国の教育制度の枠内における共通問題についての情報交換や経験交換を強化する。
   - 青少年の交流および社会教育指導員の交流の強化を促進する。

- 通信教育の開発を促す。

3．欧州共同体および構成諸国は，第三諸国，あるいは教育分野所轄の国際機関，特に欧州評議会との協力を促進する。【以下省略】

▶第150条：職業教育

1．欧州共同体は，構成国が自己責任の下，職業教育の内容と組立を厳格に監視しながら支援し補完する職業教育政策を行う政策を，支援する。

2．欧州共同体の活動は以下の通り。
- 産業の変化に適応していけるよう，特に職業教育と再教育について。
- 最初の職業教育の改善と，安心感をもたせるための職業上の再教育，また労働市場への再参加について。
- 職業教育を受けられるように，養成者と職業教育を受けている最中の人物，特に若者の移動の支援。
- 構成諸国の職業教育制度の枠内における共通問題についての情報交換と経験交換の強化。

3．欧州共同体と構成国は，第三諸国および職業教育所轄の国際機関との協力を，支援する。【以下省略】

▶第151条：文化

1．共同体は，構成諸国の国内および地域的多様性を保持しながら，また，共有の文化遺産を一斉に強調しながら，構成諸国の文化の発展に寄与する。

2．欧州共同体による政策は，構成諸国間協力を助成し，なお必要に応じて，以下の分野において，それらの活動を支援し補完することを目的とする。
- 欧州諸国民の文化および歴史についての理解および普及の改善。
- 欧州の重要性を内在する文化遺産の維持と保護。
- 非営利的な文化交流。
- 文化および文化的創造，視聴覚分野を含めて。

3．欧州共同体および構成諸国は，第三諸国あるいは文化領域所轄の国際機関，特に欧州評議会との協力を促進する。

4．欧州共同体は，この条約の他の規定に基づく活動をする場合，文化面を顧慮する，特に共同体の文化の多様性保持と促進のために。【以下省略】

(iii)欧州憲法条約（欧州のための憲法を定立する条約）

　前文，第Ⅰ部（EU設立・EU目的・EU市民権，EU権限，機構制度），第Ⅱ部（基本憲章），第Ⅲ部（EU政策と機能），第Ⅳ部（最終規定）から構成。

　教育と文化については，以下の通り。

▶第Ⅱ—74【Ⅱ—14】条［教育の権利］

1．すべての人は，教育を受ける権利ならびに職業訓練および生涯再教育を受ける権利を持つ。2．この権利には，無償の義務教育を受ける可能性が含まれる。3．教育機関設立の自由は，民主主義の諸原則ならびに自らの宗教，哲学および思想上の信念に適合する教育を子に施す親の権利を十分尊重しながら，当該自由と権利の行使を規律する各国法に従って尊重される。

▶第Ⅱ—82【Ⅱ—22】条［文化，宗教および言語の多様性］

　連合は，文化，宗教および言語の多様性を尊重する。

▶第Ⅲ—282・283条［普通教育，青少年，スポーツと職業教育］（新しく「スポーツ」［282条2項ｇ］が加わっている）

　「競争時のスポーツマンシップとスポーツ団体間の協力を奨励，またスポーツをする人特に若いスポーツマンが身体あるいは精神的に侵されないように保護することにより，スポーツの欧州基準を発展させる」として，スポーツの社会的意義と教育的意義を強調。

EUの教育・文化総局が行う主な企画

(i)ソクラテス（Socrates）計画：総合的教育交流計画

　目的は「欧州基準を拡大し，加盟国間の協力を推進しながら，教育の質を改善する」こと。第1期ソクラテス（1995～1999年）。第2期ソクラテス（2000～2006年：予算総額18億5000万€）。

　以下の行動プログラムがある。

(1)コメニウス：中等教育までにおける異文化間交流

　学校間協力（教員交流），異文化理解教育（移民・季節労働者・ジプシーの子弟の教育）をしながら欧州市民を育成する。現職教員および教育行政官のための教育をし，初等・中等教育の質を高める。コンピュータ教育を推進する。

(2)エラスムス：高等教育機関における学生および教員の交流
　(3)リンガ：外国語教育の教授と学習：言語教育プログラム
　文化・言語の多様性を尊重し，相互理解と交流を促進・強化するため，言語教育は必須，通貨統合・単一市場の拡大，移動の自由，教育・学術交流の面からも，開かれた欧州の創造にとって外国語教育は最優先事項とする。EU加盟国40歳以上の約40％は外国語教育を受けていない現状を考慮し，生涯学習，成人教育においても語学教育を支援。
　(4)グルンドゥヴィヒ：成人のための生涯教育
　(5)ミネルヴァ：教育における情報とコミュニケーション技術の開発
　(6)調査報告と教育革新：各国の教育統計，政策，問題などの比較研究
　(7)他のプログラムとの共同事業：「知識基盤型欧州」創設に向けての連携
　(8)付帯施策：強力体制作り，各分野の連携
　(ii)エラスムス（Erasmus）計画[8]：学生流動化のための欧州共同体の計画
　1987年6月15日開始。1995年にソクラテス計画ができてから，その一部に位置づけられている。
　各種の人材養成計画，EU加盟国間の学生の流動を促進する計画で，目的は，EC（現在EU）の経済力の強化と加盟国間の統合の促進。
　具体的目標は以下の通り。
　●EC（EU）全体としての人的資源の養成と確保
　●世界市場におけるEC（EU）の競争力向上
　●加盟国間大学の協力関係の強化
　●EC（EU）市民意識の育成
　●学業修了者の域内協力事業参加および参加体験
　援助の対象は大学間の交流協定による共同教育プログラムの実施で[9]，学生個人への助成ではない。学生対象の助成は，参加各国に設置されているエラスムス学生助成金交付機関が行う[10]。
　(iii)エラスムス・ムンデュス計画[11]
　目的：欧州と欧州以外の地域との高等教育機関における学生交流による欧州大学間の提携の強化と，欧州高等教育の質と競争力の向上。2004年から2008年

までの5ヵ年計画（総額約294億4000万円＝2億3000万€）。

(a) EU修士課程支援

エラスムス・ムンデュス修士課程：EU域内複数大学（3ヵ国以上3大学以上）の協力でEU修士課程を共同設置し，審査の上採択されると，「エラスムス・ムンデュス修士課程」として認定され，EUから予算支援が出る。コンソーシアム1件につき基本経費として，年額190万円（1万5000€支給，5年で250課程を予定。その他，域外大学との連携や，学生・研究者の交流につき，別途経費が支給。合計1コンソーシアムにつき年額最大助成金約1億1000万円（86万€）支給）。

エラスムス・ムンデュス奨学金：EU修士課程コンソーシアムへの留学生・研究者受入れのため，5年で5000人の域外学生に年額270万円（2万1000€），1100人の域外研究者に約150万円（1ヵ月4000€。3ヵ月支給）の奨学金支給。

EU以外の最高水準大学との連携：EU修士課程コンソーシアムに，EU域外の提携参加を奨励。5年間で100提携を助成。

- EU域外大学に年額約64万円（5000€）の基本経費支給。
- EU修士課程コンソーシアムへの参加学生および研究者が，当該域外大学と交流するため，5年で学生4400人および研究者900人を奨学。短期留学生用として学生1人あたり約170万円（1万3000€／3ヵ月分）支給。
- 1提携，学生9人・研究者2人程度の採択。

(b) 欧州魅力の拡大に役立つ活動に支援

欧州高等教育の魅力と存在を世界に広め，域外学生がアクセスしやすい環境づくりの活動を支援。5年間で355活動の支援。最大，活動経費の75％までを支援。

- 高等教育の質保証の国際性　　　● 単位認定の国際性
- カリキュラム開発の国際性　　　● 人物交流の国際性

を促進するセミナー，会議，ワークショップ，ICTの開発，教育出版物の刊行等支援。「EU修士課程」修了の域内外学生対象の同窓会活動も支援。

(iv) レオナルド・ダ・ヴィンチ (Leonardo da Vinci) 計画

若い労働者対象の職業訓練プログラム。労働者の質向上のために職業訓練の機会を拡大し，新たな雇用につながる技術革新に対応することを重視。社会的弱者の職業訓練参加への機会を確保。第1期（1995～1999年：総額7億5000万€）。

第2期（2000〜2006年：予算総額11億5000万€）。
　以下の5つの具体的な行動計画からなる。
- 国境を越えての移動（トランスナショナル・モビリティ）〔採用前の職業訓練，採用後の継続訓練における欧州基準の強化〕
- パイロット（試験的）・プロジェクト　　●外国語能力の向上
- 国境を越えてのレベルでの情報網の形成
- 新分野の職業訓練に関する教材作成の支援

(v) 青年（Jugend／Jeunesse）の欧州計画

　対象は15から25歳の域内在住の若者で，相互交流全般を促進する。目的は，他の加盟国の社会，経済，文化に親しみ，異文化交流を体験して，欧州諸国の若者と共有する利益を発見することにより「ヨーロッパ人」としての一体感を高めること。若者による民族の相互理解，連帯性育成，特に EU の社会的団結の強化を狙っている。第1期（2000〜2006年：予算総額5億2000万€）。第2期（2007〜2013年：予算総額9億1500万€）。

(vi) テンプス（Tempus：Trans-European mobility scheme for university students）

　大学生対象の高等教育協力プログラムで，経済的・社会的改革を支援。
　中・東欧諸国対象 Tempus PHARE と旧ソ連およびモンゴルを対象とした Tempus TACIS がある（それらの国における高等教育制度の再建支援が目的）。

(vii) カルチャー（Culture／Kultur 2000）（アムステルダム条約151条）

　1996から99年の間に展開されたラファエロ（文化遺産保護），カレイドスコープ（芸術支援），アリアンヌ（文学支援）の3プロジェクトの統合で生まれた総合文化プログラム。共有文化の発展に寄与するため，国境を越えた文化協力とヨーロッパ・アイデンティティの開発と強化を重視，芸術・文化へのアクセスの促進，国境を越えての交流の進展を推進する。
　カルチャー2000（2000〜2006年：予算総額1億9500万€）の目的は欧州諸民族共有文化圏創設の促進で，芸術創作家と芸術関係者（個人・公共）との，芸術ネットワークと他の仲間との，加盟諸国の芸術施設と非加盟諸国の芸術施設との共同作業を財政的に支援。

具体的には革新性と創造性を要求する高品質プロジェクトの調達。①市民参加，②芸術創造においてテクノロジーあるいはメディア使用，③伝統と技術革新（過去と未来の掛け橋となる）のうち，1つを含んでいなければならない。

3プロジェクトとカルチャー2000の目的は，芸術作品の創造，芸術家の流動性，多数の市民を文化に動員，芸術と文化を広めること，大陸文化の対話，欧州諸民族の歴史の知識を促進することであった。

カルチャー2007（2007～2013年：予算総額4億800万€）は，欧州統合と欧州移民社会構築のために尽力する文化協力のために施設とネット網を支援する。また追放関連場所や追放関係建築物と，追放という過去の過ちを忘れぬための記念碑を維持するために貢献する。目的はカルチャー2000に同じ。

(viii)メディア・プラス（MEDIA Plus + MEDIA Fortbildung）

欧州の視聴覚産業の競争力向上を図る企画。目的は，欧州の言語と文化の多様性を尊重しながら，欧州の視聴覚作品の開発と世界市場での普及を支援。

メディアⅠとⅡ（1996～2000年）終了。メディア・プラス（2000～2006年：予算総額4億€）は目下実施中。MEDIA 2007（メディア・デスクス）は2007～2013年で予算総額10億550万€。

メディア・デスクスは以下の基準を満たしていなければならない。

- 任務を果たすために必要な職業上の能力と，国際協力の環境の中で仕事をするための語学力を有している人物を，通常に使用する。
- データ処理設備と情報伝達設備を完備し，それを使いこなす。
- 仕事を処理でき，利害関係の衝突を回避することのできる行政環境の中で，仕事をする。

3 ヨーロッパ高等教育圏構築

18世以降の国民国家の各大学は，各国の規則に固守し，国家の特徴を有していても，イギリスで取得した成績書はドイツでは通用しない，ドイツで取得した成績書はフランスで通用しない，イギリスでの英語学研究がドイツの大学で通用しなかったというように，大学行政の狭量が問題を生じさせていた。

留学生は留学先でも，自国でも，学業完成をしなければならず，アメリカ以外の外国留学は出世の道をふさいでいた。アメリカへの頭脳流出を防ぐには，学位の国際性を確保することが必要だと考え，欧州高等教育圏の構築や域内外における教育課程の共同設置，学生交流のための諸計画が立てられた。

ボローニャ宣言までの欧州高等教育の国際的展開

EC（現 EU）域内では学位の相互承認は早くから取り組まれている。1953年の「大学入学に導く卒業証書の同等性に関する欧州協定」（欧州評議会）というように。1997年の「ヨーロッパ領域の高等教育に関する資格の承認協定」（リスボン協定）に基づいて，高等教育の利用，学習の期間，資格に「本質的な相違が示されない限り」，学位は承認される。

ボローニャ宣言（1999年6月9日）

欧州29カ国の教育大臣が署名した，イタリアのボローニャでの共同宣言（「ソルボンヌ宣言[12]」を支持したもの）。

2010年までに「欧州高等教育圏」を構築という目標を掲げ，以下の6目的を設定。①ヨーロッパ市民の雇用機会と高等教育制度の国際的競争力を高めるため学位補充制度[13]を試験的に導入し，比較可能な学位の制度を導入する。②学部と大学院という段階に基づいた2段階構成の学習課程（学士・修士）を導入する。③欧州共通単位互換制度を活用して学生の移動を促進する。④自由な移動を阻む障害を除去し，学生や教員・研究者・行政職員の移動を促進・支援する。学生には学習・訓練機会に恵まれるよう支援する。教員・研究者・行政職員には自国以外の欧州諸国での研究・教育・訓練を行った期間の承認について配慮する。⑤教育の質の確保と生涯教育のために全ヨーロッパ的な協力を促進する。⑥カリキュラム・各機関の相互協力・移動性の体系・学習や訓練また研究の総合プログラムに関してヨーロッパ基準を促進する。

2001年5月チェコのプラハで開催された欧州教育大臣のプラハ・サミットは，ボローニャ宣言を継承する旨を公式発表し，欧州大学制度の中心組織である欧州大学連合（EUA）[14]に，2010年までに欧州高等教育領域をつくることを承認し

た。国際的に比較可能な学位を考えて「学士と修士」の2段式教育課程と単位制度の導入を宣言した。

それ以後も2003年9月のベルリン・サミット（ドイツ），2005年5月のベルゲン・サミット（ノルウェー）と，2年ごとにサミットを開催し，ボローニャ宣言を継承している。

ベルリン・コミュニケ（2003年9月）

旧ユーゴ諸国を含めた40カ国の教育大臣が署名した。ボローニャ宣言を改めて確認した上で，さらに2005年までに各国が導入努力をすることが設定された。新しく提案されたこと。

(1) 教育の質保証システムを構築する。
● 各国の質保証システムの中で
――機関の内部評価および外部評価を実施する
――アクレディテーションを含む質保証システムを構築する
● 欧州質保証ネットワークにおいて

欧州における質の保証における基準・手続き・指針の開発・適切なピア・レビュー（相互評価）方策を検討する。またネットワークに対してそれらの情報提供と2005年度を期限とした現状調査報告を要求する。

(2) 博士課程を学位の共通枠組みに追加（学士3年，修士2年，博士3年）する。
(3) 欧州共通単位互換制度を，読替えだけでなく，履修の蓄積を証明する手段としてさらに普及させる。
(4) 学位補充制度を2005年以降に本格導入する。

バチェラーとマスター制度（Bachelor und Master）

バチェラー修了証書にはB.A（人文科学学士）とB.Sc（自然科学学士）があり，マスターにはM.A（人文科学修士）がある。[15] 人文科学学士と人文科学修士には，言語文化・法学・経済学・社会科学・芸術学の種類があり，自然科学学士には，農学・林学・栄養学・工学の種類がある。

原則的に教育課程はバチェラー（学士）のみで提供される。その上に，バチ

ェラーに連続して，内容的にそのバチェラーを基礎にしているマスター（修士）課程を供給する。大学が相応する学業課程を提供していない場合は，一教育課程（学士）の後に修士課程を連続して，修士修了とできる。重要なことは，専門（単科）大学・総合大学というのでなく，学士修了は上級職に，職業上の経歴（キャリア）と賃金システムに算入されるということである。修士修了は，より高度な職につける可能性はある。

ヨーロッパ単位互換制度（European Credit System）

学位取得のために1箇所だけに留まる必要はない。欧州内のキャンパスを自由に活用できるように，単位蓄積制（Credit-Points）と単位互換制が導入された。大学変更時は蓄積した単位を持って行ける欧州単位互換制度（ECTS）なので，欧州全域にわたり成績の単位を互いに加算・互換できる。

学位補充制度／ディプロマ・サプリメント（Diploma Supplement）

EUと欧州評議会と国連が提案し，ボローニャ宣言で，学者の国際化と職業の活性化のためにそれを導入。卒業時に，統一的な申告（学位，修了証書，試験；通常英語ではDiploma）と，それと結びついた資格，大学卒業の公式書類（授与証書，試験修了証書）を補充情報として添付しなければならない。

4　ドイツ・フランス

ドイツの場合

ドイツの専門（単科）大学の学位（ディプロム）は，国際比較では4年間のバチェラーアナーズ（Honours：優等学位）であるのに，世界的にはあまり知られていない。またUSAの3年間のCollege＝Studiumで獲得した学位"低級"バチェラーは，ドイツの専門単科大学の学位として評価されないだけでなく，ディプロム＝予備試験あるいは中間試験としてすら評価されない。その場合，4年目の学業と追加講座でさらに学業を修めて初めて専門知識が証明されアナーズが追加してもらえる。「学士・修士」制度は，このような複雑な作業を省

略できるし，就業年数の短縮もできる教育課程システムである。そして1998年8月ドイツ連邦教育省は大学大綱法（19条）に，この制度を導入した。[16]

それ以降のドイツの大学改革は「ボローニャ宣言」の実現化で，2003年7月30日，文化大臣会議，大学学長会議，連邦教育研究省のそれまでの経過報告を経て，ドイツは欧州における比較可能な学業修了制度の導入，単位加算制度の導入，欧州域内移動の支援，教育の質確保のための支援，地域団体と国際団体における大学共同作業の発展の支援を重点的に実行することを公表した。

フランスの場合[17]

2002年4月に教育省の省令が出され，欧州高等教育圏を構築するため，新教育制度が示された。2003年4月の政令では，大学3学年修了で学士，大学またはグランゼコールの通算5年目修了で修士，その後標準3年課程で博士を授与するという新学位体系（3-5-8制）への移行が規定された。[18]これはフランス領ポリネシア，ニューカレドニアにも適用されている。

新組織の内容は，教育課程は(1) Licence（学士）・Master（修士）・Docorat（博士）の3つ，(2) 2学期制・単位制，(3)欧州領域どこでも通用する加算式の単位互換制度を導入，(4)卒業証書にはディプロマ・サプリメント（学位補遺）という記述書をつけ，国際移動時，本人の既習知識が明確になるようにする。

またヨーロッパ内での移動や単位の比較を可能にするために，学士取得に180単位，修士取得には300（180＋120）単位が必要と明記している。

母語以外に少なくとも2つ以上の欧州言語の学習，IT分野の学習を奨励する教育文化の中で，専門分野だけでなく，複数分野を専攻できるように，フランスでは初の主専攻，副専攻というシステムが導入された。

5　おわりに

EUの高等教育政策は，欧州における非EU構成国だけでなく，アジアにも向けられ（エラスムス・ムンデュス計画等），その影響は日本にも及んでいる。中央教育審議会が提示した（平成17年1月28日付[19]），中長期的に想定される日本の[20]

高等教育の将来像と，その内容の実現に向けての教育対策にもEUの影響が見える。大学教育の国際化推進プログラムの17年度予算額は23億7500万円だが，従来の海外先進教育研究実践支援以外に，新規プログラムに長期海外留学支援，戦略的国際連携支援があるのも，EU教育政策の1つであるエラスムス計画（ソクラテス計画），エラスムス・ムンデュス計画の影響である。

　社会や経済のグローバル化とともに高等教育での国際的流動性が高まり，欧州諸国では国境を越えての教育が提供され，学生は自由に移動できる現状の中，日本の大学教育の国際化推進が緊急課題になっているのも不思議でない。そのような状況下，高等教育の国際的通用性・共通性の向上と，国際競争力の強化および国際的に活躍できる人材の育成などが求められるのも当然である。

　中国や韓国やシンガポールも素早くEUの教育政策に同調し，教育グローバル化時代の競争で勝利者になろうとしている。それは世界学習調達度調査PISAの結果にも現れているが，中国人のヨーロッパ特にドイツ留学が激増しているのを見ていても分かる。EU教育政策を先取りしたようなドイツの大学改革の成果が現れていると思えるが，リーダーシップを取ろうとすれば日本の大学も世界基準の教育改革をしなければならない。

注
1) 他に，バチカン・アメリカ合衆国・カナダ・メキシコ。
2) 加盟国：フランス・イタリア・イギリス・ベルギー・オランダ・スウェーデン・デンマーク・ノルウェー・アイルランド・ルクセンブルク（以上原加盟国），1949年ギリシャやトルコ，アイスランド（50），ドイツ（51），オーストリア（56），キプロス（61），スイス（63），マルタ（65），ポルトガル（76），スペイン（77），リヒテンシュタイン（78），サンマリノ（88），フィンランド（89），ハンガリー（90），ポーランド（91），ブルガリア（92），93年エストニア・リトアニア・スロヴェニア・チェコ・スロヴァキア・ルーマニア，アンドラ（94），95年ラトヴィア・モルドヴァ・アルバニア・ウクライナ・マケドニア，ロシアとクロアチア（96），グルジア（99），アルメニアとアゼルバイジャン（01），ボスニア＝ヘルツェゴヴィナ（02），セルビア＝モンテネグロ（03），モナコ（04）。
3) 外務省：http://www.mofa.go.jp/mofaj/area/ce/index.html。
4) IT技術革新・市場活性化・完全雇用実現，企業競争力強化のために諸策を実施

しEUをより豊かにし，現存する地域間格差を是正することを10年間の政策目標として定めた，包括的な経済・社会計画のこと。欧州教育政策の主要目標は，競争力の向上に貢献する収益性の高い人的資本を生み出すこととされた。http://www.mofa.go.jp。

5） 従来のECやEUの規定条約が盛り込まれている。

6） 通し番号。

7） 正躰朝香『参考調査1：地域統合と国際交流——EUを事例に』2003年，国際交流基金報告書：www.jpf.go.jp/info-j/advanced/pdf/08.pdf。

8） 2010年には各国間留学生を300万人にすることが目標。第1期（1987～1995）：学生交流年間3000人（参加国12，参加校約300），教官交流1000人。第2期（1996～2000）：ソクラテス計画内のエラスムス計画：学生交流年間10万（参加国30・参加校1800強）教官交流1万2000人。1987年からの学生交流は合計約75万。多国間協力カリキュラム開発プロジェクト数約2000。分野別ネットワークプロジェクト数40強。ソクラテスⅡ計画の2000年度予算は2億3850万€（内エラスムス計画予算は1億2180万€）。第3期（2001～2006）：ソクラテス計画Ⅱ内のエラスムス計画。ソクラテスⅡ計画7年間の予算は18億5000万€で，エラスムス計画を入れて8事業ある。またエラスムス計画の中にも，学生交流・教官短期交流・事前交流・欧州研究モジュール・学部生対象および大学院生対象カリキュラム開発・総合語学教育科目・集中講座など8事業がある。www.mext.go.jp/b_menu/shingi/chukyo/chukyo4/gijiroku/007/030101/2-7.htm。

9） 学生流動化事業（Student Mobility Program），教官流動化事業（Faculty Mobility Program），共同カリキュラム開発（Joint Curriculum Development），集中講座（Intensive Program）がある。

10） 往復旅費・語学学習費・滞在費（自国と相手国の差額の生活費）等の助成がある。

11） 文部科学省高等教育局学生支援課国際交流企画室「諸外国における高等教育の国際展開・連携支援に関する動き」2005年。

12） ボローニャ宣言の先駆け。フランス・イタリア・イギリス・ドイツの教育大臣が1998年5月パリ大学800周年記念にソルボンヌに集まり，欧州高等教育圏をつくることを公表した共同宣言。学生の移動の支援，各国高等教育制度の透明性の確保，2段階学位構造の導入，欧州単位互換制度や2学期制度の活用が提案され，それに向けて協力および努力することが合意された。

13） ディプロマ・サプリメント：取得学位・取得資格の内容等につき，標準化された英語標記で追加情報を提供（後述）。

14） 欧州諸国にある大学の連合と，EU加盟諸国の大学の学長会議の統合から生ま

れた。欧州閣議・議会・委員会にとって欧州における大学の最重要代理人。欧州の大学政策と研究政策への影響力を及ぼす。その他，会員のための職務遂行（質の確保・教育の発展等）を課題としている。欧州委員会から経済支援された教育と研究の領域における様々なプロジェクトも実施している。ロシア，ウクライナ，アゼルバイジャン，トルコなど，欧州の大方の国の大学が会員（2004年4月現在45カ国731大学〔2002年会員640〕）。事務局はブリュッセルとジュネーブに所在。

15) Bachelor of Art / Bachelor of Sciensce / Master of Art.
16) 9条2項（学業と試験の調整）：州は共同で学業と試験の成果の同等性ならびに学業修了の同等性，別の大学への移動の可能性が保証されるように気を配る。
17) 平成15年度文部科学白書：http://wwwwp.mext.jp/hakusyo/book/hpab-200301-2-057.html。
18) 従来の教育制度は①教育課程（2年），②学士課程（1年），修士課程（1年），③博士課程（1年目は高度研究免状DEA課程，学位DEA取得後博士論文作成）の3段階に分かれ複雑だった。
19) 21世紀は「知識基盤社会」の時代で，高等教育は，個人の人格形成上，国家戦略上ともにきわめて重要。世界各国（特にアジア近隣諸国）での高等教育改革が急速に進展する中，日本では明治以来の教育の遺産に胡坐をかき，社会全体で高等教育に関して議論をしてこなかったが，今日では高等教育の量と質について根本的議論が不可避である。国の高等教育システムや高等教育政策そのものの総合力が問われる時代であり，国は将来にわたって高等教育に責任を負うべきである。高等教育の危機は社会の危機である。高等教育の策定と各種規定の時代から将来像の提示と政策誘導の時代への移行をしなければならず，国の役割は①高等教育のあるべき姿や方向性等の提示，②制度的枠組みの設定・修正，③質の保証システムの整備，④高等教育機関・社会・学習者に対する各種の情報提供，⑤財政支援等が中心である，としている。
20) 平成17年以降，平成27（2015）年～平成32（2020）年頃まで。

参考文献

大場淳『欧州高等教育圏創設とフランスの対応』高等教育開発センター大学論集2005年3月。
外務省『欧州連合（EU）について』2005年1月。
外務省経済局経済統合体課『EU経済と日本・EU経済関係』2005年3月。
（財）自治体国際化協会パリ事務所『調査研究――欧州評議会，その組織と取り組み』。

文部科学省高等教育局学生支援国際交流企画室『諸外国における高等教育の国際展開・連携支援に関する動き』2005年。

吉川裕美子「ヨーロッパ統合と高等教育政策」『大学評価・学位授与機構研究紀要』2003年3月。

Amtsblatt der Europaischen Gemeinschaften, C325 / 98 (24. 12. 2002).

Centrum für Hochschulentwicklung, www. che. de

CONV 850 / 03.

Der Spiegel, Nr. 3 ("Die teure Billig-Uni") 2004.

Der Spiegel, Nr. 40 ("Muslime in Deutschland") 2003.

Deutschland, www. magazine-deutschland. de

Lexikon des Mittelalters, Verlag J. B. Metzler, 2000.

Statute of the Council of Europe, London, 5. v. 1949.

第8章　EU と言語
――国家間統合と文化の多様性――

1　欧州の統合と多様性

拡大する EU の課題

　欧州を訪ねると，空港のパスポート・コントロールの窓口で，まず EU 諸国とそれ以外という相違に出会う。EU 加盟国内の人々は，何の検査もなくゲートを通過することができ，国を越える意識もなく異国に出入国できるのである。

　EU とは European Union のことで，日本語では「欧州連合」と訳される。2006年現在，加盟国は欧州大陸に存在する国家の約半数に及ぶ25を数え，さらにその半数近くの12カ国が統一通貨 EURO ユーロを導入している（**表 I-8-1**）。

　また，かつては強大な軍事力を誇示していたソビエト社会主義共和国連邦（ソ連）に抑えられていたポーランド，チェコ，スロヴァキア，ハンガリーそして，ソ連に組み込まれていたエストニア，ラトヴィア，リトアニアのいわゆるバルト3国も，今や EU に名を連ねている。これらの国々と西欧諸国との間には「鉄のカーテン」といわれた境界があった。そのカテーンは，1989年にベルリンの壁が崩壊して，ようやく開けられた。筆者は，それ以前の1970年代中頃以降，カーテンの内側のポーランドそしてルーマニアという社会主義国家に足かけ7年にわたって生活をしていて，その国境がカーテンという言葉の持つ語感以上に厳しい境界，溝であったことを体験している。今は必要もなくまた国境でも入手できるビザ（査証）を事前に取得しておかなければ，入国はもちろん通過（transit）すらできなかったし，国境で数時間も待たされることは普通のことだった。

表1-8-1 ヨーロ

国名　英語名　首都　**主要言語**	面積1,000km²	人口100万	通貨
欧州連合（EU）European Union **英語，独語，仏語 等20カ国語** （以下の⑥までの25カ国が2006年現在の加盟25カ国）	3,929	454.6	
① イタリア共和国 Republic of Italy ローマ **イタリア語**	301	57.3	○
オランダ王国 Kingdom of the Netherland アムステルダム **オランダ語**	42	16.2	○
ドイツ連邦共和国 Federal Republic of Germany ベルリン **独語**	357	82.5	○
フランス共和国 French Republic パリ **仏語**	552	60.4	○
ベルギー王国 Kingdom of Belgium ブリュッセル **仏語，オランダ語，独語**	31	10.3	○
ルクセンブルク大公国 Grand Duchy of Luxembourg ルクセンブルク 　　　　　　　　　　　　　　　　　**ルクセンブルク語，仏語，独語**	3	0.5	○
② アイルランド Ireland ダブリン **英語，アイルランド語**	70	4	
グレートブリテンおよび北アイルランド連合王国（英国）United Kingdom 　　　　　of Great Britain and Northern Ireland ロンドン **英語**	43	59.4	
デンマーク王国 Kingdom of Denmark コペンハーゲン **デンマーク語**	43	5.4	
③ ギリシャ共和国 Hellenic Republic アテネ **ギリシャ語**	132	11.0	○
④ スペイン Spain マドリード **スペイン語**	506	41.1	
ポルトガル共和国 Portuguese Republic リスボン **ポルトガル語**	92	10.1	○
⑤ オーストリア共和国 Republic of Austria ウィーン **独語**	84	8.1	○
スウェーデン王国 Kingdom of Sweden ストックホルム **スウェーデン語**	450	8.9	
フィンランド共和国 Republic of Finland ヘルシンキ 　　　　　　　　　　　　　　　　　**フィンランド語，スウェーデン語**	338	5.2	○
⑥ エストニア共和国 Republic of Estonia タリン **エストニア語**	45	1.3	
キプロス共和国 Republic of Cyprus ニコシア **ギリシャ語，トルコ語，英語**	9	0.8	
スロヴァキア共和国 Slovak Republic ブラチスラバ **スロヴァキア語**	49	5.4	
スロヴェニア共和国 Republic of Slovenia リュブリャナ **スロヴェニア語**	20	2.0	
チェコ共和国 Czech Republic プラハ **チェコ語**	79	10.2	
ハンガリー共和国 Republic of Hungary ブダペスト **ハンガリー語**	93	9.8	
ポーランド共和国 Republic of Poland ワルシャワ **ポーランド語**	323	38.6	
マルタ共和国 Republic of Malta バレッタ **マルタ語，英語**	0.32	0.4	
ラトヴィア共和国 Republic of Latvia リガ **ラトヴィア語 スウェーデン語**	65	2.3	
リトアニア共和国 Republic of Lithuania ビリニュス **リトアニア語**	65	3.4	
⑦ ブルガリア共和国 Republic of Bulgaria ソフィア **ブルガリア語**	111	7.8	
ルーマニア Romania ブカレスト **ルーマニア語**	238	22.3	

注1）外務省ホームページ「世界の国々」の欧州の表に基づいて転載した。
　2）国々の並べ方は，加盟した順に，50音順に並べている。①は1951年の原加盟国，②は1973年，
　3）通貨欄の○印はユーロ導入を示す。

ッパ（欧州）諸国

国名　　　英語名　　　首都　　**主要言語**	面積1,000km^2	人口100万	通貨
アイスランド共和国 Republic of Iceland レイキャビク **アイスランド語**	103	0.3	
アゼルバイジャン共和国 Republic of Azerbaijan バクー **アゼルバイジャン語，ロシア語**	87	8.4	
アルバニア共和国 Republic of Albania ティラナ **アルバニア語**	29	3.2	
アルメニア共和国 Republic of Armenia エレバン **アルメニア語，ロシア語**	30	3.1	
アンドラ公国 Principality of Andorra アンドラ・ラ・ベラ **カタルニア語，仏語，スペイン語**	0.47	(0.07)	○
ウクライナ Ukrain キエフ **ウクライナ語，ロシア語**	604	48.2	
ウズベキスタン共和国 Republic of Uzbekistan タシケント **ウズベク語，ロシア語**	447	26.5	
カザフスタン共和国 Republic of Kazakhstan アスタナ **カザフ語，ロシア語**	2,725	15.4	
キルギス共和国 Kyrgyz Republic ビシュケク **キルギス語，ロシア語**	200	5.2	
グルジア Georgia トビリシ **グルジア語，ロシア語**	70	5.1	
クロアチア共和国 Republic of Croatia ザグレブ **クロアチア語**	57	4.4	
サンマリノ共和国 Republic of San Marino サンマリノ **イタリア語**	0.06	(0.03)	
スイス連邦 Swiss Confederation ベルン **独語，仏語，イタリア語，ロマンシュ語**	41	7.2	
セルビア・モンテネグロ Serbia and Montenegro ベオグラード **セルビア語**	102	10.5	
トルクメニスタン Turkmenistan アシガバット **トルクメン語，ロシア語**	488	4.9	
ノルウェー王国 Kingdom of Norway オスロ **ノルウェー語**	324	4.6	
バチカン市国 State of the City of Vatican なし（都市国家の一種） **イタリア語 ラテン語，仏語**	0.44km^2	(0.00)	○
ベラルーシ共和国 Republic of Belarus ミンスク **ベラルーシ語，ロシア語**	208	9.9	
ボスニア・ヘルツェゴヴィナ Bosnia and Herzegovina サラエボ **ボスニア語，セルビア語，クロアチア語**	51	4.2	
マケドニア旧ユーゴスラヴィア共和国 Former Yugoslav Republic of Macedonia スコピエ **マケドニア語**	26	2.1	
モナコ公国 Principality of Monaco モナコ **仏語**	1.49km^2	(0.03)	○
モルドヴァ共和国 Republic of Moldova キシニョフ **モルドヴァ語**	34	4.3	
リヒテンシュタイン公国 Principality of Liechtenstein ファドゥーツ **独語**	0.16	(0.03)	
ロシア連邦（ロシア） Russian Federation（Russia）モスクワ **ロシア語，他に各民族語**	17,075	142.4	

③は1981年，④は1986年，⑤は1995年，⑥は2004年，⑦は加盟候補国。

その反面,当時から西欧諸国の国境では,日本のパスポートを提示すれば,ほとんど検査もなく通過できていた。その点では,EU 諸国とそれ以外の国民という現在の区分けは,日本人にとっても,実質的な影響があるわけではないが,EU 加盟国の国民に特定したゲートは,EU 諸国民が何の制約もなく自国の中を移動するように EU 諸国内を自由に移動することができる現実を象徴する表示だと感じられる。

その移動が自由な EU に,かつてはソ連の軍港があって入国が困難であったエストニアや筆者自身苦心して通過していたハンガリーなどが加盟していることに,筆者は「隔世の感」の思いを禁じえない。共産党による一党独裁国家であったブルガリア (1990 年まで) とルーマニア (1989 年まで) も,2007 年の EU 加盟が計画されている。欧州大陸は,国家間の統合への道を着実に歩んでいるのである。

欧州委員会 (European Commission) 日本代表部は,拡大する EU が日本をはじめ非 EU 諸国に及ぼす利点として,「いっそう大規模な市場」「ビジネスに適用される単一のルール」「高いルール水準を伴うよりオープンな経済」が確立されるという 3 点を挙げている[1]。このように EU の広報には,経済面が重視されていることが注目される。

一方,政治面では,世界の様々な政治外交問題について EU として統一した対応がなされているとはいい難い。EU が「経済的面では巨人だが,政治面では小人だ」[2]といわれる所以である。各国の政治から独立して,EU の施策を提言し実行する機関である欧州委員会自身が,「EU 外務大臣職の創設,全会一致による意思決定が適用される対象分野の限定,欧州議会の権限の強化,EU 基本権憲章の欧州憲法条約への組み入れなどは,今後も EU が取り組んでいかなければならない問題です」と述べている。この発言は,欧州憲法条約がフランスやオランダでの国民投票で批准が否決されたことを念頭に置いた言葉で,実効性ある統治機構の構築にはなお課題を抱えていることの自己認識として読むことができる。欧州憲法条約は,全加盟国の批准を必要としていて,「すでに EU の総人口の半分以上(2 億 5100 万人)は欧州憲法条約を批准している」ものの,14 カ国で批准されているにすぎず,発効までにはまだ紆余曲折が予

想されるのである[3]。

「多様性の中の統合 United in Diversity」

EU は，上記の統一した政治機構の構築よりさらに重要な課題として，欧州地域の国々の文化の多様性を尊重した統合の実現という問題に取り組んでいる。

文化とは，生活の仕方，人間関係のあり方そのものであり，長い歴史の中に培（つちか）われてきて，人々の価値観や感情を左右する基準となっている見えざる規範で，人間にとって根元的なものである。社会の統合のためには，その差の克服が不可欠で，EU は，その克服を文化の差を重視しながら達成させようとしているのである。

日本という東洋の地から眺めると，欧州は，石の建物，牧畜と肉食の生活，碧眼で色白の人々等々共通性を備えた均質の地域のように映り，文化の差には気づきにくい。しかし，言語の顕著な多様性が示すように，固有の文化に固執する人々の意識は強固で，文化的な差異は厳然と存在している。例えば，EU 加盟国のうち，ハンガリーとエストニアとフィンランドは，ウラル・アルタイ語族のフィノ・ウゴル系という印欧語族とは異なる言語系統に属し，ハンガリー人の名前表示は，姓→名の順で日本と同様で，西洋諸国とは明瞭な対峙をなしている。

欧州大陸では，決して構成人数が多いとは言えない民族も，固有の言語を捨てずに国家を構成していたり，一定の国家内に独特の社会を構成したりしている。70年間ソ連の下にあって，1991年に解放を成し遂げたエストニアへ1997年に訪れたことがあるが，町でロシア語の文字であるキリル文字を目にすることはなく，町はローマ字のエストニア語ばかりであった。ソ連支配下の生活は，強いられたロシア語の生活だったとして，家庭など私的場面で護り続けたエストニア語を復活させ，ロシア語を排除していたのである。その不屈の民族性にも驚いたが，さらにその言葉を護り続けて復活させた人々が，わずか130万人程度で（表 I-8-1 参照）国家を構成していることも驚きであった。このような少数の民族が言語を守り国家を形成している多様性も欧州の特徴なのである。

その一方で，欧州には共通の文化的背景が確かにあると思われる。トルコが

加盟候補国と認められたにもかかわらず，加盟時期については，ブルガリアとルーマニアが2007年と決まったようには結論が出ていない。それは，トルコがイスラム教徒の国である点が躓（つまず）きの石となっているためだと推定され，EUがキリスト教という根を同じくする宗教的背景があることを示しているのだろう。

　統合が進む中，多種多彩な言語と文化の混在する欧州大陸を自由に行き交うことができるようになって，人々は，欧州という共通点を感じつつも，気質の違う人との接触つまり異文化接触の生み出す問題が重要な課題となってきている。拡大するEUは，加盟国とその国民それぞれが文化，言語の面での固有性を保持しようとして，多様性の維持が重要な課題となり，対応策が検討され，多様性を尊重する施策が実施されているのである。

　固有の文化と言語を保持する動きが活発になっている要因として，ハンガリー人で異文化間接触を専門とするユディット・ヒダシ氏は，以下の3点を挙げている[4]。

(1) 一般的なグローバリゼーションと文化的なアメリカ化に対するリアクション

(2) 急速に展開する統合の動きに対する心理的抵抗

(3) 東ヨーロッパの政治的転換がもたらした国民的な陶酔感

(1)は，画一化ということに対して欧州では根元的，感情的な反感が根強いことを思い出させるし，アメリカ化に対するリアクションとは，筆者にとっては，(3)の陶酔感が醒めた後に生じた自己の文化のルーツへの回帰現象ではないかと思われる。旧東欧諸国は，ソ連の軛（くびき）があった時には，西洋諸国なかでもアメリカへの期待が高かったのではないかと思うのだが，共産体制崩壊の直後は西欧諸国との同一化へと向かったものの，その激しさを見直し始めるようになって，歴史への回帰が始まり，アメリカ文化を否定的に見る風潮が高まっているということだろうとの印象を持っている。総じて，欧州の個別化への傾向は，ヒダシ氏によると以下のような事情だという。

　東ヨーロッパでは，90年代の体制の変動によって独立を手に入れた国々では，社会主義時代には使用が禁止された言葉，あるいは，禁止はされなかったが，教育語として使えなかった言葉をやっと安心して使えるようになってきたこと

もあり，自分の文化，自分の母語を重視する傾向が強まってきている。[5]

「使えなかった言葉」とは，放送禁止用語という場合のような語彙や表現のことではなく，例えば，エストニア語やラトヴィア語などある一定の言語そのものを指している。

表 I-8-2　20種の EU 公用語一覧（順不同）

西　語	エストニア語	ギリシャ語
独　語	ラトヴィア語	マルタ語
英　語	リトアニア語	ポルトガル語
仏　語	ハンガリー語	フィンランド語
伊　語	ポーランド語	スロヴェニア語
蘭　語	デンマーク語	スウェーデン語
チェコ語	スロヴァキア語	

ともあれ，拡大しつつ統合へ向かう EU は，上記のヒダシ氏の挙げた(2)の問題が重要課題となっていて，その対応もすでに具体的に進められている。次項では，統一化における固有性の保持という問題を学ぶために，地域内に存在する多種多様な言語に EU がどのように取り組もうとしているか，その理念を紹介したい。

多彩な言語に対する統合 EU の取り組み
(i) EU の公用語

EU で公用語と認められている言語は表 I-8-2 の通り，2006年現在20種類ある。EU 加盟国は25だが，ベルギーでは仏，独，蘭が主要言語であるように，すべての国家が独自の国語を持っているわけではない。20種の EU の公用語は，すべての加盟国の国語を含んでいる。

公用語が最も顕著に意味を持ってくるのは国際的な会議の場面だろう。EU の会議ではこの20種のどの言語を使ってもよく，EU 当局は，その発言を他のすべての公用語に通訳して会議を円滑に進行させる責任を持つことになる。その責任を全うするためには380方向の通訳が必要となるという。[6] しかし，これを遂行するためには膨大な人材と予算が必要となってくる。そこで，欧州委員会では，英，独，仏の3カ国語を作業言語（working languages）として，議事資料などはまずこの3カ国語のどれかで記し，最後に20の公用語で記録するという。しばしば公用語での記録の速やかな交付が必要となる欧州議会（European Parliament) では，英，独，仏語の他に伊（イタリア），西（スペイン），ポーランドの6カ国語を「機軸言語」("pivot" languages) と定めている。欧州委員会のパンフレットは，「例えば，スロヴァキア語やスウェーデン語は直ちに他の19の公用語に翻訳されることがない代わりに，以上の機軸語に翻訳され，それから他の言語へと移される。この方法によって，マルタ語からデンマーク語あるいはエストニア語からポルトガル語へ，さらにすべて380もある方向性で直接に翻訳通訳をする必要がなくなります」と説明している。[7]

EUが，これほどまでに手間暇かけることを厭わずに，加盟国の言語すべてを公用語としているのは，「多様性の中の統合 United in Diversity」を理念として掲げ，文化の多様性を重視しているからである。そして，言語問題に以下のように取り組んでいる。

加盟25カ国，総人口4億5000万へと拡大した現在，EUは民族的，文化的，言語的に一段と豊かな多様性を持つ国家連合体となった。異なった国や文化を理解し，また単一市場における自由移動の利点を十分に生かすため，EUは，すべての市民が，母語以外に少なくとも2つ以上の外国語を話せるようになることを，語学教育政策の柱としている。語学教育は，多言語社会のEUが統合を進める上で，重要な役割を果たしている。[8]

(ii) EUの言語教育政策

経済の統合は政治的統治機構を必要とする。そして，その統治のためには，それぞれ独自の文化を超越した共通の理念と統治機構を円滑に運営するためのコミュニケーションが必須となる。その時，コミュニケーションの達成のためには共通の言語の存在が不可欠である。EUが教育特に言語問題を重視する理由と方針は，次のEUの広報記事の文言からも見て取れる。

EUに見られる言語の多様性は，欧州の文化遺産であり，EUのモットー「多様性の中の統合 United in Diversity」を象徴するものだ。20の公用語から60を超える地域・少数民族言語まで，いかなる言語もEUの財産として守られなければならない。「違い」を尊重することこそが共存そして平和な社会を築く基礎だからだ。

また，人，物，資本，サービスが自由に移動でき，域内の国境が実質的に取

り払われたEUで生活する市民にとって，もはや母語のみの会話力では不十分である。そのため，EUでは，すべてのEU市民が母語に加えて少なくとも2つ以上の異なった言語でコミュニケーションが図れるようになることを目指している。これは野心的だが，一部の加盟国ではすでに実践されており，EUを挙げて取り組めば，達成可能な目標のはずだ。[9]

注目すべき「すべてのEU市民が母語に加えて少なくとも2つ以上の異なった言語でコミュニケーションが図れるようになることを目指している」ことは，日本人の視点からは，そんな政策を掲げることなど無謀なことと感じられるのではないだろうか。しかし，EUでは，この宣言を単なるかけ声に終わらせることなく，実際に実現に向けて様々な施策がなされている。

欧州の人々にとって，ラテン系（仏，伊，西，ポルトガルなど）やゲルマン系（英，独，スウェーデン，デンマークなど）やスラブ系（チェコ，スロヴァキア，ポーランド，スロヴェニアなど）の区別はあっても，同じく印度ヨーロッパ語族に属することもあってか，表音文字という共通性もあってか，さらに日常生活レベルでの様々な外国語との接触機会もあってか，外国語の習得と使用は，日本人が考えるほど特別なこととは意識されていない。

筆者は，1974年の夏，ポーランドの列車に乗っていた時，検札に来た車掌に切符を見せずに，自分の腕をまくった老婆に接したことがある。車掌はそれを見て，了解した。すると老婆の動作を見た酔っ払いが来て，「オシュベンチム（アウシュビッツの現地語表現）か，どこだったのか」などとポーランド語で強制収容所の名を言い出した。老婆はドイツ語で反応をした。その言葉が理解できなかったポーランド人の酔漢は去っていった。その後，老婆と筆者はポーランド語で話をした。腕には収容所にいたことを示す青い入れ墨があった。戦争の時代が目の前に蘇ったかの如き感覚とともに老婆が何の躊躇もなくドイツ語を発したことも驚きだった。また，今はなき国家DDR（ドイツ民主共和国・東ドイツ）の通過ビザを取りにワルシャワの領事部に出かけた時，一方を向いてポーランド語で話し，さらに一方を向いてドイツ語を淀みなく喋っていた初老のおばさんを見た驚きも忘れられない。バイリンガル（bilingual 2言語使用人）というと知的な雰囲気の人物しか想像していなかった筆者にとって，忘れられな

い経験となった。教養や異文化体験が目的ではない切実な生活の必要に関わる外国語習得の意味について考えさせられた経験だった。

人は，必要ならば，誰でも外国語を操ることができるようになるのだ。欧州では，外国語でのコミュニケーションに直面する機会が日常的にある。EU域内での外国語という観念とわが国でいう外国語というイメージには大きな差があることを指摘しておきたい。したがって，「すべてのEU市民が母語に加えて2つ以上の異なった言語でコミュニケーションが図れる」ことを目指しても，少しも奇矯なことではないのだ。

(iii)多言語主義（マルチリンガリズム）multilingualism から複言語主義（プルリリンガリズム）plurilingualism へ

EUから独立した組織ではあるが，欧州全体の方向性を審議し提言をする欧州評議会（Council of Europe）は，上記の言語政策を実現させるために，plurilingualism（複言語主義）という理念を提唱している。言語学の分野では，従来，multiを多と考えてきたが，ここではpluralという語が使われている[10]。それについて，ヒダシ氏は，「『マルチ文化』『マルチ言語』は複数の要素からなりたつ総体であり，一方，『プルリ文化』『プルリ言語』は1人の人間の中にいくつかの要素が併存する状態であると定義できる[11]」として，プルリ文化（複文化）であればこそ「強い民族主義をもつことは，他のヨーロッパ諸国の言語文化をしる必要はないとみなすことにはつながらない」のであって，「むしろ，その逆である」と述べ，欧州の人々は，各自が育った独自の文化にアイデンティティを持ちつつ，EU市民としてのアイデンティティも持ちうるのだと説明している。

では，その複言語主義に基づく外国語教育はどのような方針を導き出すのだろうか。欧州評議会がまとめた"Common European Framework of Reference for Languages: Learning, teaching, assessment"の邦訳版『外国語教育II――外国語の学習，教授，評価のためのヨーロッパ共通参照枠[12]』によれば，多言語主義とは，「複数の言語の知識であり，特定の社会の中で異種の言語が共存していることである」。一方，複言語主義は，次のように説明されている。

(ある言語の学習と使用の)言語体験は、他の民族の言語へと広がっていくのである。しかしその際、その言語や文化を完全に切り離し、心の中の別々の部屋にしまっておくわけではない。むしろそこでは新しいコミュニケーション能力が作りあげられるのであるが、その成立には全ての言語知識と経験が寄与するし、そこでは言語同士が相互の関係を築き、また相互に作用しあっているのである。いろいろな状況の下で、同じ一人の人物が特定の相手との対話で効果を上げるために、その能力の中から一定の部分を柔軟に取り出して使うこともする。(中略)互いに、自己をある言語で表現し、また別の言語を理解することができる能力を利用するのである。さらに、「未知の」言語の場合は、いくつかの既知の言語に関する知識を動員し、書かれたものであれ、話されたものであれ、そのテクストの意味を理解しようとする。それは国際的な商品を扱う店で、馴染みのものが別の包装・形で陳列・販売されているのを買うようなものである。

　この観点を採るならば、言語教育の目的は根本的に変更されることになる。もはや従前のように、単に1つか2つの言語(もちろん3つでもかまわないが)を学習し、それらを相互に無関係のままにして、究極目標としては「理想的母語話者」を考えるといったようなことはなくなる。新しい目的は、全ての言語能力がその中で何らかの役割を果たすことができるような言語空間を作り出すということである。

やや難解な説明だが、ここから注目したい点として、①外国語の言語知識の一定程度の量がなければ、その言語でのコミュニケーションができないとは考えていないこと、②文法や表記や音声といった言語の形式よりもある言語を使う人間の能力の発揮が勧められていること、③ある言語の習得はさらにもう1つの異なる言語の理解を助けること、という主張を挙げておく。こうした視点からは、前項で紹介した筆者が出会ったポーランドの2人の婦人は、まさに複言語話者であったのではないだろうか。

(iv) 坩堝(るつぼ)(melting pot)からサラダ・ボール(salad bowl)へ
　かつて「日本人とアメリカ人は典型的な外国語習得の下手な国民だ」といわ

れていたことがある。日本人は島国で異国人とのコミュニケーションに慣れていない、また、均質性の高い社会を古くから成立させ、言外の意味によってコミュニケーションがなされていて言葉自体が重視されなかったから、アメリカ人は、どこでも英語が通じるので、苦労して異国語を学ぶ気持ちが生まれにくいから、とその原因が語られることがあった。島国でも英国人の場合は、大英帝国は地球上のあらゆる地域に植民地をもって日の沈むことがない、といわれたように、外国語に触れていたし、植民地統治のための外国人に対する英語教育も発展させていた。米国は、様々な異なる民族から構成されている社会だといわれてきた。そして、国の統一のための米語教育が発達してきたが、米国人自身には外国語を習得しなければならないという切迫感はなかったのだろう。

　以上の指摘は、グローバル化の進む現在では、的を射た指摘だとはいえなくなっている。特に、かつて米国を民族の坩堝に喩える旧来の指摘はすでに適切ではなくなってきているという。坩堝とは『新明解国語辞典』には「金属を強く熱するときに用いる耐熱性の容器［熱狂した雰囲気がその場を支配する形容や異質のものが渾然としている形容にも用いられる］」と説明され、英語ではmelting potという。そのmeltingとは固体が熱や圧力で溶解することを意味する。米国は、異種のものがそれぞれ溶解して「混ぜ合わ」さって統一が達成された社会だといわれてきたのだが、今はサラダ・ボールとなってきているそうだ。サラダ・ボールとは統合する欧州が目指す統合のあり方の比喩としてよくいわれるが、それは、異なる文化の人々が共通の場を構成している社会で、個々の素材が溶かされることなく、それぞれの存在意義が発揮されて生きることが尊重されている社会を示している。

　かつては、坩堝型社会だといわれた米国がサラダ・ボールに喩えられるように、EUも多文化を尊重しながら統一した共同体を構成しつつあり、それぞれの素材の特徴は維持されて発揮されながら一つの容器の中に収まって一つの料理となっているサラダ・ボールに喩えられることがあるのである。[13]

　(v) ヨーロッパ共通参照枠 (Common European Framework of Reference for Languages)

　EUは、誰でもが地域内を自由に移動し、どこにいても等しく教育や就職の

表 I-8-3　外国語の学習，教授，評価のためのヨーロッパ共通参照枠の共通参照レベル

A1（スタート）→C2（最上級）

熟達した言語使用者	自立した言語使用	基礎段階の言語使用
C1 Effective Operational Proficiency ↓優れた運用力を持つレベル	B1 Vantage プログレッシヴ ↓	A1 Breakthrough サバイサル ↓
C2 Mastery マスター	B2 Threshold ベーシック	A2 Waystage スタートライン

機会が得られることが大前提となっている。複言語主義はそれを保証するコミュニケーションの手段の確保のための理念である。そして，移動する人の言語能力を示す国境を越えた共通の基準が必要となってくる。それが，Common European Framework of Reference for Languages: Learning, teaching, assessment（外国語の学習，教授，評価のためのヨーロッパ共通参照枠）である。

　教育は加盟国独自の責任でなされるもので，語学教育の責任は各加盟国にあるが，各加盟国政府は，EU レベルで共通の目標や基準を設定することを積極的に支持し，教育制度そのものについても，欧州基準に統一させる改革が，多くの国で企図されている。教育の中の言語教育においては，欧州評議会の提示した「学習，教授，評価のためのヨーロッパ共通参照枠」が EU 共通の基準を提供し，各国ではその基準を自国の言語に適応させ，共通の尺度による各国語の運用能力を判定する試みが始められているのである。

　「ヨーロッパ共通参照枠」は，言語能力を6つの段階で指標を設定している（**表 I-8-3**）。そして，その基準には，学習した言語の習得段階で，その言語を使用して何ができるようになっているのか（can — do — statements）が特定されている。人々は，欧州評議会の定めた自己評価表に記入して，EU 域内での教育や仕事の機会を摑むために，自己の外国語能力を証明することとなった（ELP：European Language Portfolio）。自己評価表は，各自の達成度を記入した Language Passport（言語旅券），学習の進行状況を記した Language Biography（言語経歴書），学習した教材や成績などの実物記録 Dossier（関係書類ファイル）の3種類用意されている。

2　アジアへの教訓

　EUは，ともするとその統合面だけに光が当てられるが，以上，加盟国の文化的多様性を生かすことを理念として掲げ，人の言語能力を測る共通枠を設定していることを見た。EUは，多様性を保持するために莫大なエネルギーと資金を費やしているのであった。

　世界がグローバル化という名のアメリカ化が進む今，他の地域は，EUのように文化と統治機構を超えた共同体を構築することによって，その画一化への抵抗が模索されている。東南アジアにおけるASEANの構成は，以上の流れの中で構築されたわけではなかったが，グローバリゼーションという思潮の中で，新たな脚光を浴びつつあるのだろう。

　一方，東アジアにおいては，主な国々の文化の差は，欧州諸国以上に根深い。しばしばいわれる日中間が一衣帯水だとは筆者には思えない。日本をチャイナ文化圏とは別個だと説く文明史家は1人ではない。

　ただ幸いに東アジアは漢字という共通項を持っている。簡体字とはいっても，やはり漢字である。日本語教師の筆者は，共通項といえばそこに目が留まる。ただ，韓国から来日する留学生がここ7〜8年で漢字の識字力がかつての人々とはまったく違う現実に直面し，戸惑っている。韓国が初等中等教育から漢字を捨てたと聞いているが，その影響だろう。東アジアは，共同体が叫ばれながらも，実際は多様化が志向されているのだ。共同体の構築を考えるなら，その文化の差に目を向けなければならないだろう。

むすび

　拡大するEUと公用語の問題については，すでに，「EUにおける多言語政策の展開とその課題」[14]などの論考もあり，EUの言語と文化の政策理念を現実化する過程において発生した様々な問題についての言及があるが，本章は，理念の実現のために取り組まれた事例を取り上げ，その際の課題については論じ

てはいない。特に,「ヨーロッパ共通参照枠」は, ようやく加盟各国で取り組みが始まった段階で, 事例を検証するまでには至っていない。「多様性の中の統合」という理念を把持するEUは, 今後もますます拡大の方向にあり, 国家間統合の中での文化の多様性の保持という大きな実験を提供し, 人類にとってのきわめて貴重な教訓をもたらしてくれることだろう。

注

1) パスカル・フォンテーヌ『EUを知るための12章』駐日欧州委員会代表部, 2004年。
2) 同上。
3) この一連の引用は同上の冊子より。
4) ユディット・ヒダシ「EU統合化にみる新たな多言語政策——多文化共存とアイデンティティの相克——」『異文化コミュニケーション研究』第16号, 2004年。
5) ユディット・ヒダシ「ヨーロッパにおける日本語教育を考える」『無差』第9号, 2002年, 京都外国語大学日本語学科。
6) European Communities, "Many Tongues, One Family: Languages in the European Union," 2004, Brussels および上記注5)。
7) 注6)の "Many Tongues, One Family" の記事を筆者が邦訳。
8) 駐日欧州委員会代表部『ヨーロッパeurope』通巻242号, 2005年夏号。
9) 同上。
10) ここで, multi- に「多」, 複数を意味する plural の派生語である pluri- に「複」という訳語が当てられ, multilingualism (マルチリンガリズム) に多言語主義, plurilingualism (プルリリンガリズム) に複言語主義という邦訳語が当てられている。一方, 政治学の分野では pluralism は多元主義と邦訳するのが通例だそうで, plural が「多」と訳されている。EUの言語政策の理念を記述する場合には,「言語多元主義」と表現することが適切であろう(注14の論考にもその邦訳語で表現されている)。それは, 政策理念の記述という政治学の分野に属する表現だといってよい。英語では linguistic pluralism となる。それに対して plurilingualism は複言語主義と訳され, ある社会に多言語が共存する linguistic pluralism に対して, ある個人の中に複数言語が共存することだと考えてよいだろう。

多言語と複言語という訳語について, 言語学の分野では multilingual という「多言語」と訳される表現は以前から使われていたが, plurilingual とはEUが新しく掲げている理念を示す新しい語で, まだEU域内でもいわゆる市民権を得た

状態になっているとはいい難い。そこで、苦心を払って「複言語」と訳したのは、以下注12)に挙げた邦訳本である。この注の冒頭で筆者が「当てた」といわずに「当てられている」といったのは、この訳語が筆者の邦訳ではなく、その注12)の書物に従ったからである。

11) ユディット・ヒダシ、注5)の論文。
12) 吉島茂・大橋理枝他訳・編『外国語教育Ⅱ——外国語の学習、教授、評価のためのヨーロッパ共通参照枠 "Common European Framework of Reference for Languages: Learning, teaching, assessment"』朝日出版社、2004年。
13) ユディット・ヒダシ、注5)の論文。
14) ケネス・D.マクレー、加藤普章訳「EUにおける多言語政策の展開とその課題」日本国際政治学会編『INTERNATIONAL RELATIONS』Vol. 110, October 1995。

参考文献

1．国際交流基金・ヨーロッパ日本語教師会編『ヨーロッパにおける日本語教育事情と Common European Framework of Reference for Languages』国際交流基金、2005年。http://www.jpf.go.jp/j/japan_j/publish/euro/index.html

　本書は、Council of Europe が発行した "The Common European Framework of Reference for Languages (「CEF」)" をめぐる動きおよび日本語教育に及ぼす影響について、国際交流基金がヨーロッパ日本語教師会に委託した調査の報告書。全258ページ (PDF/2,991KB)。

2．EUの言語政策について、その理念は、注の1)や6)をはじめとする駐日欧州委員会代表部広報部から発行されている様々な文書を見るのが手っ取り早い。それらの文書は、日本の大規模な大学に設置されている EU センターで入手が可能である。また、駐日欧州委員会代表部のサイトから、最新の方法が日本語で入手できる。とりわけ注8)で触れた季刊の広報誌『ヨーロッパ』は200年1・2・3月以降に発行された分が PDF ファイルで見ることができる。

第Ⅱ部

東アジア共同体の建設

第1章 「東アジア共同体」の構想と進展

1　2つの首脳会議と「東アジア共同体」

「東アジア共同体」とは何だろう？

EU が何十年も前から発展してきたのに対して，実は「東アジア共同体」はまだこの世界に存在すらしていない。この章のタイトルに「東アジア共同体」の"構想"とつけてあるのも，そのせいだ。だが，存在しないものを議論していると，天国や地獄について議論するようなもので，リアリティのない「神学論争」になってしまう恐れもある。

しかし，まったく何もないかというと，実はそうではない。というのも，「東アジア共同体」も，途中までなら確かにできているからだ。

そこでまずは，今の時点での「到達点」を考えて，それをこの章の「出発点」としたいと思う。問題は「終着点」つまりゴールが見えないことなのだが，それはおいおい考えることにしよう（はっきり言えば，今の時点で答えを出すのは早すぎるのだが）。

2つの首脳会議

この章を書いている時点で，「東アジア共同体」構想の「到達点」といえるのは，2005年の年の瀬12月に立て続けに開かれた「2つの首脳会議」だろう。その1つは，12月12日の ASEAN＋3（アセアン・プラス・スリー）の首脳会議だ。そしてそのわずか2日後，14日に東アジア・サミット（東アジア首脳会議。「サミット」は頂上，つまり首脳の会議のこと）が開かれた。とりあえず，この2つの会議の名前を覚えておいてほしい。

表Ⅱ-1-1　アジアの地域組

ASEAN[1]	ブルネイ	インドネシア	マレーシア	フィリピン	シンガポール	タイ	ベトナム	カンボジア	ラオス	ミャンマー				
ASEAN+3	ブルネイ	インドネシア	マレーシア	フィリピン	シンガポール	タイ	ベトナム	カンボジア	ラオス	ミャンマー	日本	中国	韓国	
東アジア・サミット	ブルネイ	インドネシア	マレーシア	フィリピン	シンガポール	タイ	ベトナム	カンボジア	ラオス	ミャンマー	日本	中国	韓国	インド
APEC[2]	ブルネイ	インドネシア	マレーシア	フィリピン	シンガポール	タイ	ベトナム				日本	中国	韓国	
ARF[3]	ブルネイ	インドネシア	マレーシア	フィリピン	シンガポール	タイ	ベトナム	カンボジア	ラオス	ミャンマー	日本	中国	韓国	インド
ASEM[4]	ブルネイ	インドネシア	マレーシア	フィリピン	シンガポール	タイ	ベトナム	カンボジア	ラオス	ミャンマー	日本	中国	韓国	
ASEAN拡大外相会議	ブルネイ	インドネシア	マレーシア	フィリピン	シンガポール	タイ	ベトナム	カンボジア	ラオス	ミャンマー	日本	中国	韓国	インド
6者協議											日本	中国	韓国	

（注）　1）アセアン。東南アジア諸国連合。
　　　2）エイペック。アジア太平洋経済協力。毎年首脳会議などを開催する。
　　　3）エー・アール・エフ。ASEAN地域フォーラム。安全保障問題を協議する。
　　　4）アセム。アジア欧州会合。
（出所）　筆者が作成。

　ASEAN+3というのは文字通りASEAN諸国プラス3カ国，国数でいうと合計13カ国だ。ASEANは「東南アジア諸国連合」の略で，東南アジアの国々計10カ国のことだ（表Ⅱ-1-1と巻末の地図を見てほしい）。そしてプラス3カ国とは日本，中国，韓国のことだ。

　その2日後の東アジア・サミットには，ASEAN+3の13カ国がそのまま参加，そしてインド，オーストラリア，ニュージーランドの3カ国がさらにプラスされ，合計16カ国が参加した。

　この2つの首脳会議は，ややこしいことに，「クアラルンプール宣言」という同じ名前の宣言を出した。開催地がマレーシアの首都・クアラルンプールだったからだ。

　先に出されたASEAN+3の「クアラルンプール宣言」では，参加各国が"東アジア共同体の形成を導く"と宣言した。そして東アジア・サミットの

第1章 「東アジア共同体」の構想と進展　131

織・協力体制の参加国

オーストラリア	ニュージーランド												
オーストラリア	ニュージーランド	パプアニューギニア	香港	台湾	アメリカ	カナダ	ロシア	ペルー	メキシコ	チリ			
オーストラリア	ニュージーランド	パプアニューギニア			アメリカ	カナダ	ロシア				北朝鮮	モンゴル	パキスタン	EU
													EU
オーストラリア	ニュージーランド				アメリカ	カナダ	ロシア						EU
					アメリカ		ロシア				北朝鮮		

「クアラルンプール宣言」の方は，"共同体の形成に重要な役割を果たし得る"と宣言した。つまり，われわれで「東アジア共同体」をつくろう，そしてその母体はASEAN+3と東アジア・サミットの参加国だ，と宣言したわけだ。

ところで，ASEAN+3が初めて開かれたのは1997年のことだった。もともとはASEANだけで首脳会議を開いていたのだが，97年に初めて日中韓の3国が招待されてプラス・スリーになった。ただ最初は，とりあえず集まって話し合ってみただけで，毎年開く予定ではなかった。だから，別に最初から「東アジア共同体」を目指していたわけではなかった。

しかし，後でも触れるが，同じ年にASEANで経済危機の連鎖反応が起こった。「アジア経済危機」だ。困った彼らは，プラス・スリー諸国の協力を求めて次の年も日中韓を招待した。特に経済大国・日本に対する期待は大きかった。そして，2年続けたのだからもっと続けよう，というわけで，毎年開かれ

るようになったのだ。2005年で第9回を数えた。とりあえずここでは，13カ国のASEAN＋3が経済について話し合うために始まったことを覚えておこう。

一方，東アジア・サミットの方は，実は2005年が第1回目だった。始まったばかりなのに，いきなり次の段階，つまり「東アジア共同体」に進む話をしたわけだ。もとはといえば，東アジア・サミットの開催は，ASEAN＋3の話し合いの中で決まったものだった。つまり，ASEANがASEAN＋3を生み出し，ASEAN＋3が東アジア・サミットを生み出したのだといえる。だから次は，東アジア・サミットは「東アジア共同体」を生み出すかどうかが問題になる。

新しいアイディア

東アジア・サミットには新しいアイディアが含まれていた。それは，従来のASEAN中心の「ASEANプラス〜」ではなく，各国の上にかぶせるようにして，「東アジア」という共通のフレームワーク（枠組み）を打ち出したことだ。東アジア・サミットはASEAN＋6，あるいはASEAN＋3＋3といわれることがあるが，その意味では，これは正しくない。

東アジア・サミットが最初に提案されたのは2001年のASEAN＋3の会議でのこと。しかし，サミットが実際に開かれたのは2005年だから，提案が実現するまでには4年かかったことになる。だが"構想"が停滞していたわけではない。その間に「東アジア」という新しいアイディアが人々の間に急速に浸透した。だから，実際にサミットが開かれてみると，いきなり次にくるはずの「東アジア共同体」の話になったわけだ。

政治的な対立

ここで，ASEAN＋3の宣言では「東アジア共同体を導く」といっているのに，東アジア・サミットでは東アジアをつけず「共同体」といい，しかも主役ではなく「役割を果たす」とわき役的なことしかいわなかったことを思い出そう。これは単なる偶然ではなく，ちゃんと意味がある。簡単にいえば，それはどちらの首脳会議が「東アジア共同体」のメインになるかで対立がある，ということだ。

表面的には，それはASEAN＋3に入っていないインド，オーストラリア，

ニュージーランドを「東アジア共同体」に入れるか入れないか，という問題だった。だがそのウラには，日本と中国の対立がある。つまり，オーストラリアなどを入れるのに賛成なのが日本で，反対なのが中国だ。なぜ対立するかというと，日本がオーストラリアなどを入れたいと思った理由の1つが，中国に対抗するためだからだ。

ではなぜオーストラリアを入れると中国に対抗することになるのか。それを理解するためには「民主主義」と「アメリカ」という要素を計算に入れる必要がある。

オーストラリアなど新規参加の3カ国は民主主義国家だ。日本は同じく民主主義国家。しかし中国は民主主義ではなく独裁国家だ。そして，日本やオーストラリアのバックには世界最強の国家アメリカ（もちろん民主主義）が控えている。

つまり日本としては，同じ民主主義のよしみでアメリカの力を借りて，それを利用して独裁国家の中国の影響力を弱め，その分日本の影響力を強めようという計算だ。そしてこのことは中国もよく分かっているので，日本の提案に乗り気でなかった。

2つの首脳会議の宣言が微妙に違うのはこれと関係がある。東アジア・サミットに民主主義の3カ国が入ったのは，日本の意見が通ったからだが，その代わり3カ国が入らないASEAN＋3の方が「東アジア共同体」の主役であるかのような書き方をすることで，中国の顔も立てたと考えられるのだ。

つまり，「東アジア共同体」の範囲はどこか，オーストラリアなどは入るのか入らないのか，という基本的なことすら，まだ決まっていないということだ。これが"構想"の現状なのだ。様々な国々が協力して「共同体」をつくっていくのは，いうほど簡単なことではない。

それでも，ここからもう1つ分かることがある。それは「東アジア共同体」には誰も反対はできない，ということだ。みんなが協力し，仲良くしていこうといっている時に，1人だけわがままをいって会議をつぶすことができないから，宣言の文章で妥協したわけだ。不満はあるが，わがままを通して孤立するのは嫌なのだ。つまり「東アジア共同体」は，それだけ魅力のあるアイディアでもあるのだ。

「共同体」とは？

さて，ここまで読んできて，そもそも「共同体」っていったい何だろう？と思う人もいるだろう。この本のサブ・タイトルにもあるように，これは「地域統合」の一種だといえる。EUや「東アジア共同体」のように，ある地域の国と国とが集まって組織をつくり，「共同体」なり「連合」なりをつくっていく動きのことを，「地域統合」などと呼ぶ。世界一先進的な「地域統合」であるEUに至っては，将来は国と国との集まりを超えてEU自体が1つの大きな国になる可能性すら取りざたされている。

東アジアでは，大きな国にまでなるなんて話はまだほとんど出ていない。その前に，国と国との話し合いを通じて協力関係を深めていこうという段階だ。だから，「地域統合」というより「地域協力」という言葉を使った方がいいだろう。

ただ，「共同体」という言葉が使われる時は，単なる「協力」には留まらない，何かもっと親密な関係がイメージされやすい。たぶんそれは，家族のような関係だろう。そして国同士が家族のように親密なのとそうでないのとどちらが良いかといわれれば，誰でも家族の方が良いと答えるだろう。

しかし，気の合わない夫婦は無理に一緒にいるよりも離婚した方が良いかもしれない。さらに，互いに好きだけど，諸般の事情から結婚できない恋人同士もいる（少なくともドラマでは観たことがある）。個人と国家，家族と「地域統合」を単純に比較することはできないけれど，やはり国と国との関係も，協力や統合が進んで共同体（家族）に近づけばそれで良いとは限らないということは，考えておく必要がある。

2　文化と経済の「共同体」

東アジアの「地域統合」は，まだ始まったばかりだが，それは家族（共同体）に近づいていくのだろうか。あるいは家族に近づくべきなのだろうか。それを考えるために，東アジアの「地域統合」や「地域協力」を，(1)政治面，(2)文化面，(3)経済面の3つの側面に分けて考えてみよう。すでに政治については少し考えた。では文化や経済についてはどうだろうか。

文化共同体

　文化面の統合は，家族のような「共同体」になるためには一番重要なことだ。なぜなら，それは「アイデンティティ」に関わってくるからだ。

　アイデンティティとは「自分は何者か？」という意識のことだ。ここでは国と国との関係について見ているので，「〜人」という意識について考えよう。現在われわれは，「私は日本人」「君はマレーシア人」などとバラバラに考えることが多い。そこに「東アジア共同体」ができるということは，今の区別が完全になくなるわけではないにしても，それと同じくらい重要なものとして，「君も私も同じ東アジア人」という同一のアイデンティティを持つようになるということが考えられる。実際，EUでは「ヨーロッパ人」という概念が着実に広まっている。

　だが，そんなことは非現実的だ，と批判する人もいる。アジアはとても「多様」だからだ。例えば宗教だ。EUではほとんどがキリスト教徒だが，東アジアには仏教，イスラム教，儒教，キリスト教など様々な宗教があり，しかも互いに仲が悪く争っている場合もある。その他，言語も，文字も，食べ物も，実に多様で，ヨーロッパとは大違いだ。「君も私も同じ東アジア人」なんてとてもいえない。

　しかし，「文化共同体」を主張する人にも，それなりの根拠がある。よく指摘されるのは，大衆文化の一体化だ。何のことかというと，例えば最近流行の韓国ドラマなどの「韓流」ブームがある。「韓流」は日本だけではなく，中国や東南アジアなど東アジア全域で大ブームであり，日本でブームになったのが一番遅いくらいだ。また，その日本のドラマやアニメも，「韓流」以前から東アジア各地で大人気だ。筆者はよく中国に行くが，広大な中国の至るところで，ちびまる子ちゃん（中国語で「桜桃小丸子」）やピカチュウ（「皮卡丘」）のキャラクター・グッズを見かけている。

　「韓流」にしても日本のアニメの流行にしても，今まで自国の文化をバラバラに楽しんでいた人たちが，国境を越えて同一の文化を楽しむ方向へと，急速に変わっていることを示している。映画界では，日中合作映画とか中韓合作映画なども珍しくなくなった。つまり，文化面での「地域統合」が進んでいるのだ。

注目すべきことは，今説明した文化が，宗教などの古い伝統文化ではなく，新しい現代文化だということだ。そしてここには「経済」が影響している。韓国のドラマは日本の一昔前のトレンディ・ドラマの物まねだという人がいる。でも日本だって，アメリカの文化を物まねしてきたではないか。アメリカのまねができるということは，アメリカのように経済力をつけ，豊かになってきた証拠だ。日本は先に豊かになったので，先にまねしただけだ。

そして重要なのは，「韓流」も日本アニメも，アジアのどこかの国特有の文化というよりも，金さえあれば誰でも物まねできるような，欧米型の現代文化なのだ。つまり，欧米文化に対する消費者のあこがれが，宗教や習慣という伝統文化の壁を乗り越えつつあるということだ。そしてそれを後押ししているのが，経済的豊かさなのだ。

経済共同体

そこで次に経済について考えてみよう。かつてアジアは貧しかった。「アジア」といえば貧困の代名詞といわれることすらあった。しかし今では，東アジアこそが，世界で最も急速に経済発展している地域になった。30年前は東アジアで経済発展に成功したのは日本だけだったが，1980年代になると新興工業経済群（NIEs：ニーズ）の経済発展が注目を集めた。「4匹の龍」として，韓国・台湾・香港・シンガポールが脚光を浴びた。その後インドネシアやマレーシアなども経済発展に成功し，最近は中国が猛スピードで経済発展を進めている。

「地域統合」を考える上で重要なのは，これらの国々の経済発展が，各国バラバラに起こったわけではないということだ。特に，1980年代後半からは，まず日本企業，そして韓国や台湾などの企業が，アジア各国に進出するようになった。直接のきっかけはアメリカのドル安（円高）だったが，これら「多国籍企業」の活動が，その後企業を受け入れたアジア各国の経済発展の原動力になったのだ。これは世界的な「グローバル化」と呼ばれる現象の一環でもあった。

例えば，日本の企業が中国に投資して工場をつくる。「日系工場」呼ばれるが，そこでは中国人労働者が働いて給料をかせぐ。彼らがつくった工業製品は，日系工場だけど中国製品（メイド・イン・チャイナ）として外国に輸出される。つ

まり日本企業の活動によって中国の輸出が伸び，中国の経済発展につながるのだ。

またこの日系工場は工場で使う部品を中国の企業から買うかもしれない。すると，日本の社長と中国の労働者と中国の部品会社が，同時に儲かる。さらに日系企業で働いてお金を貯め，さらに先端技術を学んだ中国人が，中国で新しい会社をつくるかもしれない。こうして経済効果はどんどん波及していく。

これが，中国だけでなく1980年代後半以降のアジア全域の経済発展を支えているメカニズムだ。つまり，文化面でアメリカ文化や日本文化や韓国文化が国境を乗り越えるように，経済も国境を乗り越えて，いやまさに乗り越えたからこそ，発展し続けているのだ。

FTA（自由貿易協定）

ただし，ほとんどの場合，国境を越える経済活動は自由ではない。ほとんどの国では，輸入や輸出，外国からの投資に対しては，様々な規制を設けているのが普通だ。外国製品を輸入する時は，国境で関税をかけて，値段を高くする。外国企業の製品を売れにくくして，国内の企業を保護するためだ。外国のドラマや映画だって，輸入品の1つとして規制の対象になる。日本では，外国人労働者が1つの社会問題になっているが，彼らの活動も大きく規制されている。

ここで，「自由貿易協定」（FTA: Free Trade Agreement）と呼ばれるものが注目されるようになった。つまり国と国で話し合って「協定」を結び，関税を安く，できればゼロにしたり，外国人が自由に活動できるようにする。つまり規制緩和して経済の国境を低くする。それにより経済取引をさかんにして，ますます経済発展を進めようというわけだ。

世界的な「グローバル化」の波にも乗り，1990年代後半から2000年代にかけて，様々なFTAが，東アジアだけでなく世界中で結ばれるようになった。日本も，初めは乗り気でなかったが，21世紀に入る頃から積極的になり，シンガポールやフィリピン，韓国などとFTAの交渉を進めてきた。他の国々も同様だ。こうなってくると，いちいち国ごとにFTAを結んでいくよりも，どうせなら東アジア全体でまとめて結んでしまった方が手っ取り早いという話も出てきた。「東アジア自由貿易圏」などと呼ばれる構想だ。これが実現すれば，ま

さに「経済共同体」だといえるだろう。

アジア経済危機

ところで,このように経済発展と経済統合が進展していく中で,ある大事件が起きた。それが冒頭で少し触れた「アジア経済危機」だ。これが起こったのは1997年。事の発端は,タイで起こった通貨危機だった。そして,一国の「危機」はまたたく間に他の国々にも広がり,多くの国が経済に大きなダメージを受けた。

この時東アジア諸国が痛感したのは,このような重大な危機が起こったにもかかわらず,各国で協力して助け合うシステムが全然なかったことだった。この時は日本がたくさんのお金を出して救援に貢献したけれど,それですら,日本ばかりが目立つことを嫌がったアメリカや中国が反対して(政治的対立!),危うく実施されないところだった。

そこで,次の危機に備えて,各国で協力体制をつくろうとした。例えば,緊急時に資金を援助し合う「スワッピング」のシステムを構築した(チェンマイ・イニシアティブ。チェンマイはタイの都市名)。こうした動きは,東アジアの国々の結びつきを強めることになる。世界のリーダーのはずのアメリカが助けてくれなかったことも,東アジア諸国の地元志向を強化した。これが,ASEAN+3から東アジア・サミット,そして「東アジア共同体」へと向かう大きな原動力になったのだ。

ところで,関税の金額を決めたり,経済援助をしたりする権限は,当然国家が持っている。だから,文化や経済の面で共通の利害関係が大きくなってくれば,政治面でも,バラバラより一緒になった方が何かと便利だろう。こうして,政治面での協力・統合,「政治共同体」が現実的な構想になってきたのである。それでは,一番やっかいな政治の問題に,話を戻そう。

3 政治共同体への険しい道

統合の意義

政治的な統合の意義は何だろう。単に文化や経済の統合の上に乗るとか,そ

れをよりいっそう進めるために役立てるという以外にも，いくつかの意義が考えられる。

　なかでも重要なのは，平和のための統合だ。ヨーロッパ統合の最初の動機は何だったかというと，第1次世界大戦と第2次世界大戦を経験し，もう2度と戦争は嫌だ，というものだった。アカの他人のままでいるよりも，家族（共同体）になった方が仲良くなりやすいだろう。そしてヨーロッパは平和のための統合に成功した。一方東アジアでは，北朝鮮問題や台湾問題など，戦争になる危険性が高い問題がまだまだ多い。

　また，最近ではテロリズムの脅威がある。テロ組織は，国境を越えて活動している。例えばアルカイダのように，ある国でテロを起こした組織は，他の国で起こったテロと関係があるのが普通だ。だから，一国だけでは対応できない。テロ対策のための国際的な協力システムをつくることが必要だ。

　その他にも，東アジアの利益を世界で主張するための交渉力を強化するという考えもある。様々な国際的な交渉の場で，一国ずつバラバラに行動するのではなく，東アジアとして団結して交渉した方が，利益を通しやすいだろう。これは単に政治的な利益だけではなく，経済的な利益を得る上でも重要になる。

　考えてみると，世界のどこの地域にも，つまりヨーロッパにも南北アメリカにも中東にもアフリカにも，地域の首脳会議（サミット）があるのに，「東アジア」という名前の首脳会議は，2005年に東アジア・サミットが開かれるまでなかった。その遅れを急いで取り戻そうというわけだ。

　ただし，他の地域に対抗して主張するような"東アジア共通の利益"なるものがあるのか，という疑問もありうる。日本と中国とインドネシアとミャンマーが一緒になって，東アジア vs アメリカや EU という構図で主張する利益なんてあるのか，むしろ日本・アメリカ vs 中国といった対立の方が多いのではないか？

中国問題とアメリカ問題

　周知のように，中国は急速に発展してパワーを強化し続けている。しかし，そのパワーをどのように使うのか，単純にいうと良い方向に使うのか，悪い方

向に使うのか、今のところまだよく分からない。だから、将来中国が身勝手な行動をして他国が迷惑をこうむる可能性があるという心配の声は強い。

そこで、中国が「脅威」になった時の保険として「東アジア共同体」を構想する人がいる。中国の周りの国々が協力する体制を整えておけば、中国が身勝手な行動に走っても対応できる。また中国と一緒に「共同体」をつくっておけば、中国自身が、協力して物事を解決する習慣を身につけ、そもそも身勝手な行動をしなくなるかもしれない。つまり、「東アジア共同体」を使って、強大化する中国のパワーを「管理」したいということだ。

ただし、逆に中国問題があるから「東アジア共同体」には反対だという意見もある。なぜなら、中国を「管理」するどころか、逆に中国が「東アジア共同体」を利用して他国を支配するかもしれないからだ。中国が強大化すれば、周りの国はそう簡単に逆らえない。となると、「東アジア共同体」が中国支持グループの集まりになってしまうかもしれない。

ここでもう一度、2005年の首脳会議をめぐって日本と中国が対立していたことを思い出そう。

これは明らかに、日本が中国の将来に不安を持っているから起こったことだ。日本は中国リスクを「管理」したいと考え、しかし「東アジア共同体」構想が中国に利用されるのは恐れた。だから中国に利用されない「共同体」が必要だ。そのために「共同体」内部で自分の味方を増やしたかった。それがオーストラリアなどというわけだ。そして、中国ももちろんそれが分かっているので、日本の考えに反対したのだ。

しかも、日本と中国の争いの原因として、アメリカの問題がからんできた。アメリカは「東アジア共同体」構想に本心では反対だといわれている。なぜだろう。

アメリカは東アジア地域の中に様々な経済的・政治的・軍事的な利益を持っている。ところが、東アジアの国々がアメリカを除いてまとまってしまうと、東アジアから追い出されるのではないか、と心配しているのだ。万が一それが中国主導の「共同体」になると、もっと困る。

アメリカが「東アジア」の国といえるかどうかは微妙な問題だ。アジアには他にも地域統合や地域協力の枠組みがいくつかあるが、APEC（エイペック。ア

ジア太平洋経済協力）や北朝鮮問題をめぐる6者協議など，多くのものにはアメリカが参加している。実際，「東アジア共同体」にもアメリカを入れようという意見は日本などアジア側にもある。しかし第1回の東アジア・サミットでは，とりあえず見送られた。そこでアメリカとしては味方の国（オーストラリアとニュージーランド）を送り込んで，アメリカの利益を代弁してもらおうと考えた。日本もアメリカの味方だが，日本だけでは心許ないのだろう。

民主主義の問題

　しかし，逆に中国としては，アメリカの影響力が強まると困る。特に，今のアメリカは，自国と同じ民主主義の価値観を世界に広めることを目標としている。独裁国家としてアメリカから批判されている中国としては面白くない。日本などと比べてアメリカと距離をおいているインドの参加も，アメリカが推進した。インドの政治体制は民主主義なので，中国に対する対抗手段となるからだ。
　ただし，アメリカが民主主義を押しつけるのは良くないという声も，アジアでは大きい。欧米の民主主義とは違う「アジア的価値」なるものが声高に唱えられたこともある。だから，日本やアメリカの思惑通りにいくかどうか，つまり民主主義という理由で日本やアメリカが支持され，中国が独裁という理由で味方を失うかというと，そうとも限らない。
　しかし思い出してほしいのだが，先ほど書いた文化や経済の統合は，決して「アジア的」なものではない。そうではなくて，テレビドラマの流行や工業の発展のように，もともと欧米的なものだ。だとすると，政治についても「アジア的」な政治ではなく，いつかは欧米的な民主主義が必要になるのではないだろうか。そうでないと，政治と経済・文化との間で，矛盾が生じてしまうかもしれない。

ASEANの役割

　ただ，こうした大きな対立の存在にもかかわらず，それでも政治統合は一歩一歩前に進んでいる。97年にASEAN＋3が始まった時，10年も経たないうちに東アジア・サミットが開かれるなんて，考えられなかった。ここまで進んで

きたのは、日本と中国のように大国同士で対立があっても、仲介役として妥協に導く国々があるからだ。それが ASEAN だ。

ASEAN は1967年に結成された東南アジアの地域統合組織だ。すでに40年近くも、「地域統合」の経験を積んできたことになる。そしてその経験を生かして、より広い東アジア全体で協力と統合を進めていく上でも、中心的な役割を果たしてきた。ASEAN＋3 がもともと ASEAN だけの会議に他国を呼ぶことから発展したものだったことを思い出してほしい。

また他にも、ASEAN は軍事問題を話し合う ASEAN 地域フォーラム（ARF）という会議も毎年開いていて、ここには日中韓だけでなく、アメリカやロシアや EU など「東アジア」とはいいにくい国も呼ばれている。呼びつけられているといってもよい。つまり、ASEAN の影響力はあなどれない。

もちろん、ASEAN の国々は経済力でも人口でも、または軍事力でも、日本や中国には大きく劣る。ASEAN＋3 の13カ国の中では、ASEAN10カ国を全部合わせても、経済力（GDP）でたった10％、人口で27％にすぎない。日本は一国だけで GDP の61％も占めており、中国は人口で64％、GDP で20％を占めている（2003年）。

しかし、ここで"発想の逆転"が起こる。つまり、大国が支配権をにぎると、どうしても他国の警戒感を引き起こす。しかし、ASEAN のような小国連合なら、主導権を握っても安心感を与えることができる。失礼ながら、中国に支配されることを心配する日本人はいても、マレーシアに支配されることを心配する日本人はいないだろう。こうして、ASEAN＋3 から「東アジア共同体」構想に至る統合の動きは、ASEAN を接着剤として進んできた。そして ASEAN はこれからも主導権を握り続けるつもりだ。ASEAN 諸国のいい方を借りれば、「運転席に座り続ける」ということだ。

ただし、逆にいうと、ASEAN が「運転席」に座れないような「東アジア共同体」は、ASEAN にとって望ましくないということでもある。第1回東アジア・サミットの開催は、最終的には前年2004年の第8回 ASEAN＋3 首脳会議で決まったのだが、その時、実は1度は延期されそうになった。理由は、中国に主導権を奪われることを恐れたインドネシアなどが反対したからだ。小さい

からこそ主導権を握ることができるという"発想の逆転"がいつまで通用するのか，ASEANの思惑も複雑なのだ。

4　おわりに

　「東アジア共同体」構想には，各国の思惑が複雑にからみ合っている。みんな仲良く，家族のように協力や統合を進めることは，誰も反対できない美しい理想だ。だが理想のウラには他国を出し抜こうとする国同士のいがみ合いが存在している。このような醜い現実にフタをして無理に「共同体」をつくることが良いのか悪いのか。

　しかし，各国が自己中心的だからこそ，理想の力によって醜い現実を変えていかなくてはならないのかもしれない。そもそも，多くの国が「東アジア共同体」をめぐってここまで争うのは，それだけこの構想に魅力があるからなのだから。

　「東アジア共同体」は必要なのかどうか。また可能なのかどうか。われわれはそれを問われている。あなたなら，どう考える？

参考文献
伊藤憲一・田中明彦監修『東アジア共同体と日本の進路』NHK出版，2005年。
小原雅博『東アジア共同体──強大化する中国と日本の戦略』日本経済新聞社，2005年。
姜尚中『東北アジア共同の家をめざして』平凡社，2001年。
国分良成編『世界のなかの東アジア』慶應義塾大学東アジア研究所，2006年。
新藤榮一・平川均編『東アジア共同体を設計する』日本経済評論社，2006年。
谷口誠『東アジア共同体──経済統合のゆくえと日本』岩波新書，2004年。
森嶋通夫『日本にできることは何か──東アジア共同体を提案する』岩波書店，2001年。
和田春樹『東北アジア共同の家─新地域主義宣言』平凡社，2003年。
渡邊昭夫編『アジア太平洋連帯構想』NTT出版，2005年。
「東アジア共同体評議会」ウェブサイト（http://www.ceac.jp/j/index.html），特に「CEACコラム」のコーナー。

第2章　日・韓,韓・中の経済交流と東アジア経済圏

はじめに

　20世紀末に入り，国際経済においては冷戦体制が崩壊したが，世界経済はグローバル化が急速に進む一方，地域統合の動きも同じように活性化してきている。現在，北米を中心にNAFTA（北米自由貿易協定），欧州地域を中心にEU（欧州連合）がその代表的なものである。
　このような急速に変化する国際経済環境において，世界で第2位の経済大国である日本，アジアNIEs（新興工業経済群）の優等生である韓国，1978年の「改革・開放」政策によって近年著しい経済発展をし，「世界の工場」と呼ばれている中国，これら3カ国の存在はきわめて大きく，第3の経済地域統合の核になりうるとの予想も生まれ，「東アジア経済圏」構想の実現性がきわめて高くなってきている。さらに最近では，これら3カ国にASEAN（東南アジア諸国連合）を加えた「東アジア共同体」というビジョンも取り上げられ，注目を浴びている。
　本章では，韓国に視点を置いて，日・韓，韓・中での経済交流の実態を通して「東アジア経済圏」構想に対して，どのような関係，影響などがあるのかを見るのが主な目的である。したがって，資料は主に韓国側のものを使用する。

1　日・韓経済交流

歴史的概観

　第2次世界大戦後，日・韓の経済関係は，「日韓基本条約」（1965年）締結以降本格化した。この条約の内容は無償3億ドル，有償2億ドル，その他商業借

款3億ドルとなっており，この資金が韓国の経済発展の大きな起爆剤になったことは否定できない。それ以降，日本との関係を緊密化させ，「漢江の奇跡」と称されるほど発展した。その発展過程において，1988年ソウル・オリンピックの開催，1996年OECD（経済協力開発機構）にアジアでは日本に次ぐ第2番目の加盟国になるほど，経済発展に成功した。しかし，1997年タイで起こったアジア通貨経済危機により，金大中前大統領をして「朝鮮戦争（1950〜53年）以降，最大の国難」，といわしめるほどの経済危機に直面したが，IMF（国際通貨基金）等の資金支援を得たことによって急速に経済を回復させた。1990年代に入ると，1992年の韓・中国交樹立によって，中国市場という新しくかつ巨大なマーケットが登場し，韓国経済の発展に大きく貢献する役割を果たした。これらの環境の変化によって，日本も中国市場での韓国企業との競争も激化してきている。

韓国経済は，日本から，部品，機資材，資金，技術等を導入し，それらを組み立て，加工する輸出型の工業化を強く推し進めた。その結果，韓国の一方的な赤字構造が固定化し，日・韓経済の最大の問題点の1つとなって現在に至っている。ただ，最近では，両国の貿易品目を見ると，韓国の産業の急速な高度化によって過去のようなパターンではなく，工業製品の比率がかなり高くなっていることは注目すべき点である。

日・韓経済交流の実態
(i)韓国の対日貿易

韓国の対日貿易は**表Ⅱ-2-1**の通りである。輸出は1994年135億2300万ドルであったが，アジア通貨経済危機（1997年）以降の1998年には対前年度比17.1％減の122億3800万ドルの金額となった。その後，急速な経済回復によって2000年には204億6600万ドルと200億ドルを超える最大の輸出額を達成した。それ以降は若干の変動はあったが，2003年には172億7600万ドルとなった。一方，輸入は1994年253億ドル9000万ドルから増加傾向となっていたが，1998年には168億4000万ドルに急減した。しかしその後反転して，2003年には過去最高の363億1300万ドルと大幅に伸びた。その結果，貿易収支は1994年以降100億ドル

表Ⅱ-2-1　韓国の対日貿易　　　（単位：100万ドル）

年度	1994	1995	1996	1997	1998	1999	2000	2001	2002	2003
輸出	13,523	17,049	15,767	14,771	12,238	15,862	20,466	16,506	15,143	17,276
輸入	25,390	32,606	31,449	27,907	16,840	24,142	31,828	26,633	29,836	36,313
貿易収支	-11,867	-15,557	-15,682	-13,136	-4,602	-8,280	-11,362	-10,127	-14,693	-19,037

（出所）『貿易年鑑2004』韓国貿易協会，『主要貿易動向指標2004』韓国貿易協会。

表Ⅱ-2-2　対日主要輸出品目　　　（単位：100万ドル）

品目＼年度	繊維製品	半導体	コンピュータ	衣類	鉄鋼板	映像機器	音響機器	プラスティック製品	魚類	自動車部品
1994	447	1,592	149	1,951	1,093	424	387	168	381	60
1995	882	2,822	321	1,779	1,368	486	479	238	399	79
1996	1,712	2,117	237	1,342	1,107	457	358	248	397	73
1997	1,672	1,999	255	879	1,137	322	345	260	374	102
1998	1,172	1,605	203	924	849	266	341	218	325	69
1999	2,048	1,877	1,370	1,060	853	375	401	321	413	123
2000	3,636	3,168	2,344	1,020	986	433	499	412	428	146
2001	3,105	1,978	1,639	748	637	389	387	386	347	160
2002	2,391	2,599	1,076	558	478	373	315	410	357	211
2003	2,604	3,191	855	440	703	658	164	441	298	269

（出所）　表Ⅱ-2-1と同じ。

　以上の赤字が継続した。しかし，1998年には同危機によって46億200万ドルとなり，1997年の131億3600万ドルに比較して約1/3と激減し，最少額を記録した。それ以降は順調に増え続け，2003年には190億3700万ドルと過去最大の対日貿易赤字を記録した。

　対日主要輸出品目については**表Ⅱ-2-2**の通りである。対日主要輸出品目では，2003年半導体が31億9100万ドルでトップとなっている。繊維製品がそれに続き26億400万ドルを記録した。コンピュータは1999年から急増し，2002年まで10億ドル以上輸出した。鉄鋼板は1994年から1997年までは安定的な輸出品目

表Ⅱ-2-3　対日主要輸入品目　　(単位：100万ドル)

品目 年度	半導体	鉄鋼板	半導体製造用装置	コンピュータ	自動車部品	無線通信機	その他機械類	プラスティック製品	精密化学原料	機械要素
1994	2,285	986	89	564	866	185	1,313	323	572	692
1995	3,017	1,502	198	760	843	218	2,106	387	664	872
1996	3,113	1,472	1,687	725	749	188	1,601	380	668	783
1997	3,133	1,318	1,286	65	517	331	1,097	378	668	635
1998	2,517	745	405	341	367	258	300	273	504	376
1999	3,489	1,242	751	594	513	623	717	424	617	520
2000	4,294	1,848	1,572	988	691	814	1,364	569	652	680
2001	3,598	1,564	890	845	763	712	600	562	586	536
2002	4,158	2,012	493	843	915	695	522	724	629	549
2003	5,238	2,359	1,222	635	994	906	741	1,044	724	633

(出所)　表Ⅱ-2-1と同じ。

であったが，近年はその輸出額は低下傾向にある。ちなみに1995年13億6800万ドルが最大で，2002年には4億7800万ドルと最低を記録した。衣類，魚類などの過去の対日主要輸出品目は急減した。前者は1999年には10億ドルを超えたが，2003年には4億4000万ドルと半分以下となった。後者も同様で2003年には2億9800万ドルとなっている。

対日主要輸入品目は**表Ⅱ-2-3**の通りである。輸入品目は半導体が1994年（22億8500万ドル）から2003年（52億3800万ドル）まで継続して金額で首位であった。同期間中，鉄鋼板（9億8600万ドル，23億5900万ドル），半導体製造装置（8900万ドル，12億2200万ドル），その他機械類（13億1300万ドル，7億4100万ドル）がそれに続いた。輸入品目から分かるように，韓国は日本から機械，部品などを含む資本財の輸入が主要な比率を占めている。

(ii)**日本の対韓直接投資**

韓国から日本への直接投資は予想外に少額であり，1995年から2004年までの年平均投資額は1億ドルにも達しない程度であった。一方，日本の韓国への直接投資は**表Ⅱ-2-4**の通りである。同期間中の年平均投資額は約5億ドル程度

表Ⅱ-2-4　日本の対韓投資　　（単位：100万ドル）

年度	1995	1996	1997	1998	1999	2000	2001	2002	2003	2004
金額	344	402	172	426	367	1,082	653	433	335	771

（出所）『東アジアの視点』第17巻1号，国際アジア研究センター。

で韓国の5倍以上で，圧倒的に日本が多い。また，最近の日本の直接投資先も，過去とは異なり，電子，電気，情報通信機械分野など先進技術分野への投資が多くなっている傾向にある。年度別に見ると，アジア通貨経済危機に急減（1億7200万ドル）し，その後回復過程に入り，2000年には10億8200万ドルの最大額を達成した。2004年は7億7100万ドルで相対的に高い金額であった。

2　韓・中経済交流

歴史的概観

　韓国と中国の経済交流が本格化したのは，1992年の両国の国交正常化以降である。それ以前は厳しい冷戦構造の状況にあった上に，1950年に勃発した朝鮮戦争の当事者同士であったことによって，経済交流はほとんどなかったといってよい状況が長く続いた。

　国交正常化以降を大別すると，前，後期に分けられる。前期は国交正常化以降からアジア通貨危機（1997年）までの期間である。韓・中両国の経済交流が急速に活発化，緊密化し，貿易額が激増するとともに，貿易と関連が深い直接投資額も急増した時期である。その主な要因として，韓国側では金泳三政権時代（1993～97年）に「世界化」政策が推進され，金融などが規制緩和され，直接投資が大幅に自由化された。また同時期に韓国の財閥の対中進出が本格化した時期とも重なって，一種の「中国進出ブーム」が引き起こった。中国側としては，1992年の国交正常化直後の鄧小平の「南巡講話」により，外国企業の対中進出の「呼び水」効果があったことである。後期は，アジア通貨経済危機以降からである。同危機によって韓・中両国もその影響から逃れられなかった。国交正常化以降の短期間にもかかわらず，急速に増加していた貿易額は国交正

常化以降初めて対前年度比マイナスを記録するなど厳しい時期が短期間続いた。しかし，韓国はIMFなどの資金支援により急速に回復し，その後は大幅に貿易額が増え続けている。特に最近では，中国国内の技術水準の著しい向上によって，両国の貿易品目の内容も電子，電気，通信機器などが急増し，先端技術分野を含め産業内貿易が急速に成長してきている。

補完関係から競合関係へ

韓・中の経済関係は，非常に短期間にもかかわらず，その結びつきはきわめて深い。この両国の経済関係の拡大の重要な要因としては，地理的に近いこと，200万人以上の朝鮮族の存在（言葉の問題がない）などが指摘されている。しかし，重視しなければならないことは，両国の経済発展の段階の差があり，そこからくる補完関係にあった点である。国交正常化以降韓国の主な輸出産業を有する財閥が対中進出を積極化することによって，韓国から部品，資材などといった中間財を供給する基地となったことで，補完関係が大変進んだことである。一方，対中進出の初期では，輸出用商品の生産基地が主目的であったが，中国の目覚ましい経済発展に伴い，中国の技術水準の急激な向上による中国製品の国際競争力の強化によって，海外市場では韓国製品と激しい競合関係に入ってきている。また，中国国内市場にも所得水準の向上によって同様の関係が急速に生まれ始めている。

韓・中経済交流の実態

(i)韓国の対中貿易

韓国の対中貿易は表Ⅱ-2-5の通りである。同表から分かるように，対中輸出は1994年62億300万ドルからアジア通貨経済危機直後の1998年には119億4300万ドル，それ以降は大幅な増加傾向となり，2002年には200億ドルを超え，2003年には史上最高額である351億1000万ドルと1994年の約5.7倍も急増した。一方，輸入も輸出と大体，同様の傾向がある。1994年54億6300万ドル，1998年には前年対比約40％減の64億8400万ドルとなった。それ以降着実に増え続け，2003年には200億ドルを突破し，1998年と比較すると約3.4倍も増えた。貿易収

150　第Ⅱ部　東アジア共同体の建設

表Ⅱ-2-5　韓国の対中貿易
(単位：100万ドル)

年度	1994	1995	1996	1997	1998	1999	2000	2001	2002	2003
輸出	6,203	9,144	11,377	13,572	11,943	13,685	18,455	18,190	23,754	35,110
輸入	5,463	7,401	8,539	10,117	6,484	8,867	12,799	13,303	17,400	21,909
貿易収支	740	1,743	2,838	3,455	5,459	4,818	5,656	4,887	6,354	13,201

(出所)　表Ⅱ-2-1と同じ。

表Ⅱ-2-6　対中主要輸出品目
(単位：100万ドル)

品目 年度	石油製品	合成樹脂	鉄鋼板	電子管	コンピュータ	皮革	石油化学合成原料	その他織物	無線通信機	半導体
1994	271	583	462	110	61	481	11	175	11	24
1995	444	1,101	455	109	80	617	104	294	18	43
1996	745	1,253	647	124	171	740	60	409	25	93
1997	1,465	1,472	646	265	198	797	158	424	86	162
1998	992	1,394	762	389	135	603	185	402	142	156
1999	1,082	1,308	865	813	291	601	347	507	160	242
2000	1,677	1,577	1,099	1,231	739	756	566	600	129	576
2001	1,601	1,585	1,086	979	763	670	650	566	502	372
2002	1,172	1,694	1,281	1,139	1,873	579	811	529	2,225	782
2003	1,717	2,118	2,387	1,128	3,687	479	1,077	533	3,115	1,653

(出所)　表Ⅱ-2-1と同じ。

支は，国交正常化以前は韓国の一方的な赤字が続いたが，国交正常化以降は，立場が逆転し韓国の黒字基調が定着化している。1994年7億4000万ドルの黒字幅は少額であったが，それ以降は増え続け，アジア通貨経済危機の影響を受けたのにもかかわらず，1997年34億5500万ドル，1998年54億5900万ドルと拡大した。その後若干減額した年度もあったが，傾向としては着実に増加し，2003年には前年の約2倍以上である132億100万ドルの大幅黒字を記録した。

　韓国の対中主要輸出品目は表Ⅱ-2-6の通りである。アジア通貨経済危機を経て対中貿易もよりいっそう活発化した。2000年以降は石油製品（2003年，17

表Ⅱ-2-7　対中主要輸入品目

(単位：100万ドル)

品目\年度	衣類	コンピュータ	石炭	音響機器	半導体	精密化学原料	魚類	植物性物質	アルミニウム	石油製品
1994	284	46	278	83	24	164	32	492	42	260
1995	413	98	353	140	45	276	36	119	74	273
1996	585	188	411	213	87	287	67	133	28	290
1997	647	243	391	248	165	289	124	582	47	116
1998	290	220	321	169	262	243	110	379	50	84
1999	494	546	468	246	566	322	243	199	71	176
2000	870	823	717	352	631	393	310	692	69	325
2001	1,138	930	904	453	438	427	415	398	195	338
2002	1,673	975	928	497	665	472	438	695	349	448
2003	1,907	1,492	1,004	459	1,040	538	396	946	579	401

(出所)　表Ⅱ-2-1と同じ。

億1700万ドル；以下同様），合成樹脂（21億1800万ドル）などは安定的な輸出品目であった。急増したのは鉄鋼板（23億8700万ドル），コンピュータ（36億8700万ドル），無線通信機（31億1500万ドル），半導体（16億5300万ドル）などであり，中国国内での産業構造の高度化に伴う輸出が増え，補完関係のある品目が急増していることを物語っている。一方，かつてのような代表的な輸出品目であった繊維などはその勢いは余りなくなっている。

対中主要輸入品目は**表Ⅱ-2-7**の通りである。韓国の対中輸入品目のトップは相変わらず衣類（2003年，19億700万ドル；以下同様）であった。それに続くのが，コンピュータ（14億9200万ドル），半導体（10億4000万ドル）であり，両国の産業内貿易パターンが順調に進展していることがうかがわれる。石炭（10億400万ドル），魚類（3億9600万ドル），アルミニウム（5億7900万ドル）など1次産品である輸入品目も増加傾向を示しながらある程度の比率を保っている。

(ⅱ) 韓国の対中直接投資

表Ⅱ-2-8は韓国の対中直接投資である。金額から見ると，1993年2億6300万ドルであったが，アジア通貨経済危機直前の1996年9億100万ドルと約3.4倍に急増した。その後経済回復軌道に乗り，漸次増え続け，2002年には過去最高

表Ⅱ-2-8　韓国の対中直接投資　（単位：100万ドル）

		1993	1994	1995	1996	1997	1998	1999	2000	2001	2002	2003
総合計 (A)	金額	1,263	2,302	3,136	4,409	2,594	3,725	3,278	4,859	5,039	3,054	3,492
	件数	688	1,488	1,328	1,465	1,322	614	1,088	2,059	2,121	2,413	2,714
対中 (B)	金額	263	633	841	901	725	678	348	615	579	895	1,300
	件数	381	841	751	733	630	263	457	766	1,033	1,334	1,622
% B/A	金額	20.8	27.5	26.8	20.4	27.9	18.2	10.6	12.7	11.5	29.3	37.2
	件数	55.4	56.5	56.6	50.0	47.7	42.8	42.0	37.2	48.7	55.3	59.8

（出所）『2004年中国経済年報』対外経済政策研究院，2004年12月。

の金額であった1996年とほぼ同額（8億9500万ドル）を記録した。2003年には前年対比45.3％増の13億ドルに達した。件数では1993年381件から1998年には263件と急減したが，その後着実に増え，2003年には1998年の約6.2倍にあたる1622件と急増した。金額の比率では，1993年から1998年までは大体20％を超えていたが，1999年の10.6％を底に急速に回復し，2003年には37.2％の高い比率を占めた。件数の比率では，2000年の37.2％を最低に，1997年から2001年までは50％を切っていたが，それ以外では韓国の対外投資件数の過半数以上が中国向けであった。

　韓国の対中直接投資の特徴は，圧倒的に製造業（2001年，86.9％）を対象にしていることである。初期には労働集約的産業が主であったが，対中直接投資ラッシュによって資本集約産業に重点が変わってきている。投資先地域も過去においては中国系朝鮮族の多い，渤海湾沿岸部を含め，東北3省（遼寧省・吉林省・黒龍江省）に偏在していたが，対中投資の主役に財閥が登場するにともなって，産業集積度の高い華南（広州），華東（上海）にも広がっている。

3　東アジア経済圏の可能性

日・中・韓の経済規模

　東アジア経済の発展の原動力となったのは貿易と直接投資の2つのエンジンである。なかでも，急速に発展した韓国，中国はその代表的な国々である。

第2章 日・韓，韓・中の経済交流と東アジア経済圏　153

表Ⅱ-2-9　主要経済地域統合と日・中・韓の人口とGDP（2003年）

	人口 (億人)	GDP (100億ドル)
EU（拡大25カ国）	4.55	1,100
NAFTA（北米・カナダ・メキシコ）	4.25	1,243
ASEAN（10カ国）	5.37	710
日　本	1.28	430
中　国	12.92	141
韓　国	0.48	61

（出所）『2005／6世界国勢図会』（財）矢野恒太郎記念会。

表Ⅱ-2-10　東アジアと日・中・韓のGDP（名目）

年　度	1980	1990	2000	2003
日　本	1,059.3	3,063.4	4,744.7	4,300.9
中　国	303.7	387.8	1,080.7	1,409.3
韓　国	62.2	252.5	511.8	605.2
小計（A）	1425.2	3,703.7	6,337.2	6,315.4
東アジア(B)(ASEAN＋3)	1,522.9	4,067.0	7,071.2	7,152.3
比率((A)／(B))	93.6％	91.1％	89.6％	88.3％

（出所）『主要貿易動向指標2004』韓国貿易協会貿易研究所，伊藤憲一他編『東アジア共同体と日本の針路』日本放送出版協会，2005年より作成。

　日・中・韓は東アジアにおいては3大経済大国であり，その経済規模は**表Ⅱ-2-9**の通りである。　人口はEU4億5500万人，NAFTA 4億2500万人，ASEAN5億3700万人，日・中・韓の合計数は14億6800万人で，NAFTAの3.5倍，EUの3.2倍，ASEANの2.7倍，世界総人口（2003年）の約25％に近い。GDPでは，日・中・韓の総額は6兆3200億ドルで，NAFTAの51％。EUの57％。ASEANの89％を占め，東アジアの経済における存在感はきわめて大きい。
　表Ⅱ-2-10は3カ国のGDPの長期推移を示したものである。同表から分か

154 第Ⅱ部 東アジア共同体の建設

表Ⅱ-2-11 日・中・韓の実質経済成長率（％）

年　度	1990	2000	2003
日　本	6.0	2.5	1.9
中　国	0.4	8.0	8.1
韓　国	9.0	8.5	3.1

(出所) 表Ⅱ-2-9と同じ。

るように，日・中・韓の東アジアにおけるシェアは，1980年では93.6％とほとんど3カ国によって占められていた。特に日本のシェアが高かった。しかし，韓国などのアジアNIEs，ASEAN，中国など順を追って急速に発展したことによって，GDPのシェアは漸次低下トレンドにあるが，まだ90％弱というかなり高いシェアを占めている。

人口，GDPの両者から見ても，東アジアにおける日・中・韓の経済規模は大変大きく無視できない。これら3カ国の連携が東アジア経済圏の成否を左右する大きな要素であることは違いない。

ダイナミックな成長力

日・中・韓の経済的プレゼンスに加えて，3カ国のダイナミックな成長力がきわめて強い点に注視する必要がある。表Ⅱ-2-11は3カ国の実質経済成長率である。経済が成熟化した日本は成長率は低下トレンドにあるが，規模面ではまだまだ巨大である。韓国，中国は1990年以降，きわめて高い成長率を成し遂げた。

表Ⅱ-2-12は日・中・韓の貿易の推移を示している。同表から分かるように，日本は1980年から2003年まで着実な増加を見せ，輸出3.6倍，輸入2.7倍増加した。一方，同期間中（1980～2003年）の中国，韓国では，前者の輸出は24.2倍，輸入21.2倍，後者はそれぞれ11.0倍，8.0倍と激増した。これらの事実は，前述したように東アジア経済の発展の主要な原動力である貿易の驚異的な増加率が，端的にその発展・拡大の要因であることを裏づけている。

ところで東アジア貿易に占める韓国のシェアは**表Ⅱ-2-13**の通りである。

第2章　日・韓，韓・中の経済交流と東アジア経済圏　155

表Ⅱ-2-12　日・中・韓の貿易推移　(単位：億ドル)

		1980	1990	2000	2003
日　本	輸出	1,304	2,877	4,782	4,718
	輸入	1,413	2,353	3,795	3,829
中　国	輸出	181	628	2,492	4,379
	輸入	195	538	2,251	4,131
韓　国	輸出	175	650	1,723	1,938
	輸入	223	698	1,605	1,788

(出所)　表Ⅱ-2-1と同じ。

表Ⅱ-2-13　東アジア貿易に占める韓国の比率

	1980	1990	2000	2003
輸　出	7.0%	10.4%	11.5%	11.1%
輸　入	8.3%	11.8%	11.9%	11.2%

(出所)　表Ⅱ-2-10と同じ。

同国1980年輸出7.0％，輸入8.3％，2000年11.5％，11.9％，2003年11.1％，11.2％と着実に増えている。日本，中国の対アジア貿易に占めるシェアから考えて，韓国が10％前後を占めていることはかなり健闘しているといえる。

相互依存・補完関係の深化
(i)域内貿易比率の上昇

　東アジア貿易の特徴は，域内貿易比率が上昇していることである。表Ⅱ-2-14は各地域内統合の域内貿易比率を示したものである。日・中・韓は輸出入ともに順調な増加トレンドを見せ，2002年には輸出20.1％，輸入24.5％を記録した。ASEAN＋3もほぼ同様のトレンドを見せ，2002年にはそれぞれ44.8％。49.2％となり，域内貿易比率が上昇した。一方，NAFTA, EUは2000年をピークに，輸出，輸入ともに一部を除いてそれが低下し始めている。これは日・中・韓をはじめAEAN＋3も域内から部品，中間財などを域内で調達し，それらを加工し，製品化して域内に輸出するパターンが形成されていることを如

表Ⅱ-2-14　東アジア（ASEAN＋3），EU，NAFTA の域内貿易比率の推移（％）

	1980		1990		2000		2002	
	輸出	輸入	輸出	輸入	輸出	輸入	輸出	輸入
日・中・韓	15.8%	12.8%	13.9%	15.8%	18.7%	22.9%	20.1%	24.5%
ASEAN＋3	31.7%	33.5%	36.7%	33.0%	42.6%	48.4%	44.8%	49.2%
NAFTA	33.6%	33.9%	41.4%	33.3%	55.7%	39.8%	56.7%	38.2%
EU	52.5%	47.4%	58.5%	56.4%	62.3%	58.0%	61.5%	51.5%

（出所）　谷口誠『東アジア共同体』岩波新書，2005年。

実に示していることに他ならない。このことは東アジア諸国の相互依存関係が深化するとともに，各国の経済発展段階の差から生まれる産業内貿易などの貿易構造の進展により，各国の輸出入品目の補完関係を強めていることを物語っている。これらは東アジア経済圏の成長，発展にとってプラスの効果があると思われる。

(ii)投　資

　東アジア経済において，急激な経済成長は貿易と直接投資によるところが大きい。表Ⅱ-2-15は東アジア（ASEAN＋3）の対外・内直接投資の推移である。同地域の対外直接投資は，韓国をはじめとするアジア NIEs 諸国の経済発展による投資余力が生まれてくる90年以前では日本がその大半を担っていた。90年には対外直接投資比率を80年の5.2％から22.6％と4倍以上の増加を見た。2000年以降は反対に低下傾向にある。一方，対内直接投資は，東アジア地域の域内貿易の急拡大にともなって着実に増え，90年の10.6％から2003年には17.2％と急上昇した。

　表Ⅱ-2-16は主要アジア諸国の対外，対内直接投資額を表している。日本の対外直接投資は480億400万ドル（1990年）から288億ドル（2003年）に大幅減少した。しかし，日本の対外直接投資の特徴の1つである米国，欧州などの対先進国向けが多いこと（2002年残高比で米国44.6％，欧州23.1％，ASEAN9.8％）を考慮しても，金額での日本の存在は無視できない。中国は，最近まで対外直接投資能力を持つことができず，一方的に直接投資の受け入れが主であった。1980年の5700万ドルから2003年には約939倍に当たる535億500万ドルと驚異的な増

表Ⅱ-2-15　東アジア（ASEAN＋3）の対外・内直接投資の対世界比率

	1980	1990	2000	2003
対外直接投資	5.2	22.6	8.8	7.5
対内直接投資	6.3	10.6	10.3	17.2

（出所）　伊藤憲一他編『東アジア共同体と日本の進路』日本放送出版協会，2005年。

表Ⅱ-2-16　主要東アジア諸国の対外・内直接投資

(単位：100万ドル)

		1980	1990	2003
日　本	対外	2,385.0	48,024.0	28,800.3
	対内	278.0	1,753.0	6,324.3
中　国	対外	0.0	830.0	1,800.0
	対内	57.0	3,487.1	53,505.0
韓　国	対外	26.1	1,051.7	3,429.2
	対内	17.0	759.0	3,752.0
香　港	対外	82.0	2,448.0	3,769.4
	対内	710.2	3,275.1	13,560.9
シンガポール	対外	97.6	2,033.8	5,536.2
	対内	1,235.8	5,574.8	11,408.9

（出所）　表Ⅱ-2-15と同じ。

加を記録した。これは直接投資を積極的に受け入れ，貿易拡大を通して高成長を支えるシステムがうまく稼動していることを裏づけている。韓国は，対外，対内直接投資が順調に増加していることを指摘できる。前者は1990年10億5200万ドルから2003年34億2900万ドルと3倍以上に増え，日本と好対照の動きである。特にアジア通貨経済危機以降は中国に傾斜している。香港は，対中直接投資に関して絶対に無視できない存在であるが，ここでは金額のみの提示に留めておく。

　韓国の対アジア投資は，1980年代後半の貿易黒字化によって投資余力が生まれたことととともに，賃金などのコスト上昇に対処するため，アジア地域への進出が不可避となり企業の海外投資が大幅に増加した。これに加え，1990年代中頃から中国という新市場が登場し，対アジア投資が著しく拡大した。しかし，

表Ⅱ-2-17　韓国の主要地域別対外直接投資

(申告基準，単位：100万ドル)

		1999	2001	2003	累計 (1980〜2003)
北　米	件数	334	546	610	4,535
	金額	578	1,874	782	17,410
アジア	件数	768	1,541	2,202	16,151
	金額	1,745	1,867	4,074	31,497
ヨーロッパ	件数	44	75	79	1,003
	金額	798	2,271	328	10,349
合　計	件数	1,231	2,294	2,997	23,422
	金額	4,539	6,245	5,613	69,903

(出所)　『韓国経済年鑑2004』韓国人経済連合会。

アジア通貨経済危機の影響を受け，対アジア投資も急減したが，経済の急回復によって再び対中投資は増加傾向にある。**表Ⅱ-2-17**はアジア通貨経済危機以降の韓国の主要地域別対外直接投資である。韓国の主要対外直接投資先は米国，アジアである。対米投資は2001年をピークに減り始め，2003年には7億8200万ドルと急減した。一方，対アジアでは米国とは反対に2000年代に入り，大幅に件数，金額ともに増加した。2003年には総投資額の72.5％に当たる40億7400万ドルがアジア地域に投資された。

4　結論——問題点と展望にかえて

日・韓，韓・中の貿易，投資などの経済交流は，アジア通貨経済危機以降も順調に拡大し，東アジア経済における存在感はますます増大し，「東アジア経済圏」の実現に向かって着実に歩んでいるといえる。しかし，「東アジア経済圏」構想の可能性について，色々問題点も浮かび上がってきているのも事実である。この問題を指摘した後，展望を試みる。

主要な問題点として，①東アジア各国の経済発展段階の差による貿易構造の相互補完関係が生じ域内貿易比率が急上昇したことである。それはかつてアジ

ア通貨経済危機で経験したように東アジア各国の経済変動の影響を受けやすくなり,連鎖反応のリスクが高まっている点である。②東アジア地域には,自由主義の日本,社会主義の中国,冷戦構造からいまだに脱却できない朝鮮半島にある韓国,北朝鮮が存在している。これら各国は政治,経済体制が異なり,摩擦が引き起こる可能性を否定できない点である。③東アジア経済での日・中・韓3カ国の経済規模は巨大である。したがって3カ国の経済の緊密化が「東アジア経済圏」にとって非常に重要である。にもかかわらず,貿易,投資のよりいっそうの拡大,自由化などの経済交流を促進するFTA（自由貿易協定）などがいまだ3カ国間には締結されていない点である。

展望としては,①経済発展段階の差から来る経済協力の推進,貿易拡大,投資先拡大などがきわめて有望であり,方向としては拡大基調にあるといえる。②急速な経済成長の成果として,国内市場拡大,豊富な海外進出経験,技術力向上,急増した外貨準備高などにより,構想実現の可能性が濃厚になってきている。③東アジア経済において経験,資金,技術力を十分に有する日本の役割は,ある意味で「東アジア経済圏」の将来を左右するといっても過言ではないので,日本の責任はきわめて重いと言える。それゆえ日本がイニシアティブを取り3カ国の経済連携を強化する必要がある。具体的には早急にFTAなどの締結を目指すべきである。

おわりに

日・中経済交流を除き,韓国の視点から見たものなので,その影響力はかなり限定されるが,発展段階の異なる日本,中国の橋渡しとしての役割はきわめて大きいと思われる。

グローバル化した経済では,企業の動向も重要であるが,資料（投資面）の制約などによって企業,業種別には言及できなかったが,今後の課題としたい。

参考文献

＜日本語＞

安部一知・浦田秀次編著『中国の WTO 加盟と日中韓貿易の将来』日本経済評論社，2002年．

伊藤憲一・田中明彦監修『東アジア共同体と日本の針路』日本放送出版協会，2005年．

宇山博「韓・中経済交流の発展」『AJEC REPORT』Vol. 30，北陸環日本海経済交流促進協議会，2002年11月．

北村かよ子編『アジア NIES の対外直接投資』アジア絵経済研究所，2002年．

小原雅博『東アジア共同体――巨大化する中国と日本の戦略』日本経済新聞社，2005年．

谷口誠『東アジア共同体――経済統合のゆくえと日本』岩波新書，2005年．

渡辺利夫『日本の東アジア戦略』東洋経済新報社，2005年．

＜韓国語＞

鄭仁教『FTA 時代にどのように対処するのか』対外経済政策研究院，2001年11月．

キム・ホンジュン他『東北アジア経済統合』対外経済政策研究院，2005年12月．

李昌在他『韓・中・日分野別経済協力の現状と発展方向』対外経済政策研究院，2004年11月．

『2004年中国経済年報』対外経済政策研究院，2004年12月．

『貿易年鑑，2004』韓国貿易協会，2004年8月．

『主要貿易動向指標2004』韓国貿易協会貿易研究所，2004年4月．

『韓国経済年鑑2004』韓国経済人連合会．

第3章　東アジア地域における共通通貨の可能性
―― 日本でも中国などアジア諸国でも使えるお金ができる？ ――

1　共通通貨は便利？　安心？
――1つの国に1つの通貨から共通通貨へ――

　大学生になって2度目の夏休みを迎えた晃弘くん。今日から楽しみにしていた1週間の上海旅行です。着替えをかばんに詰めて，航空券，パスポート，そしてアルバイトで貯めたお金を持って，関西国際空港へ行く。飛行機に乗り約3時間でそこは上海浦東空港。中国政府の入国審査を済ませ，とりあえず喫茶店へ。レジの前で，「あれ？」と困り果てる。どうしたのでしょうか？
　「日本のお金が使えない」ことに気がついて，急いで日本のお金を中国のお金に換えに行くことになりました。めんどくさ。
　こんな経験はないですか？

　今日，多くの国は，それぞれ自分の国のお金（通貨）を持っている。例えば，日本は日本円，米国は米ドル，中国は中国人民元，韓国は韓国ウォン，タイはタイバーツといった具合である。日本の通貨である日本円は，日本銀行が発行し，日本では財やサービスの売買に伴う支払い（決済）に使用されているが，日本以外の国では使用できない。そこで，日本円を持つ日本人が外国で財を購入する場合，面倒だが，その国で使用できる通貨への両替が必要になる。もし，日本円が外国でも使用できれば，あるいは外国の通貨を日本でも使えるようになれば，どんなに便利であろう。(**要望1**)

日本円を中国人民元に両替するため両替所に行った晃弘くん。とりあえず5万円を両替することにした。「5万円を中国人民元に両替お願いします」。すると、「3500人民元です」と返してきた。「えっ？」と驚く晃弘くん。いったい何があったのでしょうか？

昨年中国を旅行した大学の美晴先輩からは5万円を4000人民元に両替してもらったことを聞いていたので、「どうして500人民元も少ないの？」と思ったのでした。

ある国の通貨と他の国の通貨の交換比率は為替レートと呼ばれている。そして、為替レートは通常日々変動している。晃弘くんと美晴先輩のように1年違うだけで500人民元少なくなってしまうことも当然生じうる。逆に、日本円が他の通貨に比べて高く評価される時（円高の時）に海外へ行くと、日本円はより多くの外国通貨と交換されることになる。

どうして為替レートは変動するのであろうか？　もし<u>為替レートが変動しないで固定</u>であれば、損した気持ちにもならなかったであろうし、日々の為替レートの変動を気にして両替する面倒もないであろう。(要望2)

通貨の両替は海外旅行者だけが行うものではない。輸出、輸入、国家間の資金貸借など国際的に経済活動を行う人はより多くの通貨の両替を必要とする。このような人々にとっても為替レートの変動は歓迎されないものであり、安定や固定が望まれるのではないであろうか。

上記の要望1と要望2を実現しようという動きがある。各国の通貨を廃止して、「共通通貨」を使用しようというものである。賛同する国々が、各国の通貨を廃止して、これら国々で共通して使用できる「共通通貨」を使うことになれば、両替の面倒もなく、また、為替レートが変動することによる損失を心配することもない。

わが国でも、アジアの諸国との間で「共通通貨」を持ってはどうか、と考える人がいる。この考えは、1997年に起こったアジア通貨危機以後注目を集めるようになった[1]。さらには、アジア地域内の国々で、通貨だけでなく、安全保障から個人の生活に至る様々なところで関係をいっそう深めていき、1つの国のようにまとまろうと「アジア共同体」を志向する政治的動きもある。

本章は,「共通通貨」に焦点を絞り,これをアジア地域で導入することは可能かどうかを最近の研究結果を踏まえながら検討する。具体的には,複数の国が共通通貨を持つことのメリットとデメリットを整理し,どのような場合にメリットの方が大きくなるのか,そしてアジア地域はこのような条件を満たしているのかなどを確認していく。

本章の以下の構成は次の通りである。第2節では,アジア地域の通貨の現状を概観するとともに,この地域で共通通貨が望まれる背景を紹介する。第3節では,固定相場制,変動相場制を中心に為替制度を紹介する。第4節では,経済学の視点から共通通貨を検討する際の理論的枠組みである「最適通貨圏の理論」の概要を紹介,現在のアジア地域が「最適通貨圏」といえるかどうかを検証する。第5節では,これらの議論をまとめ,将来のアジア地域における共通通貨の可能性を展望する。

2 アジア地域の通貨の現状と共通通貨への期待

ドルペッグの影響

アジア地域で,各国の通貨を廃止して共通の通貨を持ってはどうか。このようなアジア地域における為替制度の再検討を求める議論は,ある出来事が起こってから,いっそう注目を集めるようになった。その出来事とは1997年に起こったアジア通貨危機である。ここでは,アジア通貨危機というアジア地域を襲った深刻な出来事を簡単に紹介した上で,どのようにアジア地域の為替制度の再検討が行われているかを紹介しておこう。

「東アジアの奇跡(East Asian Miracle)」という言葉は,世界銀行が1980年代以後急成長を遂げたアジア諸国の成長要因を分析したレポートで使われた。経済成長を遂げていたアジア諸国では国内に資本が乏しく,成長に必要な資本を海外から借り入れたり,直接投資を受け入れたりすること(資本流入)によって得ていた。こうして得た資本を用いて生産した財を外国に売る(輸出する)ことで稼いでいた。そんな中,まず,1997年7月に,タイの通貨であるバーツの価値が急激に低下した。その後,連鎖的に,他のアジア諸国の通貨価値も下

落した。アジアの高成長は一転して,急激に後退することになった。

　なぜ,通貨価値が急激に下落したのか。アジア諸国の為替制度と関係がある。当時,タイをはじめアジア諸国では,米国を中心とする先進国から必要な投資資本を安定的に得るため,また,輸出先である米国への輸出を安定させるため,アジア諸国の通貨価値を米ドルに対して安定化（固定）させていた（ドルペッグ（ドルへの釘づけ））。アジア諸国の通貨価値をドルペッグさせることによって,米国への輸出や米国を中心とする先進国からの資本流入が安定化することは次のことから容易に理解できるであろう。アジア諸国の輸出業者が輸出代金を,あるいは米国の投資家が投資収益を手に入れるまでには時間がかかり,この間に通貨価値が変動してしまうと,通貨価値の変動によって損をしてしまう可能性（為替変動リスク）がある。ドルペッグによりこのような損失を心配しなくてもよくなり,安心して,輸出やアジア諸国への投資が行えるというわけである。

　しかし,アジア諸国の通貨価値をドルペッグした状況で,米ドルの価値が日本円に対して増加すると,アジア諸国の通貨価値もまた日本円に対して増加してしまうため,アジア諸国の日本への輸出は困難になってしまう。米国と同様に日本も主要な貿易相手であるアジア諸国の貿易収支は赤字化することになる。[2]貿易収支の赤字化は,先進国へ輸出することで外国通貨を獲得し経済成長を遂げてきたアジア諸国の経済成長（輸出主導型経済成長）の先行きに不安を抱かせることになる。先行きに不安を感じた外国の投資家は競ってアジア諸国から資本を引き上げる行動に出た。アジア諸国からの資本流出は,アジア諸国の通貨を米ドルに交換する行動を伴うため,アジア諸国の通貨は売られた。通貨売却に伴うさらなる通貨価値の下落を嫌って売却はいっそう進み,通貨価値の下落は加速した（通貨危機）。

　さらに次のような指摘もある。アジア諸国の通貨価値をドルペッグした状況で,米国を中心とする先進国から急激な資本流入があると,アジア諸国の通貨価値は米ドルに対して増加する傾向にある。これは,アジア諸国への資本流入が米ドルからアジア諸国の通貨への交換を伴い,アジア諸国の通貨に対する需要が増加するからである。通貨価値をドルペッグしたいアジア諸国の通貨当局は,自国通貨を供給することでこの需要の増加に対応することになる。通貨価

値をドルペッグさせる結果として，通貨当局は通貨の供給を増加させてしまうことになる。増加した通貨は，脆弱な金融システムの下で，国内信用を通じて，株式，不動産バブルを引き起こした。いったん，バブルが崩壊すると，先行きに不安を感じた外国の投資家は競ってアジア諸国から資本を引き上げる行動に出た。アジア諸国からの資本流出は，アジア諸国の通貨を米ドルに交換する行動を伴うため，アジア諸国の通貨は売られた。さらに，国内では金融機関の資金不足や不良債権増加から金融危機に陥り，やがて銀行に多くの金融機能をゆだねる同国経済全体を危機に陥れることになる（経済危機）。

このアジア通貨・金融・経済危機は，経済を深刻な状況に陥れる重大な事件であり，予防策や対応策が検討された。そして，これを踏まえて，アジア地域の為替制度を再検討しようという機運が高まったのである。

アジア危機の教訓——ドルペッグに替わる為替制度を求めて

アジア通貨危機後，以下のような主張が多く見られる。アジア通貨危機は，アジア諸国が自国通貨をドルペッグさせてきたことから始まっている。したがって，自国通貨の価値をどこかの国の通貨に固定させるような固定相場制を採用すべきでなく，市場に決定を委ねる変動相場制を採用すべきである。ただ，自国通貨の変動を調整できるだけの外貨準備がある場合のみ固定相場制でもよいであろう。これは，限定つきの固定相場制（外貨準備に完全に裏づけされた固定相場制）か，変動相場制かどちらかを選択すべきという２極制度からの選択というものであり，「２つの端点解（two corner solution）」と呼ばれている。

危機を防止するという目的だけであれば，この選択は適当であろう。しかし，貿易，資本流入によって経済成長を維持していくという立場からは，為替変動による危険を避け安定した貿易，資本流入を維持するために，自国通貨を他国通貨に対して，ある程度安定させることが必要になるであろう。その場合，タイバーツ，韓国ウォンなどアジア諸国の通貨は，それぞれどこの国の通貨に対してその価値を安定させればよいのか。米ドルか？　しかしこれでは，アジア危機の教訓は生かされない。では，日本円か？　個々のアジア諸国で相手通貨選びの議論になるが，為替レートを安定化することによる効果と副作用を考え

ると答えはなかなか1つの通貨に絞れない。むしろ，相手を1つの通貨に絞るよりも，アジア主要国の複数の国の通貨に対して安定化するのが適当か，という考えも出てきた。そこで考え出されたのが，自国通貨の価値をある国の通貨でなく複数通貨からなる通貨バスケットに安定させるという通貨バスケット制やアジア共通通貨である。[3]

3 為替制度

　為替レートの決定は，外国為替市場における外国為替の需要と供給による決定させる場合と中央銀行が外国為替市場に介入してある通貨に対する自国通貨の価値を安定させる（ペッグさせる）場合とに大別される。前者は変動相場制，後者は固定相場制と呼ばれる。為替制度は概してこの2つに分けられるが，実際，これら2つの制度の中間的な制度がいくつか存在し採用している国も多い。国際通貨基金（IMF：International Monetary Fund）は為替制度を8つの区分に分類している（表Ⅱ-3-1）。

　固定相場制は，「別の法定通貨が流通する為替制度（通貨同盟，共通通貨）」，「カレンシーボード制」，「通常の固定相場制」に分類される。いずれも，自国通貨の価値を他の通貨に対してペッグ（固定）させるが，「カレンシーボード制」は外貨準備による担保が必要とされる。ペッグさせるために，中央銀行が無制限に外国為替市場に介入できるのではなく，外国準備の増減を上限としている。中間的な為替制度として次のものがある。固定相場制よりも多少幅を持たせて，その範囲内に為替レートの変動を抑える「バンドつきペッグ制」，そして，定期的にペッグするレートの変更を許す「クローリング・ペッグ制」，その変動幅さえも定期的に調整することを許す「クローリング・バンド制」がある。これらのペッグさせるレートや変動幅の変更は，事前に発表される必要がある。さらに，事前の明示を必要せずに適当な中央銀行の介入を許す「事前に経路を示さない管理フロート制度」，そして，介入を過度な変動を防ぐ場合しか許さない「独立フロート制（変動相場制）」がある。

　表Ⅱ-3-1はこのIMFの基準に従って，各国の為替制度を8分類したもの

第3章　東アジア地域における共通通貨の可能性　167

表II-3-1　各国の為替制度（2004年12月31日現在）

部の通貨		国数	先進国（OECD加盟30カ国）	アフリカ	中南米	欧州	アジア・オセアニア	中東
別の法定通貨が流通する為替制度 Exchange arrangements with no separate legal tender (41)		9		ベナン、コートジボワール、ニジェール、セネガル、ブルキナファソ、カメルーン、中央アフリカ、コンゴ、赤道ギニア等 14	エクアドル、エルサルバドル、パナマ 3	サンマリノ 1	キリバス、マーシャル諸島、ミクロネシア、パラオ、東ティモール 5	
	ECCU	6			ドミニカ、グレナダ等 6			
	CFAフランゾーン	14						
	ユーロ	12	オーストリア、ベルギー、フィンランド、フランス、ドイツ、ギリシャ、アイルランド、イタリア、ルクセンブルク、オランダ、ポルトガル、スペイン				
カレンシーボード制 Currency board arrangements (7)		7		ジブチ 1		ボスニア・ヘルツェゴビナ、ブルガリア、エストニア、リトアニア 4	ブルネイ、香港 2	
通常の固定相場制 Other conventional fixed peg arrangements (41)		33		カーボベルデ、モロッコ、エリトリア、ナミビア等 8	バハマ、バルバドス、ベネズエラ等 6	マケドニア、ウクライナ等 4	ブータン、中国、マレーシア、ネパール等 5	バーレーン、イラク、ヨルダン、クウェート、レバノン、オマーン、カタール、サウジアラビア等 10
通貨バスケットにペッグ		8		ボツワナ、モロッコ 2		ラトビア、マルタ 2	フィジー、サモア、バヌアツ 3	リビア 1
ハンドペッグ制 Pegged exchange rates within horizontal bands (5)		5	デンマーク、ハンガリー 2			スロベニア、キプロス 2	トンガ 1	
クローリング・ペッグ制 Crawling pegs (6)		6		チュニジア 1	ボリビア、コスタリカ等 4		ソロモン諸島 1	
クローリング・バンド制 Exchange rates within crawling bands (1)		1				ベラルーシ 1		
事前に経路を示さない管理フロート制度 Managed floating with no pre-determined path for the exchange rate (51)		51	オーストラリア、カナダ、アイスランド、韓国、メキシコ、ニュージーランド、ノルウェー、スウェーデン、スイス、イギリス、日本、アメリカ 2	カーナ、ガンビア、エチオピア、ケニア、ナイジェリア等 16	ペルー、アルゼンチン、ハイチ、パラグアイ等 8	モザンビーク、クロアチア、セルビア、ウズベキスタン、ロシア、ルーマニア等 12	カンボジア、インドネシア、ラオス、ベトナム、パキスタン、シンガポール等 11	エジプト、イラン 2
独立フロート制度 Independently floating (35)		35	14	南アフリカ、コンゴ民主共和国、タンザニア等 9	ウルグアイ、ブラジル、チリ、コロンビア、ドミニカ 5	アルバニア、アルメニア 2	スリランカ、フィリピン、パプアニューギニア 3	イエメン、イスラエル 2
		187	30	51	32	28	31	15

（出所）IMF。

である。先進国を中心とした OECD 加盟国（2006年5月現在30カ国）はほぼ，独立フロート制（OECD 14カ国）と通貨同盟（OECD 12カ国）に分類されている。独立フロート制とは，いわゆる変動相場制であり，前節で示したような需要と供給による決定メカニズムによって決定している。また，通貨同盟の国々は共通通貨のユーロ（EURO）を使用している。

一方，OECD 加盟国以外の国々は，様々な為替制度を採用している。「別の法定通貨が流通する為替制度」，「カレンシーボード制」，そして「通常の固定相場制」といったいわゆる固定相場制を採用する国は，OECD 加盟諸国を除く157カ国・地域中で77カ国・地域と半分弱存在している。アジアにおける主な国・地域としては，香港，マレーシア，中国がここに分類されている。また，「事前に経路を示さない管理フロート制度」と「独立フロート制（変動相場制）」には多くのアジアの国々を含む70カ国・地域（OECD 諸国16カ国を除く）が属している。そんな中，2005年7月にマレーシアと中国が相次いで通常の固定相場制（ドルペッグ制）から通貨バスケットを利用した管理フロート制へ移行を表明した。これにより，香港を除く主なアジア諸国・地域は「事前に経路を示さない管理フロート制度」か「独立フロート制（変動相場制）」を採用するようになっている。

4　アジア地域は最適通貨圏か

最適通貨圏

国境に縛られず，ある通貨が使用できる範囲は「通貨圏」と呼ばれている。北の北海道から南の沖縄まで日本円が使用されており，日本国内であれば日本円が使用できる現状からすると，日本国内は日本円の通貨圏ということになる。ここで，果たして，東京都と大阪府で同じ日本円を使うのが「適当」か，大阪府と北海道ではどうか，日本と韓国ではどうか，さらに日本と韓国と中国の3カ国からなる地域内ではどうか，など，同一通貨を使用するのに「適当」な地域の範囲を検討する試みは，「最適通貨圏」の理論をもとに行われている。ここで，「適当」の意味をどのように考えるか。基本的な考え方は，複数の国か

第3章　東アジア地域における共通通貨の可能性　169

表Ⅱ-3-2　共通通貨のメリットとデメリット

	変動相場制	固定相場制	通貨同盟（共通通貨）
メリット	・国内の景気状況に応じた金融政策の実施が可能	・為替レートの不確実性・不安定性なし	・為替レートの不確実性・不安定性なし ・国を越える経済取引の際の両替の手間なし
デメリット	・為替レートの不確実性・不安定性あり ・国を越える経済取引の際の両替の手間あり	・国内の景気状況に応じた金融政策の実施が不可能 ・国を越える経済取引の際の両替の手間あり	・国内の景気状況に応じた金融政策の実施が不可能

らなるある地域で同一通貨を使用する場合のメリットとデメリットと，地域を分けて別々の通貨を使用する場合のメリットとデメリットを比較して，検討するというものである。

次のような例を考えてみよう。A国，B国，C国の3つの国があるとする。今，A国では通貨Aが，B国では通貨Bが，C国では通貨Cが，使用されているとする。そして，それぞれの国は変動相場制度を採っているとする。つまり，各国の為替レートは需要と供給によって決定している。この場合，各国には，**表Ⅱ-3-2**の変動相場制にあるメリットとデメリットが存在することになる。次に，A国，B国，C国は，通貨A，B，Cの間の為替レートを固定する固定レート制度を採用したとする。例えば，固定レートは1（通貨A）＝2（通貨B）＝3（通貨C）であるとする。このような状況では，為替レートの不確実性や不安定性の心配はなくなる（メリット）が，国内景気を考慮した金融政策が不可能になってしまう（デメリット）。ここでは，国境を越えた経済取引の際の両替の必要性（デメリット）が残ってしまっている。ならば，いっそ，新たな通貨Dをつくり，A国でも，B国でも，C国でも使用できるようにする（「共通通貨」をつくる）と，両替の手間は発生しなくなる。そのための手続きとしては，例えば，各地域の通貨を，1（通貨A）＝2（通貨B）＝3（通貨C）＝3（通貨D）という交換比率で両替し，それ以後は，通貨Dを使用していく，というものでよいであろう。

以上のことから，複数の国からなるある地域内で，各国独自の通貨を持ち変

動相場制を採用する現状から，地域内の他の国と「共通通貨」を持つ制度へ変更する場合失ってしまう最も大きなものは，国内の景気状況に応じた金融政策が実施できなくなることである。

しかし他の代替的な景気調整が行われるのであれば，この問題はそれほど大きくない。代替的な調整とは，賃金や物価が伸縮的に変動し過剰な供給や需要がこれによって調整されるであるとか，労働，財，資本が地域内を柔軟に移動し過剰な需要や供給はこれによって調整されるなどが挙げられる。また，財政政策による調整も挙げられるであろう。

これらを考慮して，ある地域内で共通通貨を持つ時のメリットがデメリットを上回るかどうか，つまり，ある地域内が最適通貨圏といえるかどうかの判断にあたり，次の点が参考にされている。

① 複数の国からなる地域内で貿易がさかん（財の移動）。
② 複数の国からなる地域内で労働，資本移動がさかん（人と資本の移動）。
③ 複数の国からなる地域内で経済変動に影響を与えるショックが類似している。
④ 複数の国からなる地域内での財政的な調整の可能性がある。

アジア地域は最適通貨圏といえる条件を満たしているか——財の移動
(i)有益な指標

これらの判断基準のうち，財の移動に注目して，アジア地域を検討してみよう。複数の国で構成されたある地域を想定する時，この地域内における各国の間で，移動（貿易）がどの程度活発かを示す指標として，「地域内貿易シェア」や「地域内貿易結合度」がある。まず，これらの指標がどのようなものであるか紹介しておこう。

「地域内貿易シェア」とは，地域内の各国の総貿易（輸出と輸入の合計）に占める地域内各国間の貿易（輸出と輸入の合計）の割合を示したものをいう。地域内各国貿易がすべて地域内各国との間で行われたものであるならば，この地域の「地域内貿易シェア」は100％となる。一方，地域内各国との間でまったく貿易が行われていなければ0％ということになる。すなわち，この指標は，0

%と100%の間の値を取ることになる。計算は，一般的に，次のような計算式で計算される。

X 地域内貿易シェア ＝

$$\frac{\text{地域内輸出の合計}}{(\text{X 地域内各国から世界への輸出の合計}＋\text{世界から X 地域内への輸出})/2}$$

＊統計上，輸出価格と輸入価格が異なるため，輸出ベースで計算している。

「地域内貿易シェア」には次のような欠点が存在している。より多くの国からなる地域の方が，地域内の国とそれほど親密な貿易関係がなくても，この値が高くなるという点である。2人の恋人同士（恋人グループ）と，20人からなる友達グループの間の会話量を想像してみよう。恋人グループはたった2人からなり，1年通してみれば恋人以外の友人とも会話が多い。しかし，友達グループは20人からなりグループ以外の人との会話よりもグループ内の人との会話の方が多いであろう。恋人グループの方がより親密な関係にあるにもかかわらずである。このように，多くの国からなる地域の方が少ない国からなる地域に比べて，地域内貿易シェアが高くなってしまうのである。そこで，次のような調整を加えた，「地域内貿易結合度」という指標が考え出された。

「地域内貿易結合度」は，「地域内貿易シェア」に，「世界全体の貿易量に占める地域内総貿易の割合」という調整を施して求められる。「世界全体の貿易量に占める地域内総貿易の割合」は，多くの国からなる地域ほど高く，最大は1である。計算は，次のように行うのが一般的である。

地域内貿易結合度 ＝ 地域内貿易シェア ÷

$$\frac{(\text{X 地域内各国から世界への輸出の合計}＋\text{世界から X 地域内への輸出})/2}{\text{全世界における輸出の合計}}$$

＊統計上，輸出価格と輸入価格が異なるため，輸出ベースで計算している。

例えば，世界中の国からなる全世界地域を考えてみよう。この地域に属さない国はない。「地域内貿易シェア」は明らかに100％である。そして，「世界全体の貿易量に占める地域内総貿易の割合」は1であることから，この地域の

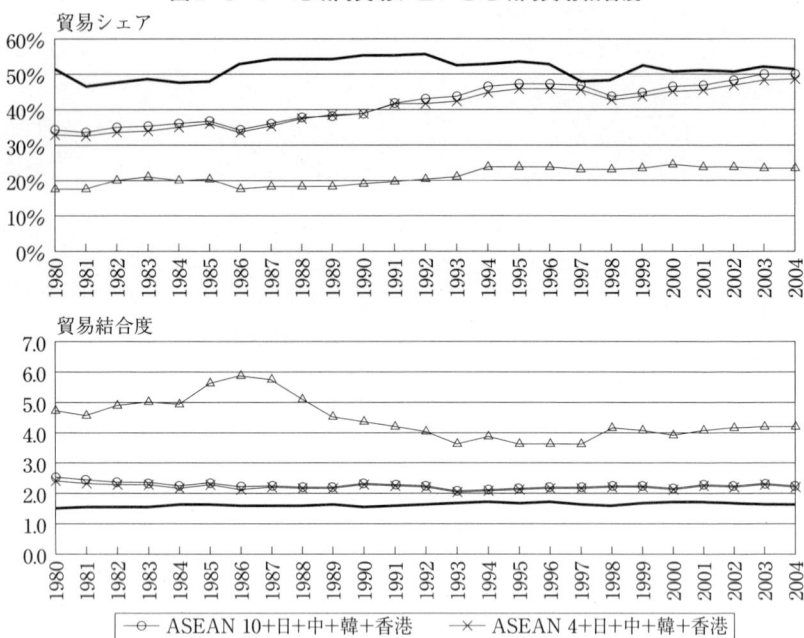

172 第Ⅱ部 東アジア共同体の建設

図Ⅱ-3-1 地域内貿易シェアと地域内貿易結合度

(注) ASEAN 4とは、ASEANの中でも比較的所得水準の高い4カ国。つまり、インドネシア、マレーシア、フィリピン、タイを指す。ASEAN 10とは、ASEAN 4、シンガポール、ブルネイ、カンボジア、ラオス、ミャンマー、ベトナムの10カ国である。EURO 12とは、ユーロ通貨同盟国12カ国。つまり、オーストリア、ベルギー、フィンランド、フランス、ドイツ、ギリシャ、アイルランド、イタリア、ルクセンブルク、オランダ、ポルトガル、スペインである。
(出所) IMF, *Directions of Trade* のデータをもとに筆者作成。

「地域内貿易結合度」は1ということになる。

(ii)アジア地域内における財の移動(貿易)

図Ⅱ-3-1はアジア地域とEURO通貨圏の域内貿易シェアと貿易結合度を示している。アジア地域の域内貿易シェアは、1986年にいったん低下するが、その後上昇の勢いを増し、90年代に入ってもその上昇傾向は続いている。1998年にいったん低下するも2000年にかけて回復し、さらなる上昇の傾向がうかがえる。1986年はプラザ合意(円高ドル安が強まる)の影響からいったん落ち込むも再編によりその後さらに上昇傾向が強まっていることが確認でき、さらに90

年代は中国経済の貿易拡大の影響も確認できる。98年はアジア通貨危機の影響であろうが，その後も上昇傾向が確認できることから，今後も上昇するものと思われる。一方，水準であるが，他の通貨圏であるEUROとの比較が分かりやすい。EURO圏ではおおむね50％を少し上回る水準で推移している。一方，アジア地域は3つの中で比較的高いASEAN10＋日本＋中国＋韓国＋香港でも30％半ば（1980年代）から50％弱（2004年）である。上昇傾向にあるとはいえ，まだ低い水準であるといわざるをえない。制度が先行するEUに対比して，80年代以後民間企業の行動が先行するアジア地域といわれるが，今後，制度面からのサポートも域内貿易シェアの上昇を助けるものと期待される。実際，アジア地域では，これまで多国間でのWTOを中心に自由貿易を支えてきたが，ここにきて，2国間でのFTA（自由貿易地域）締結が増加してきている。

さらに，域内貿易結合度は，EURO圏が1.7水準で安定しているのに対し，アジア地域では2を少し上回る水準で安定している。この点では，域内貿易のつながりの強さを確認できるが，同地域が世界貿易から見て未だ規模が小さいことから過剰に評価しているのかもしれない。

(iii)貿易以外の点からのアジア地域の評価

経済変動ショックの対称性という点からも，アジア地域を対象とした研究が進んでいる。国民所得が総需要と総供給からなる市場の均衡によって決まるとする場合，国民所得の変動は，総需要の変化，もしくは総供給の変化によってもたらされる。ここで，アジア地域内の各国間で，総需要もしくは総供給に影響を与えるショックの発生が似ている場合，経済景気変動もアジア地域内の各国間で似たものになり，各国が独自に金融政策を行う必要性は小さくなる。どの程度ショックがアジア地域内の各国間で似ているのか。これを検証する研究の結果の多くは次の通りである。総需要ショックについては，アジア諸国間でそれほど類似性は高くない。これは，総需要に影響を与える財政金融政策がアジア地域内の各国間で異なっていることから生じているのではないかと思われる。一方，供給ショックについては，ASEANのうち比較的所得水準の高いASEAN4カ国と日本，韓国，シンガポールの間で類似性が高いことが確認できる。生産性の上昇などを域内で共有する傾向が見られるが，しかしいまだ限定的で，

ASEAN のうち比較的所得の少ない地域との間では高くないことも確認できる。

(iv)アジア地域は最適通貨圏といえるか

これらの検証結果から，アジア地域は最適通貨圏かという問いに答えるならば，現状ではそうではないというのが適当であろう。しかし，近年急速に進んだアジア地域の相互依存関係に，今後制度的な整備が加われば，関係はさらに深まる。

域内貿易シェアはまだ EURO 圏よりも低いが，各国の貿易のつながりは比較的強い。アジア地域の中でも比較的所得水準の低い国が今後貿易を拡大させていき，また，中国等の経済発展，FTA 等の制度整備も，今後さらに域内の貿易関係を拡大させると期待される。

また，域内の各国が，自国通貨価値の安定など，個別事情から財政金融政策を行っている状況では，各国間で総需要ショックの類似性は達成しにくい。為替レートの安定から国内景気調整へと財政金融政策の目的を変化させ，かつ，経済景気変動を発生させるショックの類似性が，アジア地域内で広く確認できるようにしていくことが必要であろう。そのためには，賃金，物価などの伸縮性を高めることも必要であり，また域内の資本，労働の移動もさらに活発化させることが期待される。

5 アジア地域での共通通貨を実現させるためには

ヨーロッパは EURO という共通通貨を持った。アジアでも持とうか。何とかアジア地域内の各国で政治的合意を取りつけ実際に持ったとしても，これがお荷物になるのではどうしようもない。自国の通貨を捨てて，共通通貨を持つことにより失ってしまうものをあらかじめ予想して，判断するのが望ましい。共通通貨を持つことにより失ってしまう最大の事柄は，やはり，各国の経済景気状況を考慮した各国独自の金融政策ができなくなるということであろう。現在これを失ってもいいのかと問われれば，前節のアジア地域における最適通貨圏の検証で紹介した通り，いまだ条件は整っていないといわざるをえない。しかし，条件が整うまでは何もしないというのもどうか。実際，アジア通貨危機後，アジア地域において，金融，貿易両面から国際的協力が必要であるとの認

識が高まっており，また，欧州をはじめとする他の地域でも地域統合化の動きが顕著であることからも，アジア地域も統合化を目指した政策を検討するのがよいかもしれない。たとえ，事前の条件が整っていなくても，共通通貨の導入を行ってしまえば，いずれ条件が満たされるようになる（条件の内生性）という指摘もある。実際に，現在，各国間，また，アジア開発銀行（ADB：Asian Development Bank）といった国際機関では，様々な試みがなされている。

　アジア地域における通貨バスケット制の導入が研究されている。アジア通貨危機以前は自国通貨の価値を米ドルに対してペッグしてきたアジア諸国であったが，危機の教訓から，自国通貨の価値を米ドルという1つの通貨のみにペッグさせるのではなく，米ドルや日本円やその他通貨を取り入れた通貨バスケットにペッグさせようとするものである。これにより，自国通貨価値を米ドルだけに対してペッグしている状況で円安になった場合の自国通貨価値の円に対する割高感を緩和できるとしている。ただ，各国通貨価値のペッグ対象先である通貨バスケットの中に入れる通貨として，どのような通貨をどのようなウェイトで取り入れていくかが問題となる。日本円や他のアジア通貨のウェイトが増してくれば，アジア共通通貨の機運はさらに高まると思われる。

　また，ADBを中心に，ASEAN諸国，日本，中国，韓国の間で，アジア通貨単位（ACU：Asian Currency Unit）が検討されている[4]。これは，通貨自体はなく，通貨の単位だけをつくり出すというものである。ACUはアジアの各国の通貨を加重平均して計算されることになるのであるが，例えば，1 ACU＝○円＝◎ウォン＝△元＝……，となるのであるが，各国通貨のウェイトをどのように決めるかが難しい。

　アジアにおける共通通貨導入の試みは，ようやく具体的な議論が始まったばかりであるといえる。幸か不幸か，アジア地域の諸国は，アジア経済危機のダメージもすぐに払いのけ，新たな成長を探っており，比較的元気な国が多い。まだ，検討に時間がかけられそうである。

注
1）　アジア通貨危機とは，1997年に，タイをはじめ，韓国，マレーシア，インドネ

シアなどアジア諸国の通貨の価値が大幅に低下した現象をいう。これによって，アジア諸国の経済成長は大きく後退することになった。
2) 1995年から97年にかけて，日本円は米ドルに対して減価した。
3) 当然ながら，為替制度の変更だけでアジア通貨危機が防げるわけではない。外国資本が流入してきてもバブル経済を引き起こさないような金融システムを持つことが期待される。このような対応として，銀行部門の健全性を高めるための政策や銀行以外の金融市場の育成政策などが挙げられる。
4) このような地域通貨単位の欧州の EURO 導入の際にも準備的に導入されている。欧州の場合は欧州通貨単位（ECU：European Currency Unit）と呼ばれた。

参考文献
(1) アジア共通通貨に関する読み物
大西義久『アジア共通通貨――実現への道しるべ』蒼蒼社，2005年。
Madhur, Srinivasa, "Costs and Benefits of Common Currency for ASEAN," *ERD Working Paper Series*, No. 12, Asian Development Bank, May 2002.
(2) 通貨統合，国際金融システムに関する教科書
ジョン・ウィリアムソン，小野塚佳光編訳『国際通貨制度の選択――東アジア通貨圏の可能性』岩波書店，2005年。
小川英治『国際金融入門』〈経済学入門シリーズ〉日本経済新聞社，2002年。
嘉治佐保子『国際通貨体制の経済学――ユーロ・アジア・日本』日本経済新聞社，2004年。
福田慎一・照山博司『マクロ経済学入門〔第3版〕』有斐閣アルマ，2005年。
(3) 東アジアの国際金融システムに関する研究論文集
福田慎一責任編集「特集：東アジアの金融アーキテクチャー」『フィナンシャル・レビュー』No. 83，財務省財務総合研究所，2006年5月。
福田慎一・小川英治編著『国際金融システムの制度設計――通貨危機後の東アジアへの教訓』東京大学出版会，2006年。
Masahiro Kawai and Taizo Motonishi, "Macroeconomic Interdependence in East Asia: Empirical Evidence and Issues," in *Asian Economic Cooperation and Integration: Progress, Prospects, and Challenges*, Manila, Asian Development Bank, September 2005.

第4章　中国の対東アジア外交

1　中国外交のディレンマ

3つの国家目標

 どんな国にも，それぞれ国家目標というものがある。政府の様々な政策は，その目標実現のために行われる。なかでも，国と国とのつき合いである「外交」政策は，国の目標と密接に関わってくる。この章では中国の対東アジア外交を論じていくのだが，手始めに，まず中国の国家目標とは何かということから考えてみたいと思う。今の中国が考えている国家目標として，次の3つを挙げたい。

 それは，(1)今の高度経済成長をこれからも続けること，(2)今の共産党政権の支配をこれからも続けること，(3)台湾を統一すること，だ。いい換えれば，(1)お金，(2)権力，(3)ナショナリズム，の追求である。ただし，ナショナリズムということでいえば，中国は台湾だけでなく，もっと大きなこと（アジア支配？）を狙っているという人もいるかもしれないが，それはまた後で考えることにしよう。でも，そもそも金と権力とナショナリズムを追求するのは，中国に限らずどんな国でも同じだろう。

 ともかく，中国の外交は，「対東アジア」に限らず，この3つの国家目標を実現するために行われていると考えられる。例えば(1)の経済成長を続けるために，中国は，外国とはできる限り友好関係を結ぶことを外交の基本方針としている。「国際協調主義」といってよい。

 中国が国際協調主義を取っている理由は，中国の経済成長が，外国から中国への投資，そして中国から外国への輸出に支えられているからだ。投資してくれる国と輸出品を買ってくれる国が必要であり，だから外国からの孤立は避け

なくてはならない。

　また，すでに中国経済の規模は世界第4位という巨大なものになったが，そのため国内で企業が消費する石油などの天然資源の量も急増している。エネルギー問題だ。今後さらに経済成長を続けるためには，資源は国内だけでは足りず，外国から大量に輸入しなくてはならなくなった。貴重な天然資源を外国から売ってもらうためには，ここでもやはり，孤立は避けなくてはならない。

目標間のディレンマ

　ところが，ここにはディレンマもある。製品の輸出や資源の獲得は，それ自体が外国との間に摩擦を引き起こすことがある。輸出でお金を儲けすぎると，競争に敗れた国から，何か不正なことをやっているのではないかと批判される。例えば通貨である人民元の交換レートが中国に有利なように設定されているのではないか，などと難くせをつけられる。かつて景気がよかった頃の日本も，さんざん批判されたものだ（景気が悪くなると，いつの間にかあまり批判されなくなった）。

　また，ある地域の石油や天然ガスを一人占めしようとすると，同じ地域の資源を狙っている外国と対立してしまう。例えば日本との間でも，東シナ海に眠る資源や，ロシア産の資源購入をめぐって，いがみ合いが生じている。

　しかし，ここで妥協したら経済成長にひびくかもしれない。また，外国に妥協したというだけで，国民のナショナリズムに火をつけ，共産党政権に対する批判の声が高まるかもしれない。もし経済の不満とナショナリズムの不満が結合したら，批判の声はさらに高まり，(2)の支配の安定を守ることが難しくなる。

　そもそも共産党政権による国の支配は，民主主義的な選挙に基づいてはいないので，「支配の正統性」に欠けている。それでも国民が支配を受け入れているのは，1つには逆らったら後が恐いからだが，それだけではない。それよりも経済成長による満足感と，ナショナリズムによる国への忠誠心から，今の政権を受け入れているのである。だから，その2つを傷つけることは，共産党政権の支配を危うくするのだ。

　このように，中国の外交はジレンマを抱えている。その最大のポイントは，これから書くように，実はアメリカとの関係だ。

2　現実主義の対米外交

アメリカにはいい顔を

「なんだ，中国にとって対東アジア外交は重要ではないのか」と思うかもしれない。でもちょっと待ってほしい。むしろ，アメリカとの関係で大きなディレンマを抱えているからこそ，中国にとって東アジアがとても重要になってくるのだ。しかしそれを説明する前に，もう少し回り道につき合ってほしい。

アメリカとの関係では，(3)の台湾統一の問題が，一番難しい外交課題だ。というのも，中国がいまだに台湾を統一できない理由としては，台湾人が統一を嫌がっていることに加えて，アメリカが軍事的に台湾をサポートしていることが大きいからだ。だから中国が台湾を攻めると，アメリカと戦うことになりかねない。

今のままでは，アメリカと戦っても勝てる可能性は低い。しかし，取りあえず我慢して経済成長を続けていけば，軍備を増強して強国となり，いつかアメリカに勝てるようになるかもしれない。だが，その経済成長を続けるためには，アメリカとは喧嘩できない。アメリカの企業が中国にたくさん投資しているし，アメリカの消費者が中国製品をたくさん買ってくれているからだ。

そこでアメリカに対しては，取りあえず今はいい顔をしておいて，将来の戦いに備えるのが一番いいように思える。かつての最高指導者・鄧小平（1997年に死去）は次のように語ったという。「韜光養晦，有所作為」と（本当はもっと長いのだが，一番よく言及される部分がこれだ）。どういう意味かというと，「鋭気を隠し，実りある業績を成し遂げる」というものだ。とにかく目立たず，相手の知らないうちにしっかり爪をといでおこうという，現実主義だ。前に書いた「国際協調主義」も，この現実主義に基づいている。

そして最近では鄧小平の時代よりもさらに国際協調主義になっている。例えば，アメリカが北朝鮮の核開発問題に手を焼くと，北朝鮮とパイプのある中国が仲介役を買って出て，6者協議という助け船を出してやったりもしている。本当は北朝鮮の暴発を避けることは中国自身の利益でもあるのだが，結果としてアメリカに恩を売る形に持っていくのが中国の巧みなところだ。

米中関係のディレンマ

　しかし，アメリカだって馬鹿ではない。この章の筆者に見通せる程度のことは，アメリカにも当然見通せる。アメリカの立場になって考えれば，中国が将来強敵になるのであれば，今のうちに押さえつけておくのが一番いいだろう。

　だが，実はアメリカも中国とは喧嘩したくない。何より，中国への投資によって，アメリカの企業もお金を儲けている。例えば，日本の携帯電話機はほとんどが日本の会社がつくったものだが，中国ではアメリカ企業がつくった電話機もよく売れている。筆者は中国で買った携帯電話を持っているが，それはアメリカのモトローラ社の製品だ。

　また，台湾を守ることは，アメリカにとって最優先課題ではない。特に2001年の9.11事件以降，アメリカが最優先に考えているのは，世界的なテロリズムとの戦いだ。そしてテロとの戦いに勝つためには，大国である中国のサポートがどうしても必要だ（中国は世界で5カ国しかない国連安保理の常任理事国の1つだ）。実は，米中関係は今のブッシュ大統領が就任した当初は少しぎくしゃくしていた。しかし9.11以降手のひらを返したように仲良くなった。北朝鮮問題の6者協議もその成果といえる。

　だが他方で，ブッシュ大統領にとっては，「自由と民主主義」を世界に広めることも，大切な目標である。反テロ戦争も，テロを自由と民主主義の敵と位置づけることで，2つの目標は結びつく。自由と民主主義は美しい理想なので，アメリカはこの仕事を始めた以上，簡単にはやめられない。

　今の台湾は，自由と民主主義の国だ。それに対して，中国の共産党政権は自由と民主主義を抑圧し，一党独裁体制を続けている。自由と民主主義を世界に広めたいアメリカが，独裁国家が民主主義国家を攻撃するのを許せるわけがない。さらに，できれば中国も独裁から民主主義に変わってほしいと思っている。思っているだけではなく，実際口にも出している。今の支配を続けたい中国としては，いい迷惑だ。つまり中国の国家目標は(3)だけではなく，(2)もアメリカと対立しているのだ。

　しかも中国にとって困ったことに，アメリカは今，世界で最強の国家だ。単に最強なだけでなく，飛び抜けて最強なのだ。そんなアメリカが本気で中国を

敵と見なせば，アメリカ以外の国々も中国に敵対してくるかもしれない。そうなれば孤立だ。だから，(2)の政権維持と(3)の台湾統一で中国の立場を押し通し，その結果アメリカと敵対すれば，孤立し(1)の経済成長にも悪影響が及ぶ。経済成長ができなければ(2)と(3)の実現も危うい。とにかく，孤立は何としても避けないといけない。

では，中国が対アメリカ外交のディレンマを解決するにはどうしたらよいだろうか。一番いいのは，中国がアメリカより強くなることだろう。しかし，今の中国とアメリカとでは，力の差がありすぎる。現実問題として，今後何十年にもわたって，中国がアメリカより強くなるのは無理だ。これからもまだまだ「鋭気を隠し」続けなければならない。

だが，せめてアメリカの力を弱めて，力の差を縮めることならできるのではないか。ただし，だからといって，あからさまにアメリカの邪魔をすることはできない。それは孤立の道だ。では，アメリカと喧嘩せず，さりとてアメリカのいうなりにもならず，うまくアメリカの力を弱めていくにはどうしたらよいだろうか。実はうまい手がある。東アジアだ。

3 中国にとってのアメリカと東アジア

アメリカは世界最強の国だ。例えば世界の至るところにアメリカ軍が駐留し，にらみを利かせている。しかし，中国がアメリカの力を弱めたいとしても，世界中でアメリカにたてつく必要はない。せめて中国の周辺地域，つまり東アジアでアメリカの力を弱めることができれば，それで事足りる。

かつて，アメリカと敵対し40年間も「冷戦」を戦ったソ連という国があった。ソ連は社会主義を世界中に広めるという美しい理想（当時は多くの人々が本気で信じていた）を掲げていたので，世界の至るところでアメリカと張り合うことになり，最終的にはその負担に耐えきれずに自ら崩壊してしまった。

今の中国はそんな馬鹿なことをする必要はない（まったくしていないということもないが）。中国が欲しがっている台湾は中国のすぐ近くの東アジア地域にある。遠くの国とは，貿易ができればそれでいいだろう。また東アジアの中では，

人口1つとってみても，中国はすでに大国である。アメリカさえいなければ，放っておいても中国に有利なのだ（ただし，もう1つの大国・日本がちょっと邪魔なのだが）。

では，東アジアでアメリカの力を弱めるためには，どうすればいいだろう。アメリカは世界最強の国であり，東アジアにおいてもやはり最強だ。このようなアメリカを「覇権国」と表現することがある。アメリカは世界の「覇権国」であり，東アジアでも「覇権国」なのだ。しかし考えてみると，アメリカは東アジアの国とはいい難い。地理的には太平洋をはさんで遠く離れているし，文化的にも基本的にヨーロッパ文化圏であって，アジア文化圏ではない。

ではなぜ，アメリカが東アジアでも最強でいられるのか。それは，アメリカのいうことをきいて動いてくれるパートナーの国が，東アジアにたくさんいるからだ。なかでも最大のパートナーが日本だ。例えば，沖縄にあるアメリカ軍基地を使えることは，アメリカ軍が世界中で活躍するのに大いに役立っている。アメリカ軍は韓国にもいる。台湾には今は基地がないが，当然アメリカのパートナーだし，中国に統一されないためにアメリカから兵器を買ってくれるお得意様だ。

2003年にアメリカがイラク戦争を起こした時，ヨーロッパで長年パートナーだったはずのフランスやドイツが反対した。アメリカはとても困った。しかし日本，韓国，台湾は迷わず支持してくれた。またASEANに属するフィリピン，インドネシア，シンガポール，マレーシア，タイなども，軍港を貸すなどしてアメリカを手伝ってくれる約束をしている。

もちろん，これらの国々がアメリカのいうことを100％何でもきくわけではないし，国によってアメリカとの仲の良さも異なる。しかし基本的には，アメリカはこのようなパートナーたちを通じて東アジア地域に影響力を及ぼすことによって，「覇権」を維持するシステムをつくり上げているのである。前に書いたように，中国ですら，日本などと同じ意味ではとてもパートナーとはいえないが，今は基本的にはアメリカに逆らえないのだ。

このようなシステムがある東アジアで，中国が表立ってはアメリカと喧嘩せずに，それでいてアメリカの力を弱めるためには，どうすればいいか。そう，アメリカのパートナーを中国側に奪ってしまえばいいのだ。奪うという表現が

悪ければ，中国の味方にしてしまえばいい。そもそも外交というのは，敵を減らして味方を増やすテクニックだ。

そして中国がこのような対東アジア「外交」に成功すれば，将来アメリカと敵対するような事態に陥っても，東アジアの国々はアメリカ側ではなく，中国側に立って動いてくれるかもしれない。またそこまでいかなくても，簡単にはアメリカの言いなりにならないだろうから，その分アメリカは東アジアで弱くなる。結果として，アメリカとの力の差が縮まれば，いずれ勝機があるかもしれない。

ここで大急ぎでことわっておくが，中国がアメリカを敵だと決めているわけではない。中国だって，アメリカと敵対せずに目標を実現できればそれにこしたことはないと思っている。アメリカだって，負ける可能性が高くなれば，中国に妥協してくるかもしれない。東アジアの国々がみんな中国の味方になってしまったら，世界最強のアメリカといえども，そう簡単には手を出せない。

そして，東アジアで味方を増やすという点では，ここ数年，中国外交のパフォーマンスはとてもいいのである。これが今の時点で「中国の対東アジア外交」を語る時の，最大のポイントだ。

4　対東アジア「多国間」外交と「東アジア共同体」

ASEANと韓国

一番目立つのが，ASEAN（アセアン）の国々に対する接近だ。1990年代以降，東アジアでは，ASEANが提唱する国際会議がいくつも開かれるようになった。アメリカや中国を招いて軍事的問題を話し合うASEAN地域フォーラム（ARF）や，ASEANと日本・中国・韓国3カ国の話し合いの場であるASEAN＋3（プラススリー）などがそれだ。「東アジア共同体」の構想も，ASEAN＋3を発展させる形でつくっていこうという話だった。

初めの頃，中国はこうした国際会議に対して，呼ばれれば参加するものの，あまり積極的ではなかった。長年中国は，外交交渉を国際会議のような「多国間」の場よりも，相手国とサシで行う「2国間」の場で行うのを好んでいた。というのも，中国は何よりも自分の「力」を信じる考え方をしていて，何か問

題が起こった時は、話し合いを通じて味方を増やすことよりも、「力」で勝負できるサシの交渉の方が望ましいというわけだ。そこには、かつて19世紀から20世紀前半にかけて、欧米諸国や日本に痛めつけられた経験があるのだろうが、後ろ向きの発想だともいえる。

しかし、90年代末頃から、中国も多国間の会議に次第にやる気を見せるようになってきた。こう会議が増えてくると、会議を無視して孤立するよりも、会議で活躍することによって影響力を発揮する方が賢明だと考えるようになったのだ。そこには、鄧小平以来の現実主義に裏打ちされた「国際協調主義」の考え方がある。特に、ASEAN＋3にはアメリカが参加していない。アメリカのいないところで味方づくりをするには絶好のチャンスではないか。

多国間の会議といえば、北朝鮮問題の6者協議では、中国自身が主催者になるほど積極的になっている。ここにはアメリカも入っているけれど、注目すべきは、アメリカの長年のパートナーであるはずの韓国が、6者協議の場ではアメリカよりも中国に近い立場を取っていることだ。どういうことかというと、韓国はとにかく戦争は避けたいと思っているので、北朝鮮に対して強硬なアメリカには賛成できない。その分、北朝鮮に同情的な中国の方に近づいているのだ。

実は最近の韓国は、北朝鮮問題以外でも中国に接近しつつあるといわれている。韓国の政治家や国民は、今やアメリカよりも中国を信頼しているという調査結果もある。一番大きく影響しているのは、中国との間の貿易が急速に拡大していることだ。

経済の力

中国は2001年に世界貿易機関（WTO）に加盟したが、それが市場開放を意味するので、その前後から、貿易量が急増した。今や世界的な貿易大国だ。そして自信を深めた中国は、その経済力を対東アジア外交にも積極的に利用している。

特に、ASEANとの間で2001年に合意した自由貿易協定（FTA）が注目されている。FTAとは、締結国の間で商取引を自由にする、例えば関税を引き下げるといった協定だ。これにより中国とASEAN諸国との経済的なつながりがよりいっそう密接になる。といっても実はすぐにそうなるわけではなく、10

年ほどかけて交渉していくという内容の合意なのだが，それでも各国に大きなインパクトを与えた。

　なかでも一番インパクトを感じたのが，日本だ。日本もそれ以前からASEAN諸国とFTAを結ぶ話はあったのだが，なかなか煮え切らなかった。大きな理由は農業の保護だ。FTAを結んで関税が低くなると，日本の場合は安い農産物がどっと外国から流れ込むので，日本国内の農業の衰退が心配されるのだ。ところが，ぐずぐずしているうちに，中国に出し抜かれてしまった。ASEANを中国に取られてはならない。この後，日本は慌ててASEANの国々に接近し，FTA交渉を進めるようになる。

　実は中国が経済大国になったといっても，GDPの大きさはまだ日本の半分以下にすぎない。それでも中国は経済外交で日本を出し抜くことができたのだ。単に日本を出し抜いただけでなく，これはアメリカの東アジアにおける最大のパートナーを出し抜いたことを意味する。また中国は2003年にASEANが主張する「東南アジア友好協力条約（TAC）」に調印したが，この時もそれまで渋っていた日本は大慌てとなり，すぐに調印へと方針転換した。

　またASEANの中でも，フィリピンやタイなどは比較的アメリカと仲がいいが，彼らだってお金の誘惑には抵抗しにくい。急速に成長する中国経済は，東アジアに限らず世界中からお金を呼び込んでいる。そんな時，中国と協定を結べば他の国よりも有利な条件で中国と貿易できるとすれば，どうだろう。ますます中国にのめりこんでいくだろう。さらに，その後も中国はASEAN諸国に対して，様々な経済協力，経済援助，共同開発事業（メコン川開発など）を矢継ぎ早に打ち出し，攻勢をかけている。

ソフト・パワー

　ところで，文化で他国を引き寄せる魅力を「ソフト・パワー」といい，軍事力で屈服させる力を「ハード・パワー」という場合がある。アメリカの強さは，単に軍事的なものだけでなく，英語や科学技術といった「ソフト・パワー」の強さにあるといわれる。世界中の人がハリウッド映画を楽しみ，アメリカに留学したがっているからだ。

しかし最近では、ビジネス・チャンスがいっぱいの中国へビジネスマンや留学生が殺到している。文化面でも、中国語や中国の伝統文化を学ぶ「孔子学院」を世界中に設立中で、日本にもできている。こうしたことから、中国も「ソフト・パワー」をぐいぐい伸ばしていると評価する専門家が増えてきた。中国とアメリカとの差はまだまだ大きいが、それでも着実に縮まりつつあるといえるだろう。

ここまで読んだ上で、中国にとって「東アジア共同体」がどのような意味を持つのか考えてみると、その答えは明らかだろう。東アジアの国々が団結して「共同体」をつくる。そうすれば、彼らはアメリカのいうことをきくよりも、まずは東アジアの独自の利益を優先する可能性が高くなる。

そこで中国が東アジアのリーダーとなり、他の国に中国のいうことをきかせられれば一番いい。またたとえそこまでいかなくても、アメリカの影響力を減らすことができれば、中国にとっては十分だ（だから中国はよく「ASEANこそがリーダーだ」といっているのだが、どこまで本気かは分かったものではない）。もちろん、FTAなどを通じて東アジアで経済的なつながりが深まることは、中国自身の経済成長のためにも大いに役に立つ。

5 「中国脅威論」と「平和的台頭」

「中国脅威論」

ただし、そううまくいくかというと、実はそうともいい切れないのが難しいところだ。つまり、東アジアの国々が最近中国になびきつつあるからといって、今後もどんどんアメリカよりも中国になびいてくれるかというと、そうもいかない要因があるのだ。なかでも一番大きいのが、いわゆる「中国脅威論」というものだ。急速に強大化する中国は「脅威」、つまり暴力を振りかざす恐ろしい国になるのではないか、そんな中国に取り込まれすぎると、中国に支配されるのではないか、という懸念があるのだ。ここ数年、中国が魅力を振りまいている一方で、このような「脅威論」も、同時に広まっているのである。

例えば、何度も述べたように、中国は民主主義国家ではなく、独裁国家だ。

国内で共産党政権を批判する中国国民は，100％いつもそうなるわけではないが，警察や軍隊によって弾圧される可能性が高い。自国民に平気で暴力を振るう国が，外国に対してなら常に平和的だとは，とても信じられない。

実際，台湾に対しては，武力による統一を放棄しないと断言しているし，95〜96年には，台湾海峡でミサイル演習を行い，台湾を軍事的に威嚇した。また，中国はASEAN諸国との間にも，南シナ海をめぐる領土紛争があり，一方的に島を占拠したりして，軍事衝突も起こっている。日本との間にも，東シナ海をめぐる領土紛争が持ち上がっており，中国が強引に開発を行っているガス田は軍艦に守られている。そして，そうした行動を支える軍事費は，毎年経済成長率以上に急速に増え続けている。

歴史の記憶

また，中国には「歴史問題」がある。アジアで「歴史問題」といえば日本の専売特許だと思うかもしれない。それは日本が20世紀前半の時代に，東アジアの支配者として暴力的に振る舞った時の記憶によるものだ。

しかし，それより前の19世紀以前には，何百年もの間，実は中国が東アジアの支配者として君臨していた。これを「中華秩序」とか「朝貢システム」とかいったりする。「朝貢」というのは，中国の周辺の国々が，次のような形式で中国の支配権を確かめ合う儀式のことだ。まず周辺国が，中国が東アジアの支配者であることを承認し，使節を中国に送って貢ぎ物をささげる。逆に中国の皇帝は，使節にたくさんのお土産を与えて帰し，支配者としての度量を示す，というわけだ。中国と国境を接する朝鮮，ベトナム，ビルマなどは，代表的な「朝貢国」だった。日本は室町時代には朝貢していたが，江戸幕府は少し中国と距離を置いていた。豊臣秀吉が朝鮮に攻め込むと，朝鮮が中国に救援を求めるということもあった。それでも，基本的に日本も中国をトップとする「中華秩序」の一員だったことには変わりない。

その他，よくいわれるのが，近代史の中で急速に強大化した国は，例外なく暴力的な「脅威」となってきたということだ。第1次世界大戦を引き起こしたドイツ，第2次世界大戦を引き起こした日本やドイツ，冷戦を引き起こしたソ

連がその代表例だ。そして21世紀，新たに強大化してきたのが中国というわけだ。中国は自分の強大化を「中華民族の偉大な復興」というスローガンで表現している。他の国が，そこに過去の栄光を復活させたいというナショナリズムを感じ取り，歴史の記憶を呼び覚まされるのは当然だ。

「平和的台頭」（平和的発展）

　ただし，中国も他国の心配はよく分かっている。だからここ数年というもの，「中国脅威論」の打ち消しに必死だ。中国は孤立したくないのだ。そもそも中国が多国間の話し合いの場に積極的に参加するようになったのにも，アメリカや日本を出し抜くという攻めの理由だけではなく，「脅威論」を打ち消して孤立を避けたいという，守りの理由もあるのだ。

　2003年頃から中国の政治家や学者が，「平和的台頭」という言葉をよく口にするようになったのも，その一環だ。中国は日本やドイツやソ連とは違って「永遠に覇をとなえない」，平和的に台頭する新しいタイプの強国ですよ，というわけだ（「台頭」の代わりに「発展」という言葉を使うことも多い）。

　また東アジアの国々の側でも，いたずらに中国を恐れるよりも，前に書いたような様々な会議や取り決めを通じて，ともすれば強引になりがちな中国を話し合いの場に引き込んで，協力して物事を進めていこうという気持ちが強まっている。中国の味方を増やすための対東アジア外交は，今のところ着実に成果を上げている。

　しかし，東アジアの中にはここ数年で中国に近づくどころか，逆に中国と対立を深めているように見える国もある。台湾と日本だ。

6　台湾，日本，そして中国

台湾問題

　台湾は，東アジアの様々な国際会議や，「東アジア共同体」へ向けた団結のための話し合いの場から，完全に排除されている。ARFにも，ASEAN＋3にも，TACにも，様々なFTAにも，台湾は入っていない。これは明らかに，

台湾を入れないようにと中国が圧力をかけているからだ。中国の主張によれば台湾は中国の一部であって国ではないので，国と国との話し合いの場には参加できないというわけだ。

これも今のところうまくいっていて，台湾以外の国は中国のいいなりだ。特に，様々な会議を中心的に運営しているASEANでは，物事を決める時は全会一致でないといけないという原則を取っているので，中国がゴネたら何も決められない。そもそも中国を会議に誘ったのは，放っておくと「脅威」になるのを恐れて先に取り込んでおきたいASEANの方だった。だから中国に妥協せざるをえない。中国が断固反対する台湾の参加は認められない。

しかし，経済的には1人あたりGDPで中国の10倍も豊かで，政治的には民主主義国家で，軍事的にはアメリカのサポートを受けている台湾を排除したまま，このままいけるのかどうかは，かなり怪しいかもしれない。

日中関係

日本との関係は，最近の中国外交では一番やっかいな問題だろう。中国としてはASEANに接近するのと同じく，日本にも接近したい。中国は「反日」だという人もいて，そういう側面も確かにあるが，鄧小平以来の現実主義に従う限り，日本とも喧嘩したくはない。本音では日本を取り込めれば一番いいと思っているはずだ。

なぜなら，前に書いたように，日本は東アジアで最大のアメリカのパートナーなので，日本を中国の側に引き寄せることができれば，アメリカの力をかなり弱めることができるからだ。経済的にも，中国にとって日本はトップクラスの貿易相手国であり，またこれまでにたくさんの援助（ODA）をもらってきた間柄だ（ただしその多くは利子をつけて返さなくてはならない）。

ところが，日本との間には揉め事が絶えない。目立つのは「歴史問題」だ。また領土紛争もある。しかし一番やっかいなのは，東アジアで中国と日本の間で主導権争いが起こってきていることだ。はっきり言って権力闘争だ。中国と日本は東アジアの2大大国であり，それも飛び抜けた大国だ。お互いにプライドがあり，相手の風下には立ちたくない。中国がASEANと，FTAやTAC

の話し合いを進めると，日本が慌てて後を追ったことにも，それが表れている。

　もちろん，最近は中国が日本を出し抜いてうまくやっている。だが，日本の国連安保理常任理事国入りの動きに対して，中国の政府と国民が2005年に展開したはげしい反対運動を見る限り，彼らは全然安心していない。

　日本は衰えたりといえどもまだ中国の倍以上の経済規模を誇っているし，世界最強のアメリカとは緊密な同盟関係にある。ASEANだって東アジアの国際会議では，日本を抱き込んで中国とうまくバランスを取ろうと考えている。「中国脅威論」を完全に払拭したわけではないからだ。そんな日本が常任理事国になれば，これまで東アジア唯一の常任理事国だった中国の力は相対的に弱まるし（中国以外は，アメリカ・ロシア・イギリス・フランス），その上日本の同盟国であるアメリカの力は強まってしまう。中国は日本の底力を恐れている。

　けれども，台湾にせよ日本にせよ，やはり中国経済の魅力には逆らえないという弱みはある。お金のために中国に接近したい人は，両国ともたくさんいる。その意味では，台湾と日本についても，中国に有利な要素はたくさんある。

中国の不透明な将来

　それよりも，むしろ，最大の不確定要因は，実は中国自身なのかもしれない。

　なぜなら，今や中国の内部は矛盾だらけといっていいからだ。官僚の汚職がはびこり，貧富の格差が拡大している。今は経済成長がうまくいっているからいいが，将来中国の成長が止まるようなことがあれば，国民の不満が爆発して，混乱が起きる可能性は小さくない。

　外交面でも不確定要因は多い。そもそも中国がアメリカの「覇権」に本気で挑戦する意図があるのかどうかも，実のところはっきりしない。たぶん中国自身もまだ決めていないのだろう。

　例えば，中国政府は「中国は脅威にはならない」と再三再四いっているのだが，国民の中には過激なナショナリズムの主張が増えてきている。台湾問題で揉めたらアメリカに核爆弾を落とすとか，そういう過激な発言すら伝えられている。だから，外国の「中国脅威論」は，いつまでたってもなくならない。とはいえ，中国を「脅威だ，脅威だ」と責めてばかりいたら，逆ギレして本当に

「脅威」になってしまう、と心配する人もいる。実に複雑だ。

このように中国の将来は、東アジアの国々にとって魅力あふれるパートナーとなる可能性もあり、また暴力的な「脅威」となる可能性もあるが、その両方に失敗して弱体化する可能性もある。非常に不透明なのだ。チャンスも大きいがリスクも高い。だから、われわれに必要なのは、脅威だチャンスだといたずらに騒ぎ立てるのではなく、極力冷静になって、中国の対東アジア外交を観察することだろう。

参考文献

天児慧「新国際秩序構想と東アジア共同体――中国の視点と日本の役割」『国際問題』538、2005年1月号。

五十嵐暁郎・佐々木寛・高原明生編『東アジア安全保障の新展開』明石書店、2005年。

石田収『中国の大戦略――誰も書かなかった中国の深層』光人社、2006年。

伊藤剛「中国の東アジアにおける『地域主義』」『海外事情』54-4、2006年4月。

黒柳米司編『アジア地域秩序とASEANの挑戦――「東アジア共同体」をめざして』明石書店、2005年。

国分良成編『中国政治と東アジア』慶應義塾大学出版会、2004年。

清水美和『中国が「反日」を捨てる日』講談社+α新書、2006年。

朱建栄「中国はどのような『東アジア共同体』を目指すか」『世界』2006年1月号。

松本はる香「『東アジア共同体』構想の行方と中国外交」『アジ研ワールド・トレンド』123、2005年12月。

Nicholas Khoo, Michael L. R. Smith and David Shambaugh, "Correspondence: China Engages Asia? Caveat Lector," *International Security,* Vol. 30, No. 1, Summer 2005.

David Shambaugh, "China Engages Asia: Reshaping the Regional Order," *International Security,* Vol. 29, No. 3, Winter 2004/05.

第5章　日本の対東アジア外交

はじめに

　1957年の第1回の外交青書においては、日本の外交3原則が示されている。第一は国連中心主義、第二は自由主義諸国との協調、第三はアジアの一員としての立場である。しかし、戦後の日本外交は第2番目の日米基軸が強調されるあまり、第3番目の柱のアジア外交はビジョンと戦略を欠如していたといわざるをえない。もちろんそこには、日本外交の制約要因が存在した。1つは、過去の侵略の歴史があるために、積極的な政治的アプローチができなかったことである。2つ目は、日本の戦後の路線は、経済中心主義であったので、外交も経済外交が中心的な位置を占めていたことである。こうした制約要因を考慮しつつも、「アジアにおける日本」としての存在意義を保つためにも、日本は2国間関係のみならず、「東アジア共同体」の構築といった多国間の枠組みの形成を視野に入れて外交を展開すべき時にきているといえよう。本章では、その点を考慮しつつ、日本の中国、朝鮮半島そして東南アジアに対する戦後外交の経緯に触れることにする。なおここで使用する「東アジア」とは、日中韓の「東北アジア」と「東南アジア」を合わせたものである。

1　日本の対中国外交

中国敵視政策

　吉田茂内閣は、1949年に中華人民共和国が成立し、東アジアにおいて冷戦が進行する中で、アメリカの圧力もあり、1952年4月28日に、台湾の国民党政府

を「中国を代表する唯一の合法政府」と見なし，中華民国（台湾）と日華平和条約を結んだ。吉田自身は中国との国交回復を視野に入れていたが，冷戦が進行する当時の国際情勢では時期尚早であった。こうした中国敵視政策は，佐藤栄作内閣（在任1964～72年）まで続いた。佐藤政権は，1971年秋の国連総会において，「台湾の国連からの追放は国連総会の2／3を必要」とする「逆重要事項」の共同提案国となり，中国が猛反発していた。

日中国交回復

中ソ対立が激化し，「多極化」が進展する中で，アメリカのニクソン政権はソ連を牽制するために中国に接近する方針を定め，1971年7月9日に当時のキッシンジャー特別補佐官が秘密裏に北京を訪問，7月15日にニクソン訪中を全世界に向けて発表した。日本の佐藤首相に知らされたのは発表の数分前という，第1次「ニクソン・ショック」の発生である。1972年2月にニクソン大統領は北京を訪問して，中国は一つであるという米中共同宣言（上海コミュニケ）を発表した。

こうした国際情勢の推移を利用しながら日中国交回復を成し遂げたのは1972年7月に首相に就任した田中角栄であった。彼は電撃的に日中国交回復の交渉を始め，「日中復交3原則」に基づいて，1972年9月29日に，「日中共同宣言」に調印し，国交回復を成し遂げた。「日中復交3原則」とは，第一に中華人民共和国を唯一合法とする一つの中国を認める，第二に台湾は中国の一つの省であり，台湾問題は内政問題であることを認める，第三に日華条約を廃棄することである。日本政府は現在においても，「一つの中国」の立場に立ち，台湾を国家としては認めていない。田中は，日中国交回復に先立って1972年8月8日に，ハワイで日米首脳会談を開き，アメリカ政府の支持を取りつけていた。アメリカが支持を与えたのは，中国が日米安全保障条約の廃棄を主張しなかったからである。ちなみにアメリカが中国と国交回復したのは1979年1月1日であった。

1976年12月に成立した福田赳夫内閣は，改革・開放を進める鄧小平指導下の中国と1978年7月に日中平和友好条約を締結した。また次の大平内閣は，1979年に中国にODA（政府開発援助）を供与し始め，その総額は2002年までに約3

兆円に達している。

日中間の懸案事項

しかし，1982年と86年の教科書問題，そして1985年8月15日の中曽根首相の靖国神社参拝，そして1989年に起きた天安門事件などで日中関係は冷え込んだ。しかし日本は，中国のアジアでの孤立を避けるために，1994年のARF（ASEAN地域フォーラム）に中国を迎え入れたり，中国のWTO加盟（2001年12月実現）を一貫して支持してきたのである。しかし，小泉首相の度重なる靖国神社参拝や安保理の常任理事国への日本の立候補などによって，両国関係は悪化し，首相レベルの相互訪問は2000年10月以来，途絶えている状態である。2004年8月に中国で行われたサッカーのアジアカップにおける反日感情の爆発はすさまじいものがあったし，2005年には反日運動が展開された。日中間には，靖国神社参拝問題をはじめ，尖閣列島の領有権の問題，「春暁ガス田」での採掘をめぐる軋轢，台湾問題，中国の軍事力増強と海洋進出による脅威，ODAの見直しなど，問題は山積している。こうした難問を解決し，いかに多国間の協調や協力の枠組みを構築していくかが，今後における日本の中国外交の課題であるといえよう。「政冷経熱」の状態にある日中関係をいかに「政熱経熱」に持っていくかが重要である。中国にとって日本が，また日本にとっても中国が世界第1の貿易相手国である以上，「共存共栄」が両国間の取るべき道であろう。

中国外交の転換

1997年のアジア通貨危機以来，中国はアジア地域における多国間の枠組みを重視し始め，積極的に地域主義に乗り出していった。いわゆる中国外交の転換である。日本は東南アジア諸国とのFTA（自由貿易協定）交渉においても中国に後れを取っている。2001年に中国はASEAN諸国と2010年までに関税ゼロの自由貿易協定を締結することを約束し，2002年には包括的な経済協力枠組み協定に調印した。日本は，こうした多国間の枠組みづくりにおいてどこまで中国と協力できるかが今後の鍵となろう。中国と「東アジア共同体」構築をめぐって競合するのではなく，協調することが大事である。

台湾問題

中国との関係で最も大事なのが台湾問題である。日本外交が中国の「一つの中国」路線に従い，台湾と断交しているとはいえ，台湾海峡は日本の安全保障やシーレーンにとっても最大の関心事であり，事実上は中国の軍事的脅威に対抗する形で米国―日本―台湾の連携が進められている。1997年9月に日米で合意された「新ガイドライン」は，「周辺有事」に関する日本の米軍に対する後方支援を定めたものであったが，「周辺有事」が朝鮮半島のみならず台湾問題（つまり中国による台湾の軍事的統一）を対象としているといっても過言ではないだろう。

2　日本の対朝鮮半島外交

日韓基本条約

1945年8月の日本敗戦後，1948年に朝鮮半島に大韓民国（韓国）と朝鮮民主主義人民共和国（北朝鮮）の分断国家が成立した。そして1950年に朝鮮戦争が勃発し，1953年に休戦協定が締結された。アメリカは，ソ連や中国といった共産主義諸国と対決するためにも，韓国との国交回復を進めるように日本に圧力をかけた。交渉は1951年9月のサンフランシスコ講和条約締結以降行われたが，「日本の36年の統治は，韓国にとって良い面もあった」とする久保田発言などもあり，難航したが，1965年に日韓基本条約が調印され，国交回復が実現した。日韓基本条約の第3条において，日本は韓国が「朝鮮にある唯一の合法政府」であることを承認したが，その際日本側は韓国が実効支配している地域を考えていたのに対し，韓国政府は朝鮮半島全体を考えるという解釈の相違が存在した。日本側の解釈は，北朝鮮との国交回復を将来的に視野に入れていたことによる。基本条約と一緒に締結された「日韓請求権協定」においては，韓国側が対日請求権を放棄する代わりに，日本は5億ドルの経済援助を実施することが取り決められた。この条約に，ソ連，中国，北朝鮮は反発し，北朝鮮は「朝鮮人民は，日本政府に対し，賠償請求権をはじめとする諸般の権利を引き続き保有し，今後いつでもこの当然の権利を行使する」という声明を発表した。これ

に先立つ4年前の1961年に北朝鮮は中国とソ連と「友好協力相互援助条約」を結んでいたため，日韓基本条約の成立によって，冷戦構造が強化されるに至った。

米中接近の朝鮮半島への影響

韓国も北朝鮮も「一つの朝鮮」に固執し，韓国と北朝鮮と同時に国交を持つことを諸外国に認めようとしなかった。しかしこうした分断の固定化を揺り動かしたのが，1971年7月のニクソン訪中の発表であった。これに危機感を抱いた北朝鮮は，韓国や日本に対する態度を軟化させた。南北対話が進展し，1972年7月に韓国と北朝鮮は，南北共同声明を発表し，1973年6月には韓国の朴大統領が，「平和統一外交政策宣言」を発表し，事実上，「二つの朝鮮」を承認し，国連の同時加盟の可能性に言及したのである。こうした進展にもかかわらず，韓国と北朝鮮の間においては，1983年10月の韓国の全斗煥大統領を狙ったラングーン爆弾テロ事件，1987年11月の大韓航空機爆破事件など一触即発の可能性が絶えなかった。

北方外交

1988年2月に発足した盧泰愚政権は，精力的に「北方外交」を展開し，1990年9月ソ連と国交回復を行い，1992年には中国との国交を回復した。また1990年に「南北首相会談」を行い，1991年に南北同時国連加盟を実現した。また，1991年12月に「南北基本合意書」ないし「朝鮮半島非核化共同宣言」に調印した。これ以降，北朝鮮は日本に対しても，国交回復の条件として日韓基本条約を破棄することを求めなくなった。

小泉政権の対北朝鮮外交

1991年に始まった日朝交渉はその後中断されていたが，2002年9月に小泉首相が電撃的に訪朝し，「日朝平壌宣言」に調印し，国交正常化交渉を本格化させることに合意した。この会談で，北朝鮮側は拉致の事実を認め，拉致被害者5人の帰国が実現した。この宣言では，日本の植民地支配の謝罪が行われると同時に，朝鮮半島の核問題の解決のための国際的合意の遵守，ミサイル発射実

験の凍結が明記された。これは1993年5月に中距離ノドン・ミサイルが能登半島沖に打ち込まれたり，1998年にはテポドン・ミサイルが三陸沖の公海に発射されたりして，日本の安全保障が著しく脅かされる事態が生じていたからである。小泉首相は2004年5月に2度目の訪朝を行い，拉致家族の5人の帰国が実現した。小泉首相の訪朝以降，何度となく日朝国交正常化交渉が行われたが，拉致問題の解決がネックとなり，妥結の見通しは立っていない。2006年7月北朝鮮は「日朝平壌宣言」に違反して，テポドン・ミサイルを含む7発のミサイルを発射した。

6者協議

「日朝平壌宣言」の後に北朝鮮は，核開発を行っていることを正式に認め，2003年1月にNPT（核不拡散条約）から脱退した。この問題の解決のため，2003年8月から6者協議（日本，米国，ロシア，中国，韓国，北朝鮮）が断続的に行われ，体制保障とエネルギー資源の供与を求める北朝鮮と検証可能な核開発の先行放棄を求めるアメリカとの間で2005年9月いったん妥協が成立したが，その後具体策をめぐって「6者協議」が中断し，依然として核問題は未解決である。日本外交の基本方針は，多国間協議の枠組みの中で，拉致問題を解決し，北朝鮮の核開発を止めさせることにある。ただ，北朝鮮との強いパイプを持ち，食糧や重油を供与している中国，北朝鮮に対して「太陽政策」を続けて北朝鮮を刺激したくない韓国と，北朝鮮に対して強硬な態度で臨もうとするアメリカや日本との間に齟齬が存在するのも事実である。ただ北東アジアにおいて「6者協議」という多国間の枠組みがあること自体は，後に述べるARF（ASEAN地域フォーラム）同様，体制の異なる国同士の信頼醸成の場として有益であるといえよう。

懸案の諸問題

北朝鮮との間には，拉致問題，核問題，ミサイル問題など解決を要する問題が多いが，韓国との間にも，小泉首相の靖国神社参拝問題や竹島の帰属問題などが両国間の懸案の問題として横たわっている。また北朝鮮には「太陽政策」

を取り続けるが，日本に対しては厳しい姿勢を崩さない盧武鉉政権と日本政府との間では北朝鮮に対するアプローチの相違が存在する。いずれにしろ将来における「東アジア共同体」の建設には，北朝鮮問題の解決が不可欠であろう。

3　日本の対東南アジア外交

大東亜共栄圏

「東アジア共同体」を考えるに際して，戦前の「大東亜共栄圏」の存在を忘れてはならない。「大東亜共栄圏」とは，松岡洋右の言葉で，西欧の植民地勢力をアジアから駆逐し，「共に栄えていく」広域を意味した。1940年7月26日に初めて第2次近衛内閣の「基本国策綱領」において，「大東亜新秩序」建設が盛り込まれ，1943年4月に重光葵が東条英機内閣の外相に就任した後に，戦争目的として主張した。「日本の戦争目的は，東亜の解放，アジアの復興であって，東亜民族が植民地的地位を脱して，各国平等の地位に立つことが，世界平和の基礎であり，その実現がすなわち戦争目的であり，この目的を達成することをもって日本は完全に満足する」。1943年11月には，日本，満州国，中華民国（汪兆銘の南京政府），タイ，フィリピン，ビルマ，自由インドの代表が東京に集まり，大東亜会議が開催され，「大東亜共同宣言」が出された。しかし，マレーシアとインドネシアは日本に併合されたまま，独立を認められなかった。また1944年3月には，仏領インドシナを日本が武力処理し，仏領インドシナのベトナム，カンボジア，ラオスがフランスから独立した。しかし，敗戦によって，「大東亜共栄圏」はもろくも崩壊したのである。

吉田・岸・佐藤政権の外交政策

戦後における日本と東南アジア諸国との関係は，賠償交渉からスタートした。吉田政権は1953年12月に「東南アジア経済協力」に関する基本方針を策定し，賠償問題の解決を通しての経済協力の道を決定した。岸首相は，吉田路線を受け継ぎ，戦後初めて1957年に首相として東南アジア歴訪を行った。岸首相の時に，外務省は1957年に「外交青書」でアジアへの経済外交を方針として掲げ，

通産省は1958年の「経済協力白書」において，東南アジア諸国との経済協力の推進を明記した。各国に対する賠償支払いは，1950年代と60年代にビルマ，フィリピン，インドネシア，ラオス，カンボジアなどに対して行われた。賠償は，金銭ではなく，生産物とサービスの提供という形で行われ，物資は日本の企業から調達されたので，日本の経済復興の手段として使われた。日本にとって，東南アジア諸国は，資源獲得と製品輸出の市場として位置づけられるようになり，ODAもその手段として供与された。佐藤政権は，地域経済協力を積極化させ，1966年に「東南アジア開発閣僚会議」を設置した。

ASEAN（東南アジア諸国連合 Association of Southeast Asian Nations）

ベトナム戦争が行われている1967年8月にインドネシア，マレーシア，フィリピン，シンガポール，タイの5カ国によってASEANが地域協力機構として設立された。後に1984年ブルネイ，1995年にベトナム，1997年にラオスが加盟，そして1999年にミャンマー，カンボジアが加盟し，現在10カ国になっている。ちなみにASEANが結成されてからASEAN加盟国間では一度も国家間の武力紛争は起きていない。1971年には，「東南アジア平和・自由・中立地帯宣言」（Zone of Peace, Freedom and Neutrality Declaration: ZOPFAN）が出され，1976年にはASEANの安全保障を目的として，「東南アジア友好協力条約」（Treaty of Amity and Cooperation in Southeast Asia: TAC）が締結された。そして1995年12月にASEAN諸国は，東南アジア非核化条約に調印した。

ところで，日本はASEANの設立に対してどのような態度を取ったのだろうか。ASEAN設立の目的がベトナム戦争，そして冷戦に巻き込まれないようにという中立的立場であったのに対して，日本はベトナム戦争に加担していなかったが，アメリカ機軸の立場であったので，日本政府ないし外務省は当初ASEANの成立には懐疑的ないし否定的であった。

田中政権の外交政策

田中政権は，1972年9月に日中国交回復を成し遂げた後に，1973年9月21日に北ベトナムとの国交回復を成し遂げた。この時は，まだベトナム戦争が戦わ

れており，アメリカはこの国交回復には反対であったので，日本は独自外交を展開したわけである。日本は，北ベトナムに135億円の無償援助を行った。1975年4月，サイゴンは陥落し，ベトナム戦争は終結し，統一されたベトナムが誕生した。

　田中政権は，中国や北ベトナムといった共産主義諸国との関係改善に成功したが，ASEAN諸国との間では，日本の経済外交の脆弱性を象徴する事件が起こった。1974年1月に田中首相が東南アジア諸国を歴訪した際に，タイとインドネシアにおいて反日運動が発生した。ジャカルタの中心街では日本車が焼き払われる事件が起きたが，この事件は，日本の経済中心主義外交に反省を迫るものであった。

福田ドクトリン

　福田首相は，ASEANを訪問し，1977年8月18日に福田ドクトリンを発表して，従来の経済中心主義外交からの転回を試みた。同時にこのドクトリンの背景には，1975年にベトナム戦争が終結し，インドシナ3国（ベトナム，ラオス，カンボジア）が共産主義化したという背景があった。福田ドクトリンは，第一に日本は，平和に徹し，軍事大国にならないこと，第二に東南アジア諸国の真の友人として，「心と心の触れ合う」相互信頼関係を構築すること，第三にASEAN強化の自主的努力に協力し，インドシナ諸国との間に相互理解に基づく関係を構築することをうたっている。福田ドクトリンの第三の原則は，日本がASEANとインドシナ諸国との関係改善の橋渡しをすることを視野に入れていた。これは，従来の経済中心主義外交にはなかった視点であり，日本の独自外交を特徴づけるものである。1978年6月には園田外相の提唱によって最初の日本・ASEAN外相会議が開催され，それが「拡大外相会議」に発展した。また1978年7月から始まった先進国サミットにおいて，日本は先進国とASEAN諸国の橋渡しをしようと試みた。

大平首相の環太平洋連帯構想

　日本外交がASEANを越えた枠組みとして，環太平洋連帯構想を打ち上げ

たことは，従来の発想を超える画期的な試みであった。この構想のパートナーとして想定されていたのは，ASEAN 諸国というよりは，オーストラリアやニュージーランドといったオセアニア諸国であった。こうした環太平洋構想は，APEC として結実することになる。

APEC（Asia Pacific Economic Cooperation アジア・太平洋経済協力会議）

1989年11月，オーストラリアの主導の下に，APEC（アジア・太平洋経済協力会議）が誕生した。現在参加国は，日本，中国，韓国，ブルネイ，インドネシア，マレーシア，タイ，フィリピン，シンガポール，ベトナム，オーストラリア，ニュージーランド，米国，カナダ，ロシア，メキシコ，ペルー，チリ，パプア・ニューギニア，香港，台湾という19カ国，2地域からなる協議体に拡大している。この機構は主に，貿易・投資の活性化，経済・技術協力を目的としたものである。APEC に示されているような環太平洋諸国家による多国間の関係を重視するか，それとも後に述べる ASEAN＋3 という「東アジア共同体」の枠組みを優先するか，日本は選択を迫られているといえよう。前者は海洋国家日本の選択すべき道であり，後者は大陸国家日本の歩むべき道とされる。

AFTA（ASEAN 自由貿易地域）

1992年に発足。資本と貿易の自由化を目的としており，将来的には域内の関税の撤廃を目指すが，現在のところ，域内の6カ国においては，2003年に関税が5％以内となっている。さらに，ASEAN は，投資の自由化，熟練労働者の自由移動を進めることを目標として挙げている。現在，シンガポール，マレーシア，タイ，フィリピン，インドネシア，ブルネイの6カ国の域内関税は，5％以下であり，ベトナム，ラオス，カンボジア，ミャンマーについても，域内関税を今後同レベルまで引き下げる予定である。

EAEC 構想

1990年にマレーシアのマハティール首相は，「東アジア経済グループ」（EAEG）を提唱したが，1992年に EAEG は「東アジア経済協議体」EAEC

(East Asia Economic Caucus) と名前を変えた。彼は，1981年に首相に就任し，「ルック・イースト」政策を推進した。EAEC の範囲は日中韓＋ASEAN 諸国を想定したものであった。この構想は日本のリーダーシップに期待し，アメリカを排除していたので，日本政府にとって日米機軸という外交路線に抵触するものと考えられた。1993年10月に ASEAN 経済閣僚会議が EAEC の参加国を ASEAN 諸国と日本，中国そして韓国に決定し，正式に3国に対して参加要請をしたにもかかわらず，アメリカの反対で日本はこの構想に不参加を表明したのである。アメリカの反対の表向きの理由は，EAEC が APEC と両立しないというものであった。日本の「自主外交」の限界を痛感させられた出来事であった。こうした日本の中途半端さと対米追随主義は東南アジア諸国の不信を買った。しかしマハティール構想は，後の「東アジア共同体」構想の先駆けとなった。

宮沢内閣

日本は，1991年のカンボジア紛争の停戦に伴い，PKO 法案を可決し，カンボジアにおいて平和維持活動（PKO）を展開した。経済的支援のみならず，人道・復興支援において人的貢献を行うことを決定したのである。宮沢首相は，1993年1月に ASEAN 諸国を歴訪して，「宮沢ドクトリン」を提唱した。そこには，経済協力のみならず，日本の政治・安全保障の役割も盛り込まれていた。

(1) アジア太平洋の平和と安定の強化のため，域内の政治・安全保障対話を促進し，将来の安全保障の新秩序づくりに日本が積極参加する。
(2) アジア太平洋地域の経済の開放性を今後とも推進し，活力ある経済発展を推進する。
(3) 民主化の推進や開発と環境の両立など，人類普遍の課題に共同して取り組む。
(4) インドシナの平和と繁栄の構築のため，日本と ASEAN 諸国が連携して協力する。

そして，武藤嘉文外相は，ASEAN 拡大外相会議を発展させた安全保障のフォーラムを1993年7月に提案し，それが ASEAN 地域フォーラム（ARF）に発

展した。

ASEAN地域フォーラム（ARF：ASEAN Regional Forum）

1993年に，ASEAN拡大外相会議が開催され，ASEAN諸国に加えて，日本，中国，韓国，オーストラリア，ニュージーランド，アメリカ，カナダ，EU，ロシアの外相が参加した。ASEANは，1994年にこれらの国々をASEAN地域フォーラム（ARF）に招き，アジア安全保障問題を討議し始めた。信頼醸成，予防外交，非軍事的手段による紛争解決が目的である。ARFでは，ASEAN諸国の外相が持ち回りで議長を務め，議長声明が会議後に出されるなど，ASEAN主導が確保されている。しかし，紛争解決の能力を持つまでに至っていない。参加国は，23カ国＋1地域で，ASEAN＋3，インド，パキスタン，オーストラリア，ニュージーランド，アメリカ，カナダ，ロシア，パプア・ニューギニア，モンゴル，北朝鮮，EUであった。なお当初中国は，このARFに消極的な姿勢を見せたが，1997年には日米同盟強化の批判を意図して，ARFがこの地域の安定に貢献すべきだと論じた。

なお，1995年に域内10カ国首脳によって，東南アジア非核兵器地帯条約（SEANWFZ：Treaty of Southeast Asia Nuclear Weapon-Free Zone）が締結された。

ASEM（アジア欧州首脳会議 Asia-Europe Meeting）

1996年にシンガポールのゴー・チョクトン首相の提唱により，EU加盟国15カ国と，欧州委員会と，アジア10カ国（ASEAN7カ国と日本，中国，韓国）により，ASEMが設立された。

アジア通貨危機

1997年7月にタイのバーツの暴落を皮切りに，マレーシア，フィリピン，インドネシア，韓国にまで通貨危機が波及した。IMFによる救済が困難となる中で，日本は「宮沢構想」を打ち出し，アジア版のIMFであるアジア通貨基金「Asian Monetary Fund」を提唱し，通貨危機を打開しようと試みたが，アメリカと中国の反対で日の目を見なかった。アメリカが日本の独自路線を恐

れた顕著な事例である。1998年10月に，日本は「新宮沢構想」を発表し，インドネシア，マレーシア，フィリピン，タイ，韓国の5カ国に対して300億ドルの支援を行うことを表明した。また，2000年のタイのチェンマイで開催された第2回ASEAN＋3の蔵相会議において，8カ国のスワップ協定であるチェンマイ・イニシアティブを実現した。ちなみに通貨危機を引き金にして，ASEAN諸国は，1997年12月にASEAN首脳会議において，北東アジアの3経済大国である日本，中国，韓国をパートナーとするASEAN＋3の首脳会議を制度化し，通貨，金融危機を克服しようと試みた。

東アジア共同体

　小泉首相は，2002年1月にシンガポールで「東アジア・コミュニティ」(East Asian Community) 構想を発表。ここでは，「東アジア・コミュニティ」の中に，オーストラリア，ニュージーランドを含めており，中国と韓国について言及がなされていなかった。しかし，ASEANの見解は，ASEAN＋3であった。2003年12月に開催された日本・ASEAN特別首脳会議の「東京宣言」でも「東アジア共同体」がうたわれた。さらに，2004年9月に，小泉首相は，国連総会一般演説において，「ASEAN＋3」の基礎の上に立って，「東アジア共同体」構想を提唱していることを宣言した。そして，2004年11月にASEAN＋3のラオスのビェンチャン会議が開催され，2005年12月にはASEAN＋3のクアラルンプール会議，そしてそれに続いてインド，オーストラリア，ニュージーランドを含めた東アジア・サミットが開催された。

　日本は，「東アジア共同体」の中にインド，オーストラリア，ニュージーランドといった民主主義諸国を入れて，中国の影響力を牽制したい意向であるが，中国はASEAN＋3を基本に考えているという相違が存在する。現状は，「東アジア共同体」のリーダーシップ争いを日中が行っている状態であるが，この中核となるのがASEAN諸国であることを忘れてはならない。FTA（自由貿易協定）やEPA（経済連携協定）に関しては，ASEANと中国，日本，韓国が個別的に協定を結ぶ予定である。日本はさらにASEANの各国と個別的に交渉を行っている。

「東アジア共同体」のみならず，APEC, ARFといった多国間の枠組みは，そのすべてがASEAN＋3＋アルファの形で進んでおり，東アジアの地域協力の中心がASEAN諸国であることは明白である。ASEANは，こうした地域における中核メンバーであり，地域統合の積極的な役割を果たすべき存在である。

おわりに

日本は東アジアにおいて，2国間の外交を展開するだけではなく，「東アジア共同体」を視野に入れた多国間の外交を積極的に展開すべき時にきている。「東アジア共同体」は，中華秩序，西欧列強の植民地支配，そして「大東亜共栄圏」などの覇権国家による支配ではなくて，平等な立場での自発的な共同体形成を目指すべきである。その意味において，日本や中国が多国間の協力の枠組みに積極的に貢献すると同時に，ASEANといった小国連合が「東アジア共同体」の要に位置することが，重要である。

参考文献

五百旗頭真編『戦後日本外交史』有斐閣アルマ，1999年。
井上寿一「戦後日本のアジア外交の形成」『日本外交におけるアジア主義』年報政治学，1998年。
須藤季夫「日本外交におけるASEANの位置」『ASEAN全体像の検証』年報国際政治116号，1997年。
添谷芳秀・田所昌幸編『日本の東アジア構想』慶應義塾大学出版会，2004年。
高原明生「東アジアにおける多国間主義」『多国間主義の検証』年報国際政治，133号，2003年。
谷口誠『東アジア共同体──経済統合のゆくえと日本』岩波新書，2004年。
西川吉光『日本の外交政策』学文社，2004年。
宮下明聡・佐藤洋一郎『現代日本のアジア外交』ミネルヴァ書房，2004年。
山影進編『東アジア地域主義と日本外交』日本国際問題研究所，2003年。
『東アジアの地域協力と安全保障』年報国際政治，135号，2004年。

第6章　東アジア共同体構想と米国のプレゼンス
―― 経済協力・安全保障・民主主義 ――

はじめに

　「東アジア共同体」をめぐる論議はここ2，3年急速に本格化してきたが，同時に誰が共同体の構築の舵取りをするのか――地域統合の中核たるASEANか，東アジアの経済大国・日本か，新世紀を迎え台頭著しい中国か――その主導権争いが注目を浴びてきた。一方，東アジアに圧倒的な軍事的経済的プレゼンスを持つ米国は，ブロック経済化しかねない共同体論議の行方に関心を寄せ，中国の影響力の増大に警戒心を抱いてきた。そうした中で，2005年末マレーシアで開催されたのが東アジア・サミットであった。参加国は旧来のASEAN10＋日・中・韓に加えてインド，オーストラリア，ニュージーランドであった。
　本章は，まず前史として共同体構想が浮上するに至った東アジアの地域協力や経済発展の流れを概観し，次に東アジア・サミットの開催に至る経緯やASEAN＋3の思惑，さらにはサミットの焦点とその問題点を考察する。さらに，米国がこうした東アジアの地域統合の動きにどのように関与し反応してきたかを，経済協力，安全保障，民主主義の観点から検討し，東アジア共同体構想の今後を展望しようするものである。

1　前史――東アジア共同体構想への歩み

冷戦下のASEAN設立と東アジアの経済発展
　今日，東アジア共同体構想の推進力となっているASEAN（東南アジア諸国連

合）は欧州共同体（EC）と同じ1967年に設立された。加盟国はインドネシア，マレーシア，フィリピン，シンガポール，タイの5カ国で，親米反共的性格を持っていた。当時はインドシナではベトナム戦争の戦火が拡大し，米国にとって戦局は泥沼化しつつあった。69年米ニクソン政権が発足すると，ソ連とのデタントを進め，ベトナム戦争の内戦化や国内経済の再建に努めた。72年訪中し，中国への接近を図るとともに，ベトナム和平の道を探ったが，75年サイゴンが陥落し，北ベトナム・解放戦線側が勝利し，南北ベトナムが統一された。

　ASEANは，域内の経済社会基盤の確立と国家開発を目指したが，当初外交関係に留まり，経済協力が開始したのはほぼ10年を経てからであった。ベトナム戦争終結の翌76年ASEAN首脳会議が初めてインドネシアで開催され，東南アジア友好協力条約（TAC）が採択された。域内の主権尊重，内政不干渉，紛争の平和的解決をうたい，ASEAN外交の基軸となった。経済面では，70年代以降日本の投資が増大し，ASEANにとっても日本は主要輸出先となっていた。77年日本・ASEAN首脳会議がマレーシアで開催され，経済協力・文化交流関係の促進がうたわれた。ASEAN5カ国のうち，まずリー・クワンユーのシンガポールが発展し，80年代に入ってマハティールのマレーシアが続いた。

　他方，北東アジアでは，日本が60年代末に世界第2位の経済大国に成長を遂げていたが，続いて，開発独裁体制を取る韓国，台湾が70〜80年代にNIEs（新興工業経済群）の優等生として経済発展を遂げた。主要な輸出先は米国や日本市場であった。一方，中国は60年代後半の「文化大革命」の後遺症に苦しんだが，毛沢東の死後，70年代末に鄧小平が「改革開放」路線に転じ，近代化の道に踏み出した。しかし，89年共産党独裁体制下にあって，民主化を求める学生や市民らによる「天安門事件」が発生すると，軍によって武力弾圧された。西側諸国は経済制裁を行い，経済成長は頓挫した。

冷戦の終焉と東アジアの地域協力の進展

　第2次世界大戦後長きにわたった米ソ冷戦は89年ベルリンの壁の崩壊によって終焉した。西側自由主義陣営が勝利し，ソ連社会主義陣営は解体し，米国の一極支配が出現した。その結果，世界の政治経済は民主主義と市場経済のグロ

208　第Ⅱ部　東アジア共同体の建設

図Ⅱ-6-1　東アジアの国際的枠組み

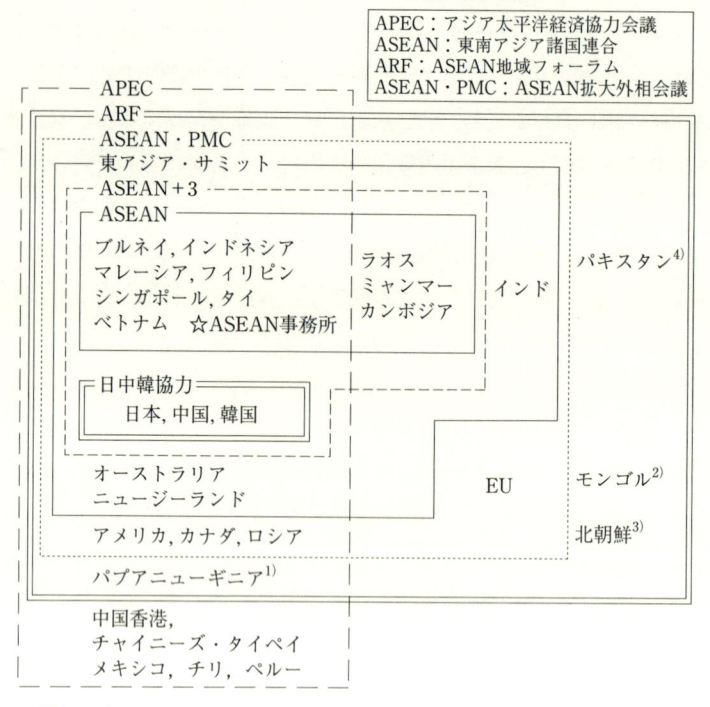

```
                    APEC：アジア太平洋経済協力会議
                    ASEAN：東南アジア諸国連合
                    ARF：ASEAN地域フォーラム
    ─── APEC ───   ASEAN・PMC：ASEAN拡大外相会議
    ─ ARF ─
     ─ ASEAN・PMC ─
      ─ 東アジア・サミット ─
       ─ ASEAN+3 ─
        ─ ASEAN ─
         ブルネイ,インドネシア    ラオス
         マレーシア,フィリピン    ミャンマー    インド    パキスタン[4]
         シンガポール,タイ       カンボジア
         ベトナム  ☆ASEAN事務所

        ─ 日中韓協力 ─
         日本,中国,韓国

         オーストラリア                      モンゴル[2]
         ニュージーランド         EU
                                            北朝鮮[3]
         アメリカ,カナダ,ロシア

      パプアニューギニア[1]

      中国香港,
      チャイニーズ・タイペイ
      メキシコ, チリ, ペルー
```

(注)　1）オブザーバーとして ASEAN 外相会議に出席。
　　　2）98年の第5回閣僚会合で参加承認。
　　　3）2000年7月の ARF に初参加。
　　　4）2004年7月の ARF に初参加。
(出所)　水本達也「東アジア共同体は実現するか」『世界週報』2005年3月29日号に加筆修正。

ーバリゼーションによって大きく変容を遂げていった。89年先進国主導のAPEC（アジア太平洋経済協力会議）が発足した。これに対して，翌90年マレーシアのマハティール首相は「東アジア経済グループ」（EAEG）構想を提唱したが，排他的経済ブロックであるとして米国の反発を買った。一方，中国は92年鄧小平の南巡講話と社会主義市場経済への移行によって経済が再起動した。

　93年，域内経済統合を目指す ASEAN 自由貿易地域（AFTA）が発足し，一方，多国間安全保障の場として ASEAN 地域フォーラム（ARF）が誕生した。他方，ヨーロッパでは欧州連合（EU），北米では北米自由貿易協定（NAFTA）

が発足した。米国は冷戦後初の大統領クリントンの下で経済が回復し，90年代後半IT革命による未曾有の繁栄を見た。外交は人権や民主主義を標榜しながらも，人権抑圧下の中国に対して経済界の要請で最恵国待遇の更新を繰り返した。しかし，96年台湾の総統選挙を恫喝しミサイル発射した中国に対して空母を派遣し牽制した。他方，APECやNAFTAなど地域経済協力を推進した。

21世紀は「アジアの世紀」といわれ，80～90年代東アジア地域はタイ，インドネシアが続いて成長し，雁行型発展を遂げていった。ASEANもベトナムの加盟をはじめ拡大し，名実ともに東南アジア諸国連合となった（99年10カ国）。そうした目覚しい発展に冷水を浴びせたのが，97年タイで表面化し東アジアに波及した金融危機であった。日本でタイ支援国会議が開催され，「アジア通貨基金」構想が浮上した。また，ASEAN＋3（日本・中国・韓国）の第1回首脳会議がクアラルンプールで開催され，金融危機対策が話し合われた。これを契機に東アジア共同体構想論議が浮上し，本格化していった（図Ⅱ-6-1）。

2 東アジア・サミットと米国の反応

東アジア共同体構想と米・中・日の思惑

ASEAN＋3首脳会議は98年ハノイで開催され事実上定例化された。韓国金大中大統領は「東アジア・ビジョン・グループ（EAVG）」を提案し，設置が了承された。99年「東アジアにおける協力に関する共同声明」が発表された。ところで，2001年米国でイスラム過激派アルカイダによる「9.11同時多発テロ」が発生すると，発足間もないブッシュ大統領は対テロ戦争を強力に推進した。インドネシアをはじめイスラム教徒の多いASEANでも反テロ共同行動宣言が採択された。また同年，ASEAN＋3首脳会議にEAVGの報告書が提出され，東アジア・サミットの開催や東アジア自由貿易圏の形成が提言された。

中国も新世紀に入るや東アジア共同体構想を積極化し，01年ASEANとのFTA（自由貿易協定）交渉を開始し，また同年末WTO（世界貿易機関）への加盟が実現した。第2期クリントン政権は中国を戦略的パートナーと位置づけ，対中関与政策を取ったが，ブッシュ政権は中国脅威論を背景に敵対的ライバル

へと変更し,「封じ込めと関与」(congagement) の硬軟両用政策へと転換した。東アジア共同体構想に対しても米国を排除し中国主導で進行することに警戒感を示してきた。米国の戦略は米国以外に東アジアの地域秩序を主導する覇権国家の存在を許さないことにある。一方,中国は経済成長が共産党独裁の正統性原理となった今日,平和的国際環境は不可欠であり,米国の封じ込めに対抗しながらも協調外交を堅持してきている。

一方,日本は小泉政権が9.11テロ以降親密な対米協力関係を維持し続けているが,共同体構想への関心をアジア金融危機以降強めてきた。02年初頭小泉首相は東南アジアを歴訪し,「東アジア・コミュニティ」(共に歩み共に進むコミュニティ)構想を提唱し,対米配慮からオーストラリアらにも参加を呼びかけた。同構想は03年末日本・ASEAN特別首脳会談でも確認された。04年ASEAN＋3外相会議では共同体に向けた協力関係の強化がうたわれた。また,小泉首相は国連においても「東アジア共同体」構想を提唱した。こうした中,マレーシアでの第1回東アジア・サミットの開催が首脳会議で合意された。

これを契機に05年はサミットとASEAN＋3首脳会議との違い,サミット参加国の枠をめぐって各国の思惑がぶつかった(図Ⅱ-6-2)。米国はAPECがあるにもかかわらず,ASEAN＋3の枠組み以外にさらに東アジア・サミットを設置することに警戒感を示し,その背後に中国の隠された意図を感じ取った。そうした米国に配慮し米参加を模索する日本,サミットの主導権を握りたい中国,主導権を失いたくないASEANとの間で駆け引きが展開された。その結果,ASEAN＋3以外の国の参加条件として東南アジア友好協力条約に加盟ないし合意していることが課せられた。不加盟の米国ははずれたが,中国の存在感への警戒からインド,オーストラリアなどが参加することになった。

東アジア・サミットの焦点とその問題点

2005年12月14日マレーシア・クアラルンプールで初の東アジア・サミット(EAS)が開催された。参加国はASEAN10カ国と日本,韓国,中国の3カ国,さらにインド,オーストラリア,ニュージーランドの16カ国であった。ロシアがゲスト参加し,米国は不参加となった。16カ国の枠組みは,従来のASEAN

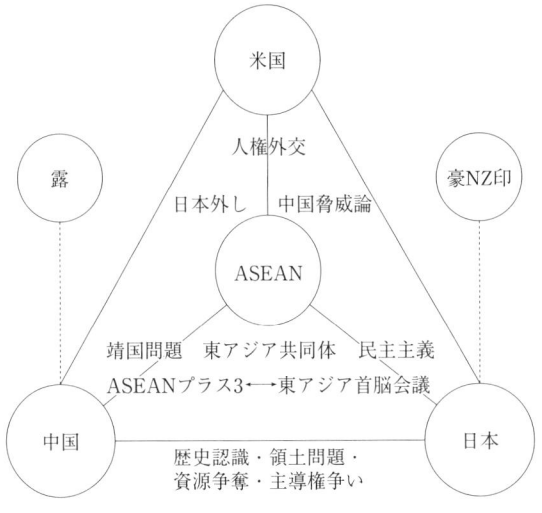

図Ⅱ-6-2　東アジア共同体をめぐる国際関係の構図

```
                        ┌──────┐
                        │ 米国 │
                        └──────┘
                      人権外交
   ┌────┐       日本外し │ 中国脅威論      ┌────────┐
   │ 露 │                                   │ 豪NZ印 │
   └────┘          ┌────────┐               └────────┘
                   │ ASEAN │
                   └────────┘
           靖国問題　東アジア共同体　民主主義
           ASEANプラス3 ←→ 東アジア首脳会議
   ┌──────┐                                  ┌──────┐
   │ 中国 │  歴史認識・領土問題・             │ 日本 │
   └──────┘  資源争奪・主導権争い             └──────┘
```

（出所）　黒柳米司「東アジア共同体と ASEAN」『国際問題』
　　　　　2006年5月号。

　＋3を重視する中国にとってはサミットへの意欲をそぎ，拡大コミュニティ構想を主張してきた日本や，中国の影響力を薄めたい米国にとっては，いわば民主主義連合の参加は歓迎された。

　サミットの焦点は「将来の共同体づくりの枠組みをどうするのか」にあったが，これに先立ち12日 ASEAN＋3 首脳会議が開催され，首脳会議宣言では「ASEAN＋3 は東アジア共同体を達成するための主要な手段 (main vehicle)」と明記され，一方，東アジア・サミット宣言では，「東アジア・サミットがこの地域の共同体形成において重要な役割 (significant role) を果たしうる」と表現された。これら2つのクアラルンプール宣言からは，共同体構築への舵取りは ASEAN＋3 が主導的な役割を果たし，一方サミットは補完的脇役を担い，双方で行われることになったと解釈できる。

　日中の主導権争いや相互牽制，米国の影が見え隠れする中で，そのはざまにあって弱小国連合 ASEAN は「運転席」に座ることに成功した。会議外交に長けた調整力で，日中韓を一堂に会せしめ，「ASEAN 流 (Way)」で運営した。

宣言では，サミットは東アジアの平和，安定，繁栄の促進を目的とした対話フォーラム，また ASEAN を原動力として，開放的，包含的，透明で外部指向のフォーラムとされ，グローバルな規範と普遍的価値の強化がうたわれた。しかし，東アジアの範囲や共同体の概念，ASEAN＋3 とサミットの役割分担が明確でない，ミャンマーの民主化問題が脇に追いやられている，靖国参拝や歴史認識をめぐり日中韓に相互不信が存在する，安全保障の問題は米国抜きでは語れないなど，多くの問題点が今後の課題として残された。

3　東アジアの経済協力と米国の「開かれた地域主義」

米国主導の APEC とアジア金融危機の発生

　APEC は，EU の発展や米加 FTA の成立など1980年代に活発化した世界経済の地域主義的な動きを背景に，89年1月ホーク豪首相が提唱し，米国の支持を得て，11月発足した。第1回閣僚会合がキャンベラで開催され，当初加盟国は米・豪・加・日などの先進国と ASEAN 途上国の計12カ国であった（現在21カ国に拡大）。APEC はアジア太平洋地域の持続的発展に向けた協力を目的とした枠組みであり，地域の貿易と投資の自由化，円滑化，経済技術協力を柱とし，開かれた地域協力，多角的自由貿易体制の強化，WTO との整合性，アジア太平洋地域の多様性への配慮，コンセンサス主義などを基本原則としてきた。

　これに対して，90年末マレーシアのマハティール首相は「東アジア経済グループ」構想を発表した。この構想は当時の EC 中心の大欧州構想や NAFTA の進展に対抗してアジアの経済統合体の結成を意図していた。しかし，除外された米国はブロック経済化を目指すものとして強く批判し，日本・中国も参加しなかった。同構想は92年以降「東アジア経済協議体」構想へと切り替えられ，最終的には日の目を見ることなく終わった。

　93年米国主導で APEC 初の非公式首脳会議がシアトルで開催され，アジア太平洋地域の主要国の指導者が一堂に会した歴史的な会議となった。以後首脳レベルの会合が定例化され，94年ジャカルタでは，先進国と途上国を区別しながらも，2010年から2020年までの域内の貿易・投資の自由化目標を設定した

「ボゴール宣言」を採択し，翌年大阪でその具体化，行動指針が決められた。しかし，対外開放と非防御性を方針とし，協議外交によってコンセンサスを形成するという原則の下ではAPECはフォーラムにはなりえても，参加国に十分な動機と拘束力を与え，貿易と投資の自由化を達成するには至らなかった。97年のアジア金融危機で国際投機資本が各国に深刻な打撃を与えた際にも対応策は協議したものの，その弱点が露見し十分な役割が果たせなかった。

危機後のASEANと中国の台頭・米国の警戒

1997年7月アジア金融危機が発生した。震源地タイへの支援国会議が東京で開催され，「アジア通貨基金」構想が浮上したが，米国主導のIMF（国際通貨基金）とそれに同調した中国によって潰された。同年末，第1回ASEAN＋3首脳会議がマレーシアで開催され，日本の役割に期待感が表明された。翌年日本は「新宮沢構想」を発表し，以後総額800億ドルの支援を行い，東アジアの経済回復に寄与した。99年首脳会議は「東アジアにおける協力」に関する初の共同声明を出し，取り組むべき分野として経済・社会・政治・安全保障の包括的な協力を宣言した。金融危機はASEANと日中韓3国を結びつけ，その後首脳会議は定例化され，閣僚会議も開催された。2000年蔵相会議は金融危機の再発に備え「チェンマイ・イニシアティブ」（通貨スワップ協定）に合意した。

金融危機を受けて，97年末，ASEANは「ASEANビジョン2020」を採択し，2020年までの共同体実現に向けた未来志向の協力を開始した。98年経済統合を促進するハノイ行動計画を設定し，02年ASEAN自由貿易地域が一応完成した。また，シンガポールをはじめ，域外と個別にFTAを締結する国が現れ，域内貿易依存率も輸出入ともに5割を超えて事実上の地域統合が進行した。そうした中，03年安全保障，経済，社会・文化の3共同体の形成を通じて「ASEAN共同体」の実現を目指すバリ・コンコード（協和宣言Ⅱ）を採択した。04年ビエンチャン行動プログラムは3共同体の目的を明確化し，その実現に向けた具体的措置に合意し，また加盟国間の格差是正をうたった。そして，05年クアラルンプール宣言では東アジア・サミットに先立ち，2020年統合への結束を強調し，ASEAN憲章の制定を決定した。

一方，90年代目覚しい高度成長を遂げてきた中国は金融危機を契機に地域協力への関心やASEANへの接近を強めた。2000年ASEANにFTAを提案し，01年WTO加盟を実現し，02年農業保護のため逡巡する日本を尻目にASEANと包括的な経済連携構想に調印した。こうした経済的台頭とそれに伴う中国の軍備拡張に対して，米ブッシュ政権内では中国脅威論が高まり，「封じ込めと関与」政策を取った。しかし，9.11テロ以降，中国との関係を改善し，グローバルな反テロ戦略に位置づけている。他方，中国胡錦涛政権も04年，中国脅威論を打ち消すべく，「平和的台頭論」を提起した。経済発展に不可欠な平和的国際環境を維持する戦略であり，米国との協調関係の維持に努めている。ただ米国は，経済的相互依存関係が深まる中，対中貿易で大幅な赤字を抱えている。こうした中で,「開かれた地域主義」を主張する米国は，東アジア共同体への動きが中国主導で進められ，その影響力が増大することに警戒を強めている。

4 東アジアの安全保障と米国の軍事プレゼンス

米国の軍事プレゼンスとASEAN地域フォーラム

冷戦時代，東アジアの安全保障秩序はソ連と対抗する米国との2国間同盟，「ハブとスポークのシステム」と東南アジア条約機構（SEATO）の，圧倒的な米国の軍事プレゼンスによって維持されていた。50～60年代，米国は朝鮮半島，台湾海峡，インドシナで共産主義と対抗し，朝鮮，ベトナムで戦火を交えた。そうした中で中国は各国の共産主義勢力を支援し，政権転覆や革命を画策した。65年米国は北ベトナムへの爆撃を開始したが，戦局は好転せず，泥沼化に陥り，75年戦争は終結した。反共軍事同盟SEATOは解体し，ASEANが代わって政治的結束を強め，中国の脅威に備えた。76年首脳会談で，領土保全，武力不行使をうたう東南アジア友好協力条約（TAC）を締結した。

米国はベトナム戦争で疲弊し，一方ソ連も計画経済が行き詰まり，79年のアフガン侵攻でさらに悪化した。85年ゴルバチョフ書記長が登場し，ペレストロイカを実施したが，結局，体制崩壊に行き着いた。89年末米ソ首脳が「冷戦の終焉」を宣言すると，社会主義陣営は解体に向かった。その混乱に乗じて，90

年夏イラク・フセインがクウェートを占領し中東危機が発生した。翌年初頭，米英らの国連多国籍軍との間に「湾岸戦争」が勃発した。この頃から冷戦期の共産主義・自由主義のイデオロギー対立に代わり，キリスト教とイスラム教の「文明の衝突」が主張されだした。しかし，東アジアでは中国と北朝鮮の共産主義国家が残存し，台湾，韓国の「分断国家」と対峙する冷戦構造が継続した。冷戦後も東アジアの安保体制は日米，米韓などの2国間同盟が基軸となった。

　アジア太平洋地域では，冷戦後の政治安全保障対話の場として，93年ASEAN外相会議で「ASEAN地域フォーラム」（ARF）が創設された。唯一の政府間フォーラムであり，コンセンサスを原則とし，自由な意見交換を重視する。信頼醸成，予防外交，紛争解決の3段階に沿って漸進的な進展を目指している（現在，ASEAN＋3，米・露・豪・印など23カ国とEUが参加）。また，ASEAN内部では，97年採択の「ASEANビジョン2020」を受けて，2000年には「ASEAN安全保障共同体」が提唱された。さらに，紛争の平和的解決をうたうTACへの域外加盟国も拡大している（03年中・印，04年日・韓・露加盟）。北朝鮮の核問題に関する6者協議参加国の4カ国がTAC加盟国であり，05年米国もTACの精神と原則を尊重すると表明し，北東アジアの平和体制に影響を与えつつある。

中国の軍拡・北朝鮮の核開発と9.11テロ後の米国

　中国は90年代，米一極主導の国際秩序に挑戦するかの行動を取った。フィリピンから米海空軍が撤退する中，92年「領海法」を制定した中国は，南シナ海の南沙諸島，西沙諸島の領有を宣言し，その後も海底資源を狙って，フィリピン領の環礁，日本の尖閣列島の領有を主張し，領土拡張主義を取った。また，核実験を64年の成功以来96年までほぼ毎年実施し，国防予算は80年代末以降，前年比2桁の伸びを示し，周辺諸国に脅威を与えてきた。さらに，96年台湾・李登輝の独立指向や民主化路線に対してミサイル発射で恫喝した。同年露・中央アジア諸国と「上海ファイブ」を創設し，01年上海協力機構（SCO）に格上げし，米一極支配やNATO（北大西洋条約機構）の東方拡大に対抗している。

　この間朝鮮半島では，93年北朝鮮の核開発疑惑が浮上し，国際原子力機関

(IAEA) と対立，翌94年カーター元米大統領が北朝鮮に派遣され，高官協議の末，米朝両国は「枠組み合意」（黒鉛型減水炉の凍結，軽水炉の提供）に調印した。日本では96年日米安保体制が見直され，アジア・太平洋地域の安定と繁栄へと再定義された。翌年周辺有事に備え，防衛協力の新ガイドラインが策定され，99年周辺事態法等が制定された。その前年夏，北朝鮮は93年のノドンに続き，弾道ミサイル・テポドン1号の発射実験をし，日本の反発は極度に高まった。

01年米ブッシュ政権が発足すると，京都議定書離脱をはじめその一国主義的行動が批判を浴びたが，中国に対しては中国脅威論を背景に「封じ込めと関与」政策を取った。しかし，9.11同時テロが米本土を襲うと対テロ戦争を推進し，中国とも関係改善を図り，グローバルな反テロ戦略に位置づけた。米国防省の国防政策見直し報告『QDR2001』も提出直前に米本土防衛とテロとの戦いを重視した内容に書き換えられた。また，中東から北東アジア地域を「不安定の弧」と名づけ，今日の流動的で予測不可能な国際情勢にあっては米国は非国家主体のテロなどにより甚大な損害を受けると分析した。しかし，中国は，前後して動き出した「米軍再編」における日米連携の緊密化，米印接近，中央アジアの米軍駐留が対中包囲網の強化であると見て危機感を募らせている。

中国は新世紀に入りASEANとは多国間協議へと転じた。02年南シナ海行動規範共同宣言に署名し，非伝統的安全保障協力（テロ，海賊対策）にも合意した。さらに，03年には平和と繁栄のための戦略的連携の共同宣言に調印し，東南アジア友好協力条約にも署名した。しかし，北東アジアでは台湾独立阻止のためには軍事力行使を排除せず，05年反国家分裂法を制定した。日本との関係も02年小泉首相の靖国参拝以来「政冷経熱」状態にあり，反日暴動やデモが繰り返されてきた。さらに，東シナ海の海底ガス油田をめぐっても一方的行動を取り続けている。こうした中国を『QDR2005』では「21世紀の戦略的分岐点にある国」と位置づけ，「米国の伝統的な軍事的優位を侵食する」「すでに軍事バランスに脅威を与えている」などと厳しい抑止戦略を展開している。一方，ゼーリック米国務副長官は「ステーク・ホルダー（利害共有国）」論を提唱し，中国に責任ある大国としての役割を求める関与戦略を打ち出したが，06年春の米中首脳会談では共通利益が打ち出せずに終わった（その後，辞任）。

他方，北朝鮮は02年小泉首相が訪朝し国交正常化と拉致問題の解決に向けた「平壌宣言」を発表したが，その直後にウラン濃縮計画が発覚し重油提供が停止された。これを受け，北朝鮮は核施設凍結の解除，IAEA査察官の追放，翌年頭にはNPT（核不拡散条約）脱退宣言をした。問題解決のため，03年「6者協議」（米・中・朝・韓・日・露）が北京で開始された。難航の末，05年夏北朝鮮の核放棄を含む初の共同声明が採択され，6者協議を「北東アジアの永続的な平和と安定ための共同」の努力を図る舞台として発展させることが明記された。しかし，具体的な段取りは合意されず，その後進展は見ていない。

5 東アジアの民主主義と米国の人権外交

米国の人権外交と東アジアの民主化の諸相

東アジアは冷戦時代，毛沢東の中国，金日成の北朝鮮，ホーチミンの北ベトナムなどの共産主義国家が創建されたが，一方では，朴正熙の韓国，蔣父子の台湾，マルコスのフィリピン，スハルトのインドネシアなどの反共国家が独裁体制を強化していった。米国にとって反共主義は民主主義を意味し，共産主義への対抗上，これらの戦略的に重要な政権を支援した。しかし，70年代後半，米カーター政権が登場し，人権外交を正面から掲げると，ソ連を刺激し，韓国などとの関係もぎくしゃくした。一方，こうした権威主義体制が経済開発に成功し，中産階級が成長していくと，80年代グローバルな民主化の波の中で体制変換を遂げていった。皮肉にも反共レーガン政権の下で86年フィリピンの人民革命，87年韓国の大統領選挙と強権的で腐敗した体制が民主化されていった。

89年冷戦が終焉し自由民主主義が勝利すると，ソ連は解体しロシア・東欧諸国は民主化したが，東アジアには共産主義対自由主義の冷戦構造が残った。クリントン政権は，冷戦後の世界は軍事的バランスに終始せず，カントの永久平和論的な「民主主義による平和」（Democratic Peace）論を援用し，世界を自由民主主義に転換し，その価値観を共有していくことが米国の国益にかなうという考えを提示した。しかし，93年ソマリア派兵に失敗すると，人権・民主主義を掲げ介入することを控えた。続くブッシュ政権は9.11テロ以降，テロとの

表 II-6-1　東アジア諸国の政治・経済・軍事・社会データの指標

	人口 1999年[a] (100万人)	政治 自由度[b] 政治的権利 (PR)	政治 自由度[b] 市民的自由 (CL)	ポリティ4 指標 1999年[c]	少数民族 (%)[d]	経済 PPP GNI, 1999年[e] (10億ドル)	経済的自由 2001年[f]	軍事 軍事予算 (% GDP)[g] 1985年	軍事 軍事予算 (% GDP)[g] 1999年	軍事 大量破壊兵器 (WMD)と運搬システム[h]	社会 人間開発指標 1998年[i]
\multicolumn{12}{c}{北アジア}
中　国	1249.7	7	6	-7	8	4,452	3.55	7.9	5.4	A, B, C, S, M, L	0.706
香　港	6.9	NA	NA	NA	5	152	1.30	NA	NA		0.872
日　本	126.6	1	2	10	1	3,186	2.05	1.0	0.9	C, S	0.924
モンゴル	2.6	2	3	10	10	4	3.00	9.0	1.9		0.628
北朝鮮	21.4[b]	7	7	-9	0	NA	5.00	23.0	14.3	A, B, C, S, M, L	NA
韓　国	46.8	2	2	8	0	728	2.25	5.1	3.0	C, S	0.854
台　湾	22.1[b]	2	2	9	NA	NA	2.10	7.0	5.2	C, S	NA
\multicolumn{12}{c}{東南アジア}
ブルネイ	0.3[b]	7	5	NA	15, 17, 6	NA	NA	6.0	6.7		0.848
カンボジア	11.8	6	6	2	5, 5	16	2.85	5.9[j]	5.1		0.512
インドネシア	207.0	4	4	8	45, 14, 8, 8, 26	550	3.55	2.8	1.1		0.670
ラオス	5.1	7	6	-8	22, 9, 1	7	4.65	7.8	2.3		0.484
マレーシア	22.7	5	5	4	26, 7, 9	173	3.00	5.6	4.0		0.772
ミャンマー	45.0	7	7	-7	NA	NA	NA	5.1	5.0	C	0.585
フィリピン	76.8	2	3	7	9	296	3.05	1.4	2.1		0.744
シンガポール	3.2	5	5	-2	14, 8, 2	88	1.55	6.7	5.6		0.881
タ　イ	61.7	2	3	9	14, 11	358	2.20	5.0	1.9		0.745
ベトナム	77.5	7	7	-7	3	144	4.10	19.4	3.1	C, S	0.671

(注)　NA はデータ入手不可能を示す。

　　a　*World Development Report 2000 / 2001: Attacking Poverty*, New York: Oxford University Press, for The World Bank, 2001, pp. 278-79.
　　b　*Freedom in the World 1999-2000*, New York: Freedom House, 2000, pp. 596-97. 指標は1－7段階で，1は政治的権利 (Political Right: PR) および市民的自由 (Civil Liberties: CL) の分類で最も自由であることを意味する。人口は各国のホームページからとった。
　　c　ポリティ4：*Political Regime Characteristics and Transitions, 1800-1999*, Center for International Development and Conflict Management, University of Maryland at Collexe Park, 2000. 指標は，民主政治評価度（0－10段階で，0は民主化が低い水準であることを意味する）から専制政治評価度（0－10段階で，0は専制度が低いことを意味する）。
　　d　U. S. Central Intelligence Agency, *The World Factbook 2000*, http://www.cia.gov/cia/publications / factbook/index. html. 少なくとも5％の人口を有する単一の少数民族は別々に掲載されており，最終的に算出された数値は5％以下のあらゆる少数民族を含んでいる。少数民族は民族的出自に基づく。
　　e　*World Development Indicators 2001*, Washington, D. C.: World Bank, 2001, pp. 12-14. GNI は，GNP に海外からの純要素所得を加えたものである。換算は購買力平価 (PPP) 為替レートによるものであり，現在の為替レートによるものではない。
　　f　Gerald P. O'Driscoll Jr., Kim R. Holmes, and Melanie Kirkpatrick, *2001 Index of Economic Freedom*, Washington, D. C.: The Heritage Foundation, 2001, pp. 8-14. 指標は1－5段階で，1は最も自由であることを意味する。評価度は，貿易政策，政府の財政負担，経済への政府の介入，金融政策（インフレーション），資本移動および外国投資，銀行取引，賃金および価格統制，私有権，商業規制，ブラックマーケットに基づく。
　　g　*The Military Balance, 2000/2001*, London: Oxford University Press, for The Institute for Strategic Studies, 2000, pp. 8-14.
　　h　原子・化学・生物兵器および短距離・中距離・長距離ミサイル能力を保持していることが判明しているか，あるいは保持しているという疑いのある国家。以下の資料および政府職員からのインタビューに基づく。Federation of American Scientists, http:// www. fas. org ; Center for Non-Proliferation Studies, Monterey Institute of International Studies, http:// www. cns. miis. edu ; Henry R. Stimson Center, http:// www. stimson. org ; Stockholm International Peace Research Institute, http:// www. sipri. se ; U. S. Department of Defense, *Proliferation: Threat and Rsponse*, Washington, D. C.: Department of Defense, 1997 ; U. S. Department of Defense, http:// www. defenselink. mil / pubs.
　　i　*Human Development Report 2000*, New York: Oxford University Press, for the United Nations Development Programme, 2000, pp. 157-60. 指標は，平均余命，実際の1人当たり GDP, 成人識字率および就学率の組み合わせに基づく。最も高い指標値（最良の状態）は1.0であり，最も低い指標値は0である。

(出所)　ヘンリー・R. ナウ，村田晃嗣・石川卓・島村直幸・高橋杉雄訳『アメリカの対外関与』有斐閣，2005年。

戦いの中で自由や民主主義を喧伝した。イラク・フセインの独裁体制に対しても，イラク民主化をきっかけに中東全域を民主化するというネオコン的政策を取り，03年のイラク攻撃を正当化した。

今日，東アジアには独裁から民主主義まで異質な政治体制が並存している（表Ⅱ-6-1）。北東アジアでは，共産党独裁の中国，全体主義の北朝鮮が存在し，一方で自由民主主義の日本，民主化に成功した韓国，台湾が共存している。ASEAN内部では，社会主義のベトナム，ラオス，軍事政権のミャンマー，権威主義的色彩の強いマレーシア，シンガポール，絶対王政のブルネイ，立憲君主制のタイ，カンボジア，権威主義から民主主義に移行したフィリピン，インドネシアなどが存在する。こうした異質で多様な政治体制が並存する東アジアには自由民主主義を前提とするEUの共同体モデルは有用でない。しかし，05年東アジア・サミットに先立つASEAN首脳会議ではASEAN憲章制定宣言に「民主主義，人権，透明性と良き統治，民主的諸制度の強化」が盛り込まれた。また，サミット宣言でも抽象的であるが，民主主義や人権を念頭に置いたと考えられる「グローバルな規範と普遍的に認識された価値の強化」がうたわれている。当然，ミャンマーの軍事政権や中国の一党独裁や人権侵害が今後の共同体構築の障害になるはずである。

ミャンマー・中国と米・日・ASEANの民主化協力

ミャンマーは88年民主化要求のデモによって26年間続いた社会主義政権が崩壊したが，軍部がデモを鎮圧し，政権を掌握した。90年総選挙が実施され，アウン・サン・スー・チー女史が率いる国民民主連盟（NLD）が圧勝した。しかし，軍政府は民政移管を実施せず，スー・チー女史を自宅軟禁した。軟禁と拘束を繰り返し，両者の対立が続いた。03年以降3度目の自宅軟禁下にあり，前後してキン・ニュン首相は民主化に向けたロードマップを発表したが，04年解任された。後任に民主化を阻む軍政トップのダン・シュエ議長が就任し，その後具体的な進展は見られない。

軍事政権は，ミャンマーの民主化を望み，スー・チー女史の解放を求める国際世論の非難を浴びてきた。05年末アジアを歴訪したブッシュ米大統領は「軍

政の権力乱用は拷問，処刑，移住などに及び，国民は暗黒の下にある」とミャンマーを名指しで批判し，民主化の最も遅れた国の1つであると非難した。ASEAN もミャンマーが加盟した97年以降民主化を促し続けてきたが，国連安全保障理事会がミャンマー情勢について非公式協議を決めたこともあり，05年クアラルンプール首脳会議では議長声明を出して民主化を促進するため特使を派遣し，国内状況を視察することを決めた。従来の柔軟路線を修正し民主化圧力の強化に踏み出したが，ミャンマーの中国への接近が懸念されており，同時に ASEAN の内政不干渉の原則も見直しが求められている。

一方，中国は89年天安門事件の民主化要求を武力弾圧し，国際的な制裁を受けたが，90年代社会主義市場経済の下で改革開放を推進し，目覚しい経済成長を達成してきた。しかし，政治改革は停滞したままで，法輪功弾圧など人権状況は改善されていない。米クリントン政権の対中政策も中国市場への進出を図る産業界の要請で曖昧な関与政策を取り続けた。しかし，経済発展に伴い民主化の基盤となる中産階級や市民社会が成長しつつあり，共産党の「三つの代表」論や人民代表大会の強化など，「上からの」漸進的対応も見られる。ただ一方では都市と農村の貧富の差，失業，農業・農村・農民の「三農問題」，腐敗・汚職，公害など深刻な矛盾や歪みが露呈し，社会不安を抱えている。

中国は鄧小平の近代化路線の中で開発独裁型の権威主義体制へと変容を遂げてきたが，近い将来に中国の民主化を展望することは難しい。こうした価値観も政治体制も自由民主主義と異なる一党独裁の中国が東アジア共同体構想に積極的に関与し，主導権を握ることは，東アジアに民主主義を定着させ，政策決定の透明性を高め，国家間の信頼を醸成する上で危険である。その意味でサミットに自由や民主主義の価値観を共有するインド，オーストラリア，ニュージーランドが参加したのは意義が大きい。東アジアの民主主義は地域協力のハブである ASEAN 自体が民主化を進展し，アジアの先進民主主義国・日本が，開かれた地域主義，機能的協力の推進，自由民主主義の価値観の尊重，の基本原則に立って，ASEAN との協力や支援を進めていく必要がある。

おわりに――東アジア共同体の可能性と米国

　地域共同体は，繁栄の享受，平和・不戦の誓い，価値の共有が柱となる。欧州共同体は，市場経済，集団安保，民主主義，キリスト教を共通基盤に統合し，繁栄，平和，自由を実現し享受してきた。しかし，東アジアでは，独裁から民主主義まで異質な政治体制が並存し，自由や人権を重んじる価値観は共有されていない。また，経済発展の格差が大きく，貧富の差が顕著である。自由競争の市場経済に対応しえない途上国が存在する。宗教的文化的にも仏教，儒教，イスラム教，キリスト教，ヒンズー教ときわめて多様である。覇権的な大国・中国が台頭し，米国の軍事プレゼンスなしに安全保障も考えられない。日・中・韓の間では先の大戦をめぐる歴史認識問題の克服ができていない。こうした状況下の東アジアで共同体の構築を可能にするには，多様性を尊重しながらも，日・中・韓やASEANには克服すべき多くの問題が立ちはだかっている。

　一方，米国は第2次大戦後，とりわけ冷戦期の東アジアにあって圧倒的な軍事的経済的プレゼンスを誇示してきた。米国をハブとする日米，米韓などスポークの2国間同盟やSEATOがソ連・中国の共産主義勢力の拡大に対抗した。米国は朝鮮戦争に参戦し，ベトナム戦争に介入した。一方，米国主導の自由貿易体制の下で，戦後日本は米国市場への輸出を通じて復興を遂げていった。日本の経済大国化はやがて韓国・台湾や東南アジアの雁行型発展をもたらした。冷戦期の産物，ASEANは70年代に地域協力機構として自立化していき，冷戦後はアジア太平洋地域に多国間協議のAPEC，AFTA，ARFなど地域フォーラムが形成されていった。90年代東アジアは経済的に繁栄し，政治的にも安定してきたが，それには米国の自由市場が寄与し，軍事力の展開が貢献してきた。

　そうした中で台頭した中国はその拡張主義的な行動が周辺地域に脅威を与えてきた。しかし，東アジア金融危機を契機に中国は多国間協調に転じ，「米国抜き」の東アジア共同体構想に積極化する動きを始めた。APECの有力国・米国は当然反発し，東アジア共同体構想で中国が主導権を握ることに警戒を強めている。他方，9.11同時テロの発生は米国の外交を変えた。対テロ戦争の

ための多国間協力を必要とし，米軍再編とともに国際テロや大量破壊兵器との戦いのために軍事プレゼンスを東アジアで拡大している。このように今なお東アジアに大きなプレゼンスを持つ米国と，その主導権に挑戦可能なまでに台頭してきた中国が，今後東アジアでどのような米中関係——パートナーかライバルか——を構築していくかが東アジア共同体構想の展開を左右している。

参考文献

伊藤憲一・田中明彦監修『東アジア共同体と日本の針路』日本放送出版協会，2005年。
金栄勇「東アジア共同体の形成」『問題と研究』2005年9・10月号。
黒柳米司編『アジア地域秩序とASEANの挑戦——「東アジア共同体」をめざして』明石書店，2005年。
J. ロバート・ケリー／ロバート・A. マニング「アメリカと東南アジア」『論座』2001年9月号。
小原雅博『東アジア共同体——強大化する中国と日本の戦略』日本経済新聞社，2005年。
滝田賢治編『東アジア共同体への道』中央大学出版部，2006年。
谷口誠『東アジア共同体——経済統合のゆくえと日本』岩波新書，2004年。
東海大学平和戦略国際研究所編『東アジアに「共同体」はできるか』社会評論社，2006年。
松田武編『現代アメリカの外交——歴史的展開と地域との諸関係』ミネルヴァ書房，2005年。
山本武彦編『地域主義の国際比較——アジア太平洋・ヨーロッパ・西半球を中心として』早稲田大学出版部，2005年。
渡邉昭夫編『アジアの人権——国際政治の視点から』日本国際問題研究所，1997年。
「焦点　東アジア共同体をめぐる政治」『国際問題』2006年5月号。
「特集　『東アジア共同体』再考」『海外事情』2006年4月号。
「特集　東アジア共同体——未来への構想」『世界』2006年1月号。
「特集　東アジア『地域統合』——北東・東アジアにおける新たな地域秩序」『NIRA政策研究』2006年1月号。
「特集　米中関係——中国は「超大国」になるか」『アスティオン』63，2005年。
「特集　歴史的転換点に立つ東アジア　東アジア共同体形成に向けて」『外交フォーラム』2005年10月号。

第7章　米国の核戦略と東アジア
――危機はらむ朝鮮半島と台湾海峡――

はじめに

　冷戦終結によって，米ソ間の核軍拡競争が行き着いた「恐怖の均衡」による「相互抑止」の時代は終わった。唯一超大国となった米国は，ブッシュ政権のもとで核戦略を大きく転換させ，「圧倒的な核優位」を目指している。米国の覇権に対する挑戦は「核の威嚇」によって押さえ込もうというのだ。第1の仮想敵も，冷戦時代のソ連から中国へと切り替えた。

　「9.11テロ」はまた，米国を強硬な核拡散防止策へと走らせた。ブッシュ政権は反米的な中小国家（米国のいう「ならず者国家」）が核兵器を持とうとするならば，核使用を組み込んだ先制攻撃によってそれを阻止し，政権をつくり換えるという新戦略である。

　ブッシュ・ドクトリンと呼ばれるこの先制攻撃戦略は，イラクに対して発動された。中東ではイランが核開発に向かって突き進んでいる。米国はここでも先制攻撃の構えだ。

　東アジアでは，朝鮮半島で北朝鮮の金正日総書記が政権の存続を核兵器保有に求めるという瀬戸際作戦に出ており，これもまた米国の先制核攻撃を誘発する可能性をはらんでいる。米国のライバルに浮上した中国の核も，台湾をはさんで米国の核と向き合っている。

　ブッシュ政権は「核優位」戦略の柱の1つとして，ミサイル防衛網（MD）構築計画を進めている。東アジアはその「実験場」となっており，日本は米国の核戦略に全面的に取り込まれることになった。

中東と並んで，東アジアは冷戦後世界の「火薬庫」となる危険性が高まっている。

米国は強硬な先制攻撃戦略を振りかざす一方，イスラエルの核は黙認ないし事実上の支持，南アジアで核軍拡競争を展開するインド，パキスタン両国のうち，インドだけには「核クラブ」入りを認めた。米国のこうしたダブル・スタンダード（二重基準）は，「核拡散」防止を追求する国際的な理念と協調体制に亀裂と混乱を引き起こしている。

1 「確証破壊」が戦争抑止
―― 核独占・拡散防止で米ソ協調 ――

恐怖の均衡

米国はナチス・ドイツやソ連に先駆けて原爆開発に成功し，広島，長崎に原爆を投下した。ソ連は4年足らずで追いついた。米ソは原爆から水爆へと向かい，1960年代に入る頃米ソの戦略核戦力は大まかな均衡状態に到達した。両国は同じように大陸間弾道ミサイル（ICBM），潜水艦発射弾道ミサイル（SLBM），長距離爆撃機からなる核兵器体系を構築，核弾頭は数千発に達した。「敵」だけでなく，人類もろとも地球を数十回も壊滅させるほどの「過剰な軍備」である。

どちらが先に核攻撃（第1撃）に出ても，相手の核を全滅させることはできず，生き残った核による反撃（第2撃）によって耐え難い破壊を受けることは避けられない。核戦争を仕掛けることはできなくなった。「核の手詰まり」あるいは「恐怖の均衡」による「相互確証破壊」（MAD：mutually assured destruction）と呼ばれる状況である。米ソ戦争は抑止された。核兵器は抑止のための「使えない兵器」とも呼ばれることになった。

米ソは1972年第1次戦略兵器制限条約（SALT1）を締結し，戦略核運搬兵器（ICBM，SLBM）の総数に上限（米国1764，ソ連2568）を設けるとともに，ABM（弾道ミサイル迎撃ミサイル）の配備を各1箇所に制限する条約に調印した。AMBは防御システムといいながら，これを突破するための攻撃兵器の開発競

争を刺激するからだ。

2つの条約は米ソが核戦力の「大まかな均衡」というバランスの維持を認め合ったことを意味した。79年にはSALT2によって，爆撃機も加えて戦略核運搬兵器の制限をさらに双方2250以下に引き下げた。

スター・ウォーズの"夢"

しかし，軍拡競争というのは「永久運動」である。互いに相手の脅威を喧伝し，安全保障の大義を掲げ，優位を求めて新兵器開発で競い合う。米国では軍部とそれを取り囲む軍事専門家や軍需産業からなる軍産複合体が形成され（ソ連にも同様の勢力），米国の軍事戦略や外交政策を左右する影響力を行使し始める（アイゼンハワー大統領が1961年辞任演説で警告）。

ソ連に強い不信を抱く保守勢力の間では，MADによる相互抑止を受け入れることに，宗教的ともいえる強い反発があった。相互抑止とは，米国全体がソ連の核兵器によって人質に取られていることを意味する。ソ連を「悪の帝国」と呼んだレーガン大統領（1981〜88年）は，「道徳的」にもそれは受け入れられないと宣言した。

彼らはSALT1および同2，ABM制限条約に強く反対し，ソ連を圧倒する核戦力の構築を求めて政府に圧力をかけた。レーガン大統領は，宇宙に基地をつくりレーザー光線兵器を配備して，ソ連のミサイルをすべて撃ち落すという戦略防衛構想（SDI）を，巨費を投入して推し進めた。科学的に不可能な「夢」と科学者は批判，メディアは「レーガンのスター・ウォーズ」と茶化し，果てしなき米ソ核軍拡競争を象徴するものとなった。

核拡散防止条約

米ソを追って英国，さらにフランス，中国が核保有国となった。米ソの核に対抗することはとうてい無理だが，最小限度の抑止力と大国の威信を核保有に賭けた。米英とソ連は1968年核拡散防止条約（NPT）をつくった。核保有国をこれ以上増やさないというのは敵対する両核大国に共通する利益だった。

核兵器は大国だけで独占し，その他の国を締め出す不平等条約である。核保

有国が増えるほど核戦争の危険性は高まることも確かである。70年に加盟国が100カ国に達して発効した。フランス，中国は抵抗して，独自の核体制を確立するまでは不参加。日本の参加も76年になった。

しかし，イスラエル，南アフリカ，インド，パキスタンが独自の核開発に向かった。スウェーデン，カナダ，韓国，台湾，ブラジル，アルゼンチンなども一時核保有を試みた。だが，こうした「核拡散」の動きも，冷戦時代は米ソの「核の傘」の中に封じ込まれた形になっていた。

2　米国が唯一核超大国に
――冷戦終結でロシアは凋落――

覇者の不安

冷戦終結で世界は，米ソの「2極体制」から米国による「1極支配」へと転換した。米国は唯一超大国となった。対抗しうる国はどこにもない。だが，覇者は挑戦者が現れることをいつも恐れている。脅威をゼロにしないと安心できないのだ。米国は1極支配体制をさらに固め，永続させ，いかなる国にも挑戦を許さないものとするために，核戦力における「圧倒的な優位」を追求した。

ソ連経済は1980年頃には停滞状況に陥った。巨大な軍備負担がその大きな理由となった。ゴルバチョフ（共産党書記長）が改革者として登場，軍備負担軽減を図って，膠着状態にあった米国との核軍縮交渉の打開を探った。89年の冷戦終結で弾みがつき，91年第1次戦略核兵器削減条約（START1）で双方1万発以上といわれた核弾頭数は6000発に，93年第2次戦略核削減条約（同2）でさらに3000〜3500発へと削減が進められた。

米ソの巨大な核軍備が少しでも縮小されるのは悪いことではなかった。だが，これによってソ連が米国に対抗する核大国の地位をほとんど失い，米ソの核バランスは崩壊した。核兵器の「質」で劣るソ連は「量」で対抗していたからだ。

米国の主導権を握った保守派にとっては，長年の"夢"だった核の圧倒的優位を確保するチャンスの到来である。しかし，冷戦終結を演出した（父親）ブッシュ政権（共和党）は「平和の配当」を国民に支払うとして軍備負担の軽減

を図った。次のクリントン政権（民主党）も核抑止力を維持しつつも，「経済力による覇権」を重視する政策を追求した。96年国連特別総会における包括的核実験禁止条約（CTBT）の成立を推進し，「スター・ウォーズ」の縮小版であるミサイル防衛網（MD）建設計画にも慎重姿勢を取った。保守派優位の上院はCTBT批准を拒否し，クリントンに不満をぶつけた。

「核の覇権」へ疾走

2001年共和党保守派，新保守主義者（ネオコン），キリスト教右派を基盤とするブッシュ政権が生まれた。ブッシュ政権は「核の覇権」を目指して，まずCTBT支持を撤回した。新型核兵器の開発を進めるには実験が必要で，CTBTはその妨げになるからだ。クリントン政権が実験段階に留めていたMD建設計画にゴーサインを出すとともに，同計画の邪魔になるABM制限条約から脱退した。

02年には核弾頭を2012年までに1700〜2200発に減らす攻撃戦略核削減条約をロシアにのませた。双方はこれによって4000発程度の核弾頭を実戦配備から外すが，米国は条約調印後，その弾頭の大半は廃棄せず，いつでも再配備可能なように貯蔵すると宣言した。ロシアは「騙された」が，もう開き直る力はない。

米本土に向かって超高速で飛来する敵の弾道ミサイルを空中で撃ち落すというMD計画には，科学的に実現不可能と多くの科学者がみている。だが，ロシアの弾道ミサイルはすでに大幅に削減された。その分，ミサイル防衛網の有効性は高まる。

ロシアの核戦力は，核弾頭の大幅削減に加えて，冷戦終結による緊張の緩みと経済混乱の中で，指揮命令・貯蔵・運用などの面でも劣化が進んでいるといわれる。米国の命中精度をさらに高めた新型核兵器とミサイル防衛網の組み合わせによって，ロシア弾道核ミサイルの米本土到達能力を大きく減数することができると米国は考えている。

ロシアは02年12月新型の大陸間弾道ミサイルSS19の発射実験に成功。プーチン大統領は04年，米国のミサイル防衛網を突破できる蛇行飛行型の新ミサイルを数年以内に配備する計画を明らかにした。だが，これらも米ソバランスを取

り戻すものではまったくない。

主敵は中国

ロシアとの核戦力の格差が広がるのに加えて，ロシアが共産主義に逆戻りすることはもうない。米国の核戦略にとってロシアはもはや主敵ではなくなった。代わってアジア・太平洋の覇権争いのライバルとして浮かび上がったのが中国だ。クリントンは中国を「戦略的パートナー」と呼んだが，ブッシュは「戦略的競争者」と呼び換えた。

中国の戦略核戦力は，大陸間弾道ミサイル（ICBM）20基，潜水艦発射弾道ミサイル（SLMB）12基（1隻）だけで，弾頭数は420とされている。米国はことあるごとに，中国が軍事予算を膨張させ，ミサイルの命中精度・信頼性の向上を目指して多弾頭・移動式ICBMの配備計画を進めていると，その「脅威」を強調している。だが，両者の戦略核戦力には，質量ともに比較の対象にもならないほどの差がある。

中国の核戦略は，「核を先に使用しない」（No First Use）を基本に，米国あるいはソ連から核攻撃を受けた場合は，ICBMかSLBMによる報復攻撃に出て，そのうちの何発かが相手本土の重要標的に痛撃を与えられればいいとする「必要最小限抑止」にすぎない。1発でも広島・長崎原爆の100～1000倍単位の破壊力がある。それによって中国に対する核攻撃を抑止できると考える。その中国抑止力を無力化しようというのがMDだ。

「恐怖と幻影」のゲーム

米国のMDは実際にどこまで有効なのか。誰も確かめることはできない。だが，米国はMDを持つことによって，米国に核攻撃を加えようとする相手の意欲をそぐ効果があると考える。核戦略とは，もともと机上の理論の上に組み立てられている。現実を超えた「恐怖の幻影」をもとにシナリオを描く「心理ゲーム」である。このゲームは次第に現実を離れ，果てしない「脅威」の再生産となり，果てしない軍備拡張へとつながる。核軍拡競争は「狂気のゲーム」とも呼ばれるゆえんだ。

3 「核拡散」「テロ」には先制攻撃
──戦略大転換のB・ドクトリン──

「ならず者国家」と反米テロ

　冷戦終結によって，米ソ両大国による「支配の枠組み」の中に封じ込められていた世界各地の「脅威」が噴出した（S.ハンチントン『文明の衝突』）。ソ連の「傘」の下にあって反米姿勢を取ってきたいくつかの国家は，ソ連崩壊によって「米国の脅威」に直接向かい合わなければならなくなった。「ならず者国家」と米国が呼ぶこれらの国々は「国家（政権）の生存」を核兵器開発に賭けた。北朝鮮，リビア，イラク，イランなどだ。冷戦時代にイラン，グアテマラ，キューバ，ニカラグア，チリなどの左翼政権が米国の軍事介入や秘密作戦で転覆されたり，脅かされたりした。彼らはちっぽけでも核兵器さえ持てば，米国が軍事攻撃をかけてくるのを抑止できると考えている。

　こうした「核拡散」と並行して，イスラエル・パレスチナ紛争を背景に，反イスラエル・米国の立場を取ってきたイスラム原理主義・過激派が活動を広げ，対米テロを激化させた。

　ニューヨークの国際貿易センタービルとワシントンの国防総省に，旅客機を乗っ取ってそのままで突っ込むという「9.11テロ」は，米国の富と力に対する彼らの直接的な挑戦だった。

　ブッシュ政権は事件を計画実行したのは，イスラム過激派国際テロ組織「アルカイダ」と断定，同組織の指導者オサマ・ビン・ラディンに根拠地を提供していたアフガニスタンの反米政権を一気に制圧し，親米政権に置き換えた。

　イラクが次の標的になった。独裁者サダム・フセインは反イスラエル，反米の立場を取ってきた。だが，イスラム世界では異例の非宗教政権で，イスラム過激派とは対立関係にあった。ブッシュ政権はサダム・フセインが「9.11テロ」の背後にいたと主張したが説得力はない。そこで核兵器および生物・科学兵器という大量破壊兵器（WMD）の開発を進めているとして，独裁政権を倒し，WMDを取り上げることを軍事侵攻の大義に掲げた。

イラク戦争の狙い

　ブッシュ大統領は2002年9月発表した「国家安全保障戦略」で，イラクを例に挙げながら，テロを推進する国家やテロ組織が大量破壊兵器を入手，使用する脅威に対しては核使用を含めた先制攻撃によって自衛する，米国単独でも行動に出る，とする強硬戦略（ブッシュ・ドクトリン）を宣言した。第2次世界大戦後の「封じ込め」戦略採用以来の最も大きな戦略転換と受け取られている（J. L. Gaddis, *Foreign Policy*, 02. 9. 17）。

　米国は翌03年3月国連安保理の支持を得られないまま，イラク戦争を開始した。新ドクトリンの発動である。サダム・フセイン政権はたちまち崩壊した。だが，開戦の理由とされた大量破壊兵器は発見されなかった。イラクが大量破壊兵器を開発しているという情報は，もともとあいまいなものでしかなかったのだ。

　ブッシュ政権は，イラク戦争の理由を「イラクの民主化」にすり替えた。イラク戦争がサダム・フセイン政権の打倒，親米政権への取り換えにあったことが明らかになった。

　イラクでは武装勢力の執拗な反米ゲリラが続く中で，イスラム教シーア派とスンニ派，クルド人勢力の三つ巴の対立が凄惨な内戦状況に発展，「民主化」どころかまともな国家体制樹立の見通しの立たない混乱が続いている。最大の犠牲者は何の罪もない国民だ。

低くなった核の「敷居」

　ブッシュ政権は「イラクの失敗」にもかかわらず，06年3月「国家安全保障戦略」の「改定版」を発表し，先制攻撃ドクトリンの堅持をうたった。ブッシュ政権が次の先制攻撃の標的に設定しているのが，北朝鮮とイランである。

　核兵器を製造するためには核燃料となるプルトニウムあるいは濃縮ウランが必要になる。どの国も「核の平和利用」，すなわち原子力発電の権利を持っている（核拡散防止条約）のだが，ウランの核分裂を利用する原子力発電にはプルトニウムをつくり出すという問題が伴う。核の平和利用と軍事利用は背中合わせだ。濃縮ウランを製造するには高度の技術が必要だが，その技術もパキスタ

ン経由ですでに拡散している。

　核拡散防止条約加盟国は核開発に進まないよう国際原子力機関（IAEA）の監視下に置かれている。だが北朝鮮やイランはその監視をかいくぐって核兵器開発を進めてきた。イスラエルや南アフリカ，インド，パキスタンは核拡散防止条約には参加せずに，核保有国となった。こうした現実は，ある国が核兵器開発の決意をすれば，それを阻むのは難しいことを示している。

　そこで米国は核を求める「危険な国」に対しては，兵器開発・製造に至る前に核使用を含めた先制軍事攻撃によってそれを阻止するという戦略に出た。核兵器開発を密かに進める国は，関連施設やできあがった兵器を地下に隠し，貯蔵する。それを破壊する先制攻撃には地中深くに貫通する核兵器が必要になる。米国はまた，反米姿勢を取りテロを支援する国家が核兵器を持つと，テロ組織にその核を提供し（現実にはこの可能性はきわめて低いが），それが米国に対するテロに使われる恐れが強いとみて，「核テロ」に対しては核提供国を核で報復することも辞さないと宣言している。

　核攻撃を組み込んだブッシュ・ドクトリンは，核使用は「最後の手段」とする「核の敷居」を大きく引き下げるものとして，国際的な強い批判を受けている。

　米国はその一方で，支援国イスラエル，米国に直接脅威の及ばないインド，パキスタンにはこの戦略を適用はせず，インドとは06年3月原子力技術供与協定を結び，「核保有国」として認めた。「インドを持ち上げ，中国を包囲」（『ニューヨーク・タイムズ』紙）しながら経済利益も得ようとする「覇権外交」だ。「核拡散防止」の国際原則を破るダブル・スタンダード（二重基準）である。この点でも内外に強い批判を引き起こしている。

4　「火薬庫」抱える東アジア
――米戦略に組み込まれた日米安保――

北朝鮮の「瀬戸際政策」

　北朝鮮の核拡散防止条約脱退・核開発疑惑をめぐって1993～94年大きな危機

が訪れた。クリントン政権が原子力発電所など核開発関連施設への攻撃準備に入る中，94年6月ピョンヤンに乗り込んだカーター元米大統領と金日成主席の間で妥協が成立した。北朝鮮は核開発を凍結し，米国と日本・欧州が軽水炉型原発2基（プルトニウム製造に直結しない）を提供することになった。危機は回避された。金日成は1カ月後死去した。

　北朝鮮は跡を継いだ金正日総書記の下で，この合意による時間稼ぎをしながら核開発を再開した。03年4月米国に核兵器を保有したと通告，05年2月には外務省声明で核兵器保有を宣言した。本当に実戦使用可能な核兵器を手にしたのか，核爆弾は何発持っているのか（数発あるいは6～8発と推定される）など，はっきりしたことは分からないが，「あいまいさ」も核抑止力の一部である。金正日政権は「核保有の誇示」によって米国の軍事力行使の抑止を図りながら，イラク戦争でやったようなブッシュ・ドクトリン発動による「政権取り換え」はしないとの「安全保障」を取りつけようとしているのだ。

「ソウルは火の海」

　北朝鮮は前回の危機の際，戦争になれば人口1000万人を超える韓国首都ソウルは「火の海になる」（板門店での南北実務者会談での北首席代表・朴英洙大使発言）と威嚇した。ソウルは南北境界の38度線からわずか50km。北朝鮮は境界線に沿って兵力を集中させている。今は核も手にした。

　ブッシュ政権は北朝鮮問題をめぐる6者協議（北朝鮮，中国，米国，韓国，日本，ロシア）が継続している限りは，軍事力行使の可能性を否定している。韓国，中国，ロシアは米国の軍事力行使に強く反対しているし，一方的な話し合い打ち切りによる軍事攻撃は国際的な支持を得ることもできない。

　軍事攻撃の目標となる北朝鮮施設は，寧辺の原子炉・貯蔵・再処理施設，新浦の計画中の原発施設，亀城ほか計3カ所のウラン鉱山など7カ所に上り，これらを完全に破壊するには精密誘導の核兵器が必要とされている。米国が軍事攻撃に乗り出せば金正日政権は多分崩壊する。だが，その後にどのような政権をつくるのか。北朝鮮全土の軍事占領を続けるのか。イラクでは独裁政権を倒した後が「泥沼」だった。

核ミサイル反撃も

北朝鮮の反撃は対韓国だけに留まらないだろう。北朝鮮は射程1300kmのノドン，1500kmのテポドン1号という2つの弾道ミサイルを保有している。米国に対する報復攻撃として在日米軍基地にこれらのミサイルを撃ち込む可能性は高い。そこに核が使われる覚悟をしなければならない。基地周辺の民間被害は甚大である。

想定されるいくつもの「障害」を越えて，ブッシュ政権は果たして北朝鮮に核による先制攻撃を仕掛けるだろうか。イラク戦争で権威を失墜し，支持率も歴代大統領の最低レベルに落ち込んでいるブッシュ政権が06年11月中間選挙向けに人気挽回を図って，北朝鮮ないしイランで「冒険」に出るとの観測も報じられている。勝算のない危険なカケである。

MDは日米共同開発

米国のミサイル防衛網計画は，もともとはロシア，中国のミサイルから米本土を防衛するシステム（NMD）だった。北朝鮮ミサイルの脅威が日米共同開発による「戦域ミサイル防衛」（TMD）に道をつけた。

日本は北朝鮮ミサイルを海上自衛隊イージス艦に配備するSM-3ミサイルと地上配備の航空自衛隊PAC-3ミサイルで，発射後7分のうちに撃墜するという役割を担っている。北朝鮮は当然，ミサイルの精度を高め，数を増やし，おとりミサイルを飛ばすなどの対抗手段を考える。この軍拡競争はどこまで行くのか。

米国は米本土到達可能な北朝鮮の新型弾道ミサイル「テポドン2」に備えて青森県の航空自衛隊力分屯基地に「Xバンドレーダー」配備を受け入れるよう日本政府に迫っていると伝えられている。米国はミサイル防衛網の一部として迎撃ミサイルのアラスカ，カリフォルニア両州への配備を開始しており，力分屯基地レーダーは同計画と連動している。

「中─台─米」微妙なバランス

中国では1949年10月共産党政権が誕生した。内戦に敗れた国民党は台湾に逃

げ込んだ。翌50年6月北朝鮮の韓国への侵攻によって朝鮮戦争が始まった。米国は共産中国を認めず，台湾を中国の正統政府とする虚構にしがみつき，新中国を封じ込める政策を取った。

ニクソン大統領は中国を国際社会からいつまでも締め出しておくことは無理だし得策ではないと判断，1972年敵対する中国に乗り込んだ。ニクソンと毛沢東主席との間で，米国は中国の存在を受け入れて，台湾は中国の一部（一つの中国）であり，いずれ中国に統一されるものと認め，中国側も暗黙のうちに武力による「台湾解放」は控える，との合意が成立した。少なくとも当分の間は"現状凍結"しておこうというわけである。

危機のシナリオ

中国—台湾—米国を結ぶ，この微妙なバランスが揺らぐと危機につながる。蒋介石—蒋経国父子から国民党を引き継いだ李登輝が88年本省人（内戦に敗れて移ってきた人は外省人）として初めての総統に就き，次第に「台湾独自色」を出していく。中国は「独立」への動きと警戒を強めた。96年総統選挙に際して台湾周辺海域で大規模な軍事演習を行い，ミサイルを撃ち込んだ。米国は空母を急派してけん制した。台湾海峡危機である。

李登輝はさらに99年中国と台湾は特殊な国と国の関係とする「二国論」を打ち出し，2000年総統に当選した陳水扁（民進党）も「独立」志向をちらつかせて，中国を刺激している。中国は「独立」はもとより，無期限に統一を拒否する場合でも，武力統一に出るとの構えを取り（00年台湾問題白書），台湾の対岸地域に700基のミサイルを配備，台湾上陸作戦に備えた軍事力整備に努めている。米軍が駆けつける前に一気に台湾を制圧するというのが，中国の基本戦略だ。

台湾はこれに対抗して，01年には米国から潜水艦8隻，対空迎撃ミサイル「パトリオット」16セット，PC3偵察機12機や早期警戒レーダーなど200億ドルにも上る兵器購入契約を締結，米国の親台湾派や軍産複合体も「台湾防衛」に力を入れている。しかし，米政府は同時に，「独立」や「現状変更」につながり，中国を刺激するような事態は抑制する立場でもある。

「中—台—米」のバランスが崩れて中国対台湾の戦争が発生すれば，中米両

軍の戦闘に発展し，さらに局地戦争から両大国の戦争に拡大する可能性は大きい。それが核戦争まで行き着くのかどうか。中国が米国の巨大な核戦力に直接的に挑戦を試みる可能性はゼロに近い。一方，米国が台湾防衛のために，中国との核戦争に発展する危険を冒しても核兵器を使う可能性はどこまであるのか。

中国がこの確率は非常に低いと見れば，電撃的に台湾制圧を試みるかもしれない。米国は在日米軍基地を足場に，台湾海峡への空母機動部隊や空軍力の即時展開態勢を固めてそれを抑止しようとしている。現実と幻影が交錯した戦争ゲームである。

参考文献

リチャード・クラーク，楡井浩一訳『爆弾証言――すべての敵に向かって』徳間書店，2004年。

マイケル・T.クレア，柴田裕之訳『血と油――アメリカの石油獲得戦争』日本放送出版協会，2004年。

ジェフリー・A.クレイムス，前田和男訳『ラムズフェルド――百戦錬磨のリーダーシップ』KKベストセラーズ，2003年。

スティーブン・ペレティエ，荒井雅子訳『陰謀国家アメリカの石油戦争――イラン戦争は勃発するか』ビジネス社，2006年。

松尾文夫『銃を持つ民主主義――「アメリカという国」のなりたち』小学館，2004年。

ジェームズ・マン，渡辺昭夫訳『ウルカヌスの群像――ブッシュ政権とイラク戦争』共同通信社，2004年。

ジェームズ・マン，鈴木主税訳『米中奔流』共同通信社，1999年。

ロバート・S.リトワク，佐々木洋訳『アメリカ「ならず者」国家戦略』窓社，2002年。

James Caraley ed., *American Hegemony : Preventive War, Iraq, and Imposing Democracy*, The Academy of Political Science, 2004.

Ivo H. Daalder and James M. Lindsay, *America Unbounded : The Bush Revolution in Foreign Policy*, Brookings, 2003.

David Frum, *The Right Man : An Inside Account of the Bush White House*, Random House, 2003.

第8章 北朝鮮と台湾の「対照的な孤立」
──「火薬庫」のつくられ方──

1 対照的な孤立

　北朝鮮問題と台湾問題は「火薬庫」だ。第Ⅱ部第7章（前の章）にはそう書かれている。また、第Ⅱ部第1章では「東アジア共同体」構想の事例として、ASEAN＋3と東アジア・サミットという2つの会合が出てくるが、そこには、北朝鮮と台湾が参加していない。これらを考え合わせると、あることに気がつかないだろうか。
　何がいいたいかというと、北朝鮮と台湾は今のところ「東アジア共同体」構想に入っていない、そしてそのことと「火薬庫」の問題との間には、密接な関係があるのではないか、ということだ。そこで、第Ⅱ部最後のこの章では、それを念頭に置きながら、北朝鮮と台湾の問題を考えてみたいと思う。

「統一」と「独立」の「火薬庫」
　北朝鮮と台湾が「火薬庫」なのは、北朝鮮が韓国と、台湾が中国と敵対していて、戦争の危険性があるからだ。敵対している理由は、北朝鮮・韓国、そして台湾・中国が、もともとは同じ「民族」なのに、政治的な理由によって分断された「分断国家」だと考えられているからだ。
　北朝鮮と韓国は、自分たちこそが朝鮮半島を代表する国家だと主張しながら、「統一」を目指している。中国は、台湾人は中国と同じ「中国人」であり、台湾は「一つの中国」の一部として「統一」されるべきだと主張している。台湾の立場は少し複雑だ。以前は、自分たちこそが「中国人」の本家本元で、中国

大陸の「中華人民共和国」の方こそ，台湾にある「中華民国」に「統一」されるべきだと主張していた。しかし最近では，台湾人は「中国人」ではない，台湾は中国から「独立」すべきだ，と主張する人も増えてきている。

　ともかく，「統一」するにせよ「独立」するにせよ，現状は正しくない，いつかは変えるべきだ，と考えられている。しかし実際に変えようとすると，「火薬庫」が爆発し，戦争が起こるかもしれないのである（だから，戦争が起こるくらいなら「現状維持」が一番ましだと考える人も多い）。

非常識な孤立

　また両国が「東アジア共同体」構想に入っていないということは，両国が「孤立」していることを意味している。仲間外れなのだ。他方，それぞれの敵である韓国と中国は「東アジア共同体」構想に当然のように入っている。その上インドやオーストラリアまで顔を出しているのに，北朝鮮と台湾が入っていないというのは，（地図を見れば誰もがそう思うだろうが）常識的に考えればとても不思議なものだ。だから北朝鮮と台湾の孤立ぶりは非常識なのだ。

　両国の非常識な孤立は，アメリカ・日本が北朝鮮・台湾と国交を結んでいないことにも表れている。北朝鮮と台湾は，世界ナンバー・ワンの経済大国（アメリカ）と，世界ナンバー・ツーの経済大国（日本）の，どちらからも「国」として認められていないのだ。

　それがどのくらい非常識なことかというと，次の数字を見てほしい。北朝鮮と台湾は人口規模が同じくらいで，どちらも約2300万人だ。周りの国は中国13億人，日本1億2000万人と人口が大きく，韓国でも4700万人と2倍以上もいるので，北朝鮮と台湾はちっぽけな国だと思われがちだ。だが実はそうではない。ある統計によれば[1]，世界215の国と地域の人口ランキングでは，台湾が47位，北朝鮮が48位にランクインしている。イラク（約2500万人で44位）よりやや少なく，オーストラリア（約2000万人で55位）よりやや多い。ヨーロッパの有名なスウェーデン（約900万人で84位）やオーストリア（約800万人で88位）の人口はその半分以下しかない。

　つまり，世界の常識から見れば，北朝鮮と台湾は立派な「大国」なのだ。こ

のような「大国」が、アメリカや日本という主要国から「国」として認められず、また「東アジア共同体」構想からも「孤立」しているというのだから、本当に非常識だ。

対照的な孤立

ところで、両国の孤立ぶりは、非常識だという共通点がある一方で、とても対照的なところもある。つまり同じ孤立しているといっても、その内容が全然違うのだ。

アメリカと日本が国として認めていないと書いたが、実は、他の国の中には北朝鮮と台湾を国として認めて、国交を結んでいるところがある。台湾の場合はそれは少なく、25カ国くらいしかない（しかもだんだん減る傾向にある）。しかし、北朝鮮と国交を結んでいる国は150カ国以上もあり、少ないとはとてもいえない。また台湾は国連に加盟していないが、北朝鮮は加盟している。

こう考えると、北朝鮮とアメリカ・日本が国交を結んでいないのは非常識だと書いたけれど、それは北朝鮮が非常識だというよりも、アメリカと日本の方が非常識なのかもしれない。

しかし、目を経済方面に移してみると、北朝鮮と台湾の置かれた立場は逆転する。

台湾は国交を結んでいる国が少なく政治的には孤立しているが、他国との貿易額は約3500億ドル（2005年）もある。輸出額で世界15位、輸入額で世界16位にランクインする貿易大国だ。これは台湾の経済が貿易を通じて世界と深く結びついていることを示している。それに対して、北朝鮮の貿易額は30億ドル以下だといわれている（2004年）。輸出が126位、輸入が114位でしかなく、これは北朝鮮の経済的な孤立を示している。

このように、政治的に孤立している台湾は経済的にはむしろ世界と深く結びついており、多くの国と国交を結んでいる北朝鮮は逆に経済的には孤立しているのだ。非常に対照的な孤立だといえる。

さらにいうと、アメリカと日本は、国交締結国の多い北朝鮮に対しては冷たいけれど、国交締結国の少ない台湾に対しては、むしろ温かい対応をすること

が多い。実は歴史的に見れば、アメリカと日本は北朝鮮と国交を結んだことは1度もないが、台湾とは1970年代まで国交を結んでいたのである。台湾と国交を断絶した理由は、アメリカと日本が希望したからというよりも、台湾の敵である中国が要求したからだ。

また両国の政治体制を見ると、台湾が民主主義体制なのに対して、北朝鮮は非民主主義体制（朝鮮労働党の一党独裁体制）であり、このこともアメリカと日本が北朝鮮に冷たくする要因の1つになっている。また、台湾と北朝鮮の貿易額の違いは、両国の経済発展レベルの違いと関係があるが（台湾が非常に豊かで、北朝鮮は非常に貧しい）、その経済発展レベルの違いは、民主主義か否かという点と、ある程度は関係がある。実は台湾も40〜50年前はかなり貧しく、また民主主義ではなく独裁国家だった。それが貿易が増え経済発展に成功するにつれて、民主主義へと変わっていったのである。

このように何から何まで対照的な両国だが、最初に書いたように「火薬庫」の危険にさらされ、「東アジア共同体」構想から孤立している点では共通している。状況は非常に複雑である。いったいなぜこんなことになったのだろうか。以下では、両国の現代史を振り返りながら、そのことを考えたい。

2　北朝鮮──金日成（キム・イルソン）・金正日（キム・ジョンイル）親子の「カルト国家」

歴史的に見ると、北朝鮮と台湾には大きな共通点がある。それは、ともに戦前は日本の植民地統治の下にあったことである。ただし、植民地のつくられ方は同じではない。

台湾は1895年に日本の植民地になったが、その時中国大陸（清）から分離された。その後現在まで約110年の間に、中国大陸と「統一」されていたのはたった4年間しかない。それは日本が戦争に負けて植民地統治から解放された1945年から、大陸で中華人民共和国が成立する1949年までの間だ。

一方、朝鮮半島は丸ごと日本の植民地になった（1910年）。植民地になる前も長い間「統一」国家であった。南北に「分断」されたのは、日本が戦争に負け、朝鮮が植民地から解放された数年後、1948年になってからである。ここではま

ず，朝鮮半島の現代史から見ていこう。

朝鮮戦争と金日成独裁体制の成立

　朝鮮半島が日本の植民地統治から解放された時点で，北朝鮮と韓国という2つの国に分断されて「火薬庫」になるなんて，誰も考えていなかった。ではなぜ分断されたのか。それはアメリカとソ連による分割占領に原因がある。

　日本が敗戦して撤退しても，朝鮮はすぐに独立できたわけではなかった。日本を倒した連合国が，占領統治を行った。アメリカを中心とする国々が南半分を占領し，ソ連が北半分を占領した。それがそのまま韓国と北朝鮮になったのだ。この点，ドイツが東西に分断されたのとよく似ている。朝鮮もドイツもアメリカとソ連が分割占領し，その後アメリカ・資本主義陣営 vs ソ連・社会主義陣営の争いである「冷戦」が始まると，そのあおりを食って分断されることになったのである。

　1950年，北朝鮮の指導者・金日成は大きなかけに出た。南の韓国に攻めこんだのである。朝鮮戦争だ。戦争は，当初は北朝鮮が優勢だった。しかしアメリカが韓国側に立ち，国連軍を率いて参戦して押し返した。すると今度は中国（共産党政権）が北朝鮮側に立ち，参戦して押し戻した。結局，北緯38度線を境界にして膠着状態となった。そして開戦3年後の1953年にアメリカと中国が話し合って「休戦」が決まった。その後現在に至るまで50年以上の間，韓国と北朝鮮はあくまで「休戦」状態であって，正式には戦争は終わっていない。こうして，朝鮮半島に「火薬庫」が形成されたのである。

　金日成が戦争を始めたのは，朝鮮を統一するためだった。もし成功していたら，彼は朝鮮民族全体の英雄になったかもしれない。だが結果的に，この戦争は朝鮮民族にとって大きな悲劇を生んだだけだった。特に，両国民が激しく殺し合った結果，憎しみの感情が色濃く残った。また数多くの人が北と南で家族生き別れになった（「離散家族」）。ただし，金日成は朝鮮統一の英雄にはなれなかったが，その後も北朝鮮の独裁者として君臨し続けるのである。

北朝鮮の「カルト国家」化と金正日

　金日成は，自分を「首領様」と崇拝する宗教のような思想をつくり出していった。彼が考えた思想を「主体思想(チュチェ)」という。これは朝鮮民族の主体性を重視するという意味の思想であったが，それがだんだんと宗教がかっていく。しまいには，社会は1つの人体であり，「首領様」である金日成が脳で，一般国民は手足だというような異常な思想に発展していく（「社会的政治的生命体論」）。これによって国民を洗脳し，反対意見を封じ込め，国内の団結を強化しようとしたのである。

　ところで，金日成が神のような「首領様」になると，たいへん都合の良い人物が北朝鮮にいた。息子の金正日である。金日成は独裁体制の永続を願い，息子を後継者にすることに決めた。1970年代後半にその方針がほぼ固まった後，80年の労働党の党大会で，金正日が正式に後継者として登場した。その後金日成が急死する94年までの14年間，金正日は後継者兼ナンバー・ツーとして少しずつ権力を拡大していった。

　そのために彼がやったことの1つが，「主体思想」の宗教化である。「主体思想塔」など金日成の思想をほめたたえる建造物をつくったり，マスゲームや歌・映画などの文化活動を通じて国民を洗脳したり，「社会的政治的生命体論」のような異常な思想を広めたりという政策は，金日成本人というよりも，実はこの時期の金正日のしわざだった。金日成が神になれば，息子で後継者に指名された金正日の権威も自動的に上がる。そして父がこれに喜べば後継者としての地位もますます確実になるのである。

　しかし，北朝鮮国内ではそれで済むかもしれないが，これを外国から見たら，ただの異常な「カルト国家」である。[2] 当時の北朝鮮は，経済が停滞し，テロ活動を繰り返していた。そして苦しい状況を乗り切るために，国民を個人崇拝で洗脳する。これが金日成と金正日がたどり着いた国家の姿だった。

「冷戦」終結による危機の深刻化と核開発

　1989年，社会主義陣営が崩壊して「冷戦」が終結，1991年にはソ連が解体した。従来，北朝鮮は経済面でソ連からかなり優遇してもらっていた。例えば石

油を安く分けてもらっていた。だからソ連経済が不況になり、さらにソ連自体が解体すると、ただでさえ苦しかった北朝鮮経済は崩壊状態に陥った。一方、同じ社会主義国でも中国はいち早く経済改革に乗り出し、アメリカなど資本主義陣営との関係を改善していた。北朝鮮は完全に取り残されてしまった。

さらにそこへ韓国の外交攻勢が追い打ちをかけた。1990年に解体前のソ連が韓国と国交を結び、92年には中国が国交を結んだ。その結果、韓国がアメリカ・日本・中国・ソ連（ロシア）という主要な国々とすべて国交を結ぶことになった。しかし北朝鮮がその中で国交を持つのは中国・ソ連（ロシア）だけで、アメリカ・日本からは孤立していた。しかもその中国はアメリカにすり寄り、ソ連は解体した。経済的な壊滅と外交的な孤立。このままでは国内の支配体制の維持すら危うい。金日成と金正日の「カルト国家」は崩壊の危機にひんした。

ここで北朝鮮は一発逆転を狙った。アメリカとの関係改善である。アメリカと関係を改善すれば、すべてうまくいく。日本とも関係改善できる。韓国とも同様だ。孤立を脱却できるのだ。またそうすれば経済援助ももらえる。体制を維持するにはこれしかない、と金日成は思った。

だが、お金もなければ、アメリカの好きな民主主義も持っていないボロボロの北朝鮮である。全面降伏するならまだしも、現体制を維持しながらどうやってアメリカの気を引くことができるだろうか。

そこで目をつけたのが、核兵器の開発である。アメリカは核兵器保有国を増やしたくない。だから、北朝鮮が核開発を行えば、必ず止めに入る。そうやってアメリカを交渉の場に引きずり出して、核の脅威をちらつかせながら、少しでも有利な形で関係改善の話し合いを行う。これが金日成の戦略であった。

1993年3月、北朝鮮は核拡散防止条約（NPT）からの脱退を宣言した。すると案の定、アメリカはこれを押し留めるために北朝鮮との直接交渉に乗り出した。だが核の脅威をちらつかせて交渉するというのは、一歩間違えば本当に戦争になってしまう「瀬戸際戦略」でもある。実際、この時アメリカはかなり本気で北朝鮮との戦争を検討していたという。だが、94年6月にアメリカのカーター元大統領が電撃的に訪朝して金日成と会談し、一気に妥協案が成立した。さらに韓国の金泳三大統領との「南北首脳会談」の開催にも合意し、朝鮮半島

情勢は急展開を見せた。

　ところがその直後，金日成が急死した。北朝鮮は「喪中」を宣言し，南北首脳会談も流れてしまった。そして予定通り金正日が後を継ぎ，3年後の97年には「喪」が明けて正式に後継者となった。金正日は難局を乗り切るため，労働党に加えて軍隊の力に頼ることにした。北朝鮮は「カルト国家」に加え軍国主義国家となった。「首領様」は永遠に金日成だけだとして，軍国主義者・金正日は「将軍様」になった。

　だが「将軍様」の力を持ってしても，北朝鮮が危機を脱するのは難しい。この間，北朝鮮経済は90年代半ばの自然災害などによってますます危機に陥り，餓死者が続出し，国際支援を受ける一方で北朝鮮を捨てて逃げ出す「脱北者」が続出している。

　確かに金正日は中国を見習って経済改革を進めようとしているが，なかなかうまく進まない。中国の経済改革が成功した理由の1つはアメリカや日本などと協力して資金や技術を導入したからだが，今の北朝鮮にはそれができない。2002年には日本に近づこうと思って小泉首相を招待したが，拉致問題のせいで話が進んでいない。

　2003年からは中国の仲介で6者協議という話し合いの場が始まったが，2006年に国際社会の反対を押し切ってミサイル演習を実施するなど，「瀬戸際戦略」はずっと続いている。朝鮮半島に設置された「火薬庫」が爆発しないと断言できる人は，誰もいないのだ。

3　台湾──「大陸反攻」から「台湾独立」へ？

北朝鮮・韓国と台湾

　台湾も北朝鮮と同じく，日本の植民地統治から解放された後に「分断国家」となり，60年後の今でも「火薬庫」を形成しながら孤立を深めている国家である。また，北朝鮮が労働党一党独裁体制の下金日成・金正日が親子で独裁者の地位を私物化してきたのと同様，台湾でも国民党の一党独裁体制のもと蒋介石・蒋経国が親子で独裁者の地位を私物化した。

しかし，台湾ではその後民主化が起こり，蒋一族の支配も国民党の一党独裁体制も，今では存在しない（国民党自体は生き残っているが）。また台湾は急速な経済発展に成功し，今では世界でも最も豊かな国の1つである。実は国民党の一党独裁体制といっても，資本主義経済を続けていたので，社会主義の北朝鮮とはもともと大きく異なる。また，1970年代まではアメリカと日本は中国とは国交を結ばず台湾と国交を結んでおり，台湾にアメリカ軍が駐留していたこともある。今でも，中国の攻撃から台湾を守るのはアメリカだと考えられている。

こうしたことから，台湾の歩みは北朝鮮よりも韓国に近いと考えるのが普通だ。1980年代に経済発展が注目された新興工業経済群（NIEs），なかでも「4匹の龍」とは，台湾・韓国・香港・シンガポールのことであった。貿易などを通じて台湾の経済は世界経済と深く結びついている。

にもかかわらず，韓国やシンガポールが「東アジア共同体」構想の中心で活躍しているのに，台湾は構想に入れてもらうことすらできない。イギリス植民地だった香港は中国に吸収されたが，台湾もいつかそうなるのではないかという恐怖感は払拭できない。中国は台湾に向けて700基以上のミサイルを配備しているといわれ，「独立するなら攻めるぞ」と威嚇し続けている。そして「東アジア共同体」の支配者になる可能性すらある大国・中国に刃向かってまで，威嚇をやめろと直言できる国はほとんどない。台湾の孤立は深まるばかりなのである。

「大陸反攻」の時代

ところで，北朝鮮と違って台湾では一党独裁体制から民主主義に変わった，と書いたが，実は中国との関係においても，台湾の立場はある時期から大きく変わっている。そのことと民主化とは，関係がある。そして，それによって，ただでさえ複雑な中国と台湾の「火薬庫」関係が，さらに複雑なものになっているのである。

台湾の立場はどう変わったのか。それは「大陸反攻」から「台湾独立」への変化である。

「大陸反攻」は1980年代まで，台湾を支配する国民党が最も重視するスロー

ガンだった。国民党はかつて中国大陸を支配する政党だった。そして戦争に負けた日本が台湾から撤退した後，その統治権を引き継いだ。日本が台湾を植民地にしたのは，1895年に日清戦争に勝利した見返りとしてだった。だから，50年後の1945年に日本が撤退した時，台湾はもとの「持ち主」である中国（1895年は清，1945年は中華民国）に返還されるのが当然だと考えられた。こうして，台湾は中国（中華民国）と「統一」されたのである。

ところが，中国大陸では国民党と共産党の内戦が起こり，国民党が敗れた。1949年，共産党が支配する国として「中華人民共和国」が成立した。蔣介石率いる国民党は，大陸を捨てて台湾に逃げ込んだ。台湾と大陸は海で隔てられており，まだしも守りやすかった。中国大陸と台湾の「統一」はたった4年で崩壊し，再び「分断」されたのである。

国民党は台湾に逃げた後も中華民国の名を名乗り，「中華民国はまだ滅んでいない，大陸は共産党に不法占拠されているだけで，中国を本当に代表するのは国民党が支配する中華民国だ」と主張した。だから，国民党・中華民国はいつの日にか共産党を倒し，大陸に帰らなくてはならない。つまり「大陸反攻」である。

ところが，現実はそれどころではなかった。内戦に負けて台湾に逃げ込んだ国民党の命運は，まさに風前の灯火であった。共産党が本気で攻めてきたら，とても勝てないと思われた。

ここで国民党を救ったのが，先ほど述べた朝鮮戦争である。

朝鮮戦争が起こり，アメリカが韓国防衛のために軍隊を派遣し，北朝鮮，そして中国と戦争することになった。その結果アメリカは，資本主義を社会主義から守るためには，韓国を北朝鮮から守るのと同じく，台湾も中国から守らなくてはならないと考えた。中国が台湾を攻めることは，アメリカとの戦争を意味する。中国は，朝鮮半島でアメリカと戦っている今，さらに戦線を広げる力はなかった。その後朝鮮戦争が「休戦」となっても，超大国・アメリカと戦う決断など，そう簡単にはできない。だからある意味では，金日成が蔣介石を救ったのである。

しかし，中国が攻めてこないだけでは蔣介石は満足できない。なぜなら「大

陸反攻」をしなくてはならないからである。蒋介石は台湾などというちっぽけな島で一生を終えるつもりはなかった。そこで，中国大陸に近い小島に軍隊を集結させ，常に機会をうかがっていた。

だが，中国の台湾侵攻（「台湾解放」）も，台湾の「大陸反攻」も，実行されることはなかった。なぜなら，アメリカがそれを押し留めたからである。中国と台湾が戦争になれば，朝鮮戦争と同じく，アメリカが台湾側に立って参戦せざるをえない。しかし，中国がアメリカと戦争をしたくないように，アメリカも中国と戦争をしたくはない。「火薬庫」は爆発させてはならないのである。

台湾としても，アメリカの助けなしで中国に勝てるとは考えられない。アメリカが賛成しない以上，「大陸反攻」は実現可能性のないスローガンにすぎなかったのである。

さらに，アメリカは次第に台湾に冷たくなっていく。そもそも，台湾しか支配していない中華民国が，中国全体を代表する政権だというのは，どう考えても非常識な話だ。そして1972年，アメリカはついに中国と手を組むことになった。

それ以降，台湾は国際社会の中で急速に孤立化していく。国連では，「中華民国」は創設時に中国代表として加盟し，安保理常任理事国となっていた。そして台湾に逃げ込んでからも，アメリカのバックアップにより，その地位を守ってきた。しかしそれも大陸に奪われた。台湾は，敵である共産党とは同席できないといって，国連を脱退した。その後，国連以外の様々な国際組織からも次々と脱退した。

もはや「大陸反攻」どころの騒ぎではない。自らの存続すら危うい状況である。かといって，それではここで「大陸反攻」から一気に「台湾独立」に変わったのかというと，実はそうではない。実は国民党は，今でも「台湾独立」を否定している。「台湾独立」というのは，台湾は中国とは別の国だと正式に宣言することをいう。考えてみれば，中華人民共和国が成立して以来，台湾と中国は実質的にはずっと別の国だった。しかし，どちらも「われこそが中国だ」と主張する「分断国家」だという点では共通していた。どちらもいつかは「統一」したい。ただその方法で対立していたのである。国民党は今でもその立場

を捨ててはいない。

「本省人」と民主化

　ところが，台湾の中には，「台湾は中国ではない」と考える人々がいた。どういう人たちかというと，国民党が台湾にやってくる前，つまり日本植民地時代以前から台湾に住んでいた人たちである。

　戦前から台湾に住んでいた人たちを「本省人」と呼び，戦後に国民党と一緒に大陸から中国にやってきた人を「外省人」と呼ぶ。台湾では戦後長い間国民党の一党独裁体制が続いたので，「外省人」が権力を握っていた。その後，1980年代後半から民主化が始まり，「本省人」の声が政治に反映するようになる。その結果，「本省人」が主張する「台湾独立」が，「外省人」が主張する「大陸反攻」に代わるスローガンとして登場してきたのである。

　中国から台湾にやってきた「外省人」にとって，自分が「中国人」であることは当然のことだった。しかし「本省人」にとっては，ことはそう簡単ではない。確かに「本省人」も，祖先は中国大陸から渡ってきた移民であり，日本植民地時代も，中国を祖国だと思っていた。だから，1945年に日本から解放され国民党がやってきたときは，祖国復帰を歓迎した。

　ところが，祖国からやってきたはずの国民党政権と「外省人」は，「本省人」にとって受け入れがたい人々だった。

　何より，激しく腐敗していた。この腐敗こそ，国民党が大陸で共産党に敗北した大きな原因だった。腐敗によって弱体化し，国民の支持を失った。それは大陸だけでなく，台湾でも同様だった。しかも，国民党は一党独裁体制を台湾に持ち込んだので，権力の座につけるのは国民党と一緒にやってきた「外省人」ばかりだった。

　また彼らは，日本植民地で暮らしていた「本省人」を「日本の奴隷」と差別し，それまでの台湾の文化や思想を無視して，無理矢理に大陸の「中国文化」を押しつけた。

　これを「本省人」から見れば，外からやってきた人ばかりが良い目を見て，もともと住んでいた自分たちが差別されている。これでは日本植民地時代と何

ら変わりがない。むしろ腐敗している分,国民党の方が悪かった。台湾には「犬が去って豚が来た」という言葉がある。つまり,日本はうるさい犬だが番犬として役には立った,しかし「外省人」は腐敗した豚であり,台湾人から食い物を奪って食って寝るだけだ,というのである。

その後,台湾では支配者の「外省人」が「本省人」の不満を押さえつけ続けた。しかし,1970年代にアメリカが中国と手を組み,「大陸反攻」が不可能であることが誰の目にも明らかになると,台湾社会は動揺する。「大陸反攻」なんて馬鹿げた目標を掲げる国民党の支配は正統性を失った。

そして起こったのが民主化運動である。台湾で民主化が起これば,少数派の「外省人」による権力の独占をやめて,多数派である「本省人」の声を反映させる方向に進まざるをえない。そして「外省人」の支配がゆるむと,「本省人」は「中国人」ではない,という思想がよみがえってくる。その結果,「本省人」の声が政治に反映するということは,台湾が中国ではなくなることを意味する。彼らは次第に「台湾独立」を主張するようになっていく。

そうした中で決定的に重要だったのが,初の「本省人」総統・李登輝の登場であった。

李登輝の登場

李登輝は戦前の台湾で生まれた「本省人」で,植民地時代には日本の京都大学に留学したこともある。戦後は大学教授になったが,蔣経国総統(蔣介石の息子)に見込まれて政治の世界に入った。とんとん拍子に出世し,1984年からは蔣経国総統に次ぐナンバー・ツーの副総統にまで上りつめていた。

1988年,蔣経国が死去した。総統の地位は,副総統だった李登輝が継いだ。これは蔣一族の支配が終わったことを意味するのと同時に,台湾生まれの「本省人」が初めて台湾のトップの地位についたことも意味する。そして李登輝は「本省人」に権利を与える民主化と,台湾の「台湾化」を積極的に推進していく。その結果「大陸反攻」は完全に捨てられ,代わって「台湾独立」が強力な主張として登場してくるのである。

具体的には,言論の自由を保障し,国会や地方の選挙を完全に自由化し,

1996年にはついに総統の直接選挙を実施した。これによって、台湾の政治は国民（多数が「本省人」）の意見が反映するシステムに変わり、民主化が完成した。96年の第1回総統選挙では国民党の現職・李登輝が圧勝したが、2000年の第2回総統選挙では野党・民進党の陳水扁が勝利した。ここに、長い間台湾を支配してきた国民党政権が終わりを告げたのである。

民主化と「台湾独立」のゆくえ

それとともに「台湾独立」の主張も強まった。1996年の総統選挙の時、中国はミサイル演習を実施して台湾を威嚇した。「台湾独立」傾向のある李登輝を落選させるためだ。しかし逆効果だった。中国の威嚇に腹を立てた台湾人は、こぞって李登輝に投票した。そして中国に対する嫌悪感が強まった。

こうした声を背景に、李登輝総統は1999年に「二国論」を提唱した。「中国と台湾は特殊な国と国との関係」という内容である。台湾と中国は別の国だということだ。これは「中華民国こそ中国の代表」という従来の国民党の立場を大きく変えるものだった。さらに、2001年には陳水扁総統が「一辺一国」を提唱した。「中国と台湾はそれぞれの側にある国」という内容であり、やはり台湾と中国は違う国だと主張するものだった。

さらに台湾では、憲法を改正して、台湾の領土を台湾だけに限定することを明確にしよう、あるいは「中華民国」という国名自体を廃止して「台湾」という名前の国をつくろう、という声が強くなった。その先にあるのは「台湾独立」である。

中国はこれらを認めていない。台湾はあくまでも中国の一部であって、「独立」は許されない。共産党政権は、国民党を台湾へ追い出して以来50年以上というもの、一貫して「台湾解放」を主張してきた。また台湾は中国の神聖不可分の領土であると主張してきた。それなのに今さら「台湾独立」を認めたら、つじつまが合わないのである。

台湾の頼みの綱は、アメリカである。アメリカは、1979年に中国と国交を結び台湾と国交断絶した後も、台湾に武器を売るなどして、台湾防衛に協力してきた。台湾では多くの人が、中国が台湾を攻めるようなことがあれば、朝鮮戦

争のときの韓国のようにアメリカが助けてくれると考えている。またその可能性があるからこそ，中国もなかなか手が出せない。

しかし，本当にアメリカが助けに行くかどうかは，実は分からない。少なくとも，アメリカは中国と戦争をしたくはない。これは50年前からずっとそうである。アメリカにとって一番都合が良いのは，台湾が「独立」せず，中国も「統一」しない，つまり「現状維持」である。

ところが現状維持では，台湾は少数の国としか国交を結ぶことができず，国連をはじめとする国際組織にも参加できず，孤立する。台湾の不満は高まるばかりである。

1970年代以前，台湾しか支配していない「中華民国」を中国大陸全体の代表と見なしていたのは，どう考えても非常識だった。しかし今，50年以上の間中国とは異なる政権を維持し続け，民主化も成し遂げ，貿易を通じて世界と深く結びついている経済大国・台湾について，その存在すら認めないというのは，これもまた非常識なことだ。台湾を除外した「東アジア共同体」なんて，常識的にはありえないはずだ。しかし，われわれの認識を「常識」に改めようとした瞬間，「火薬庫」が爆発し，戦争が起こるかもしれない。平和と常識とどちらが大切か，多くの人が悩んでいる。

こうして「北朝鮮問題」も「台湾問題」も，解決の糸口すら見つからない。そして「火薬庫」が爆発すれば，隣国・日本も逃げることができないのである。

注

1) 以下，統計データはGeographyIQ（http://www.geographyiq.com/）と外務省（http://www.mofa.go.jp/mofaj/）に基づく。木村幹『朝鮮半島をどう見るか』集英社新書，2004年も参照。
2) 古田博司『東アジア「反日」トライアングル』文春新書，2005年を参照。

参考文献

ドン・オーバードーファー，菱木一美訳『二つのコリア [特別最新版]——国際政治の中の朝鮮半島』共同通信社，2002年。
木村幹『朝鮮半島をどう見るか』集英社新書，2004年。

小島朋之・国分良成他『国際情勢ベーシックシリーズ①　東アジア』自由国民社，1997年。
酒井亨『台湾入門〔増補改訂版〕』日中出版，2006年。
重村智計『北朝鮮の外交戦略』講談社現代新書，2000年。
重村智計『最新・北朝鮮データブック——先軍政治・工作から核開発，ポスト金正日まで』講談社現代新書，2002年。
春原剛『米朝対立——核危機の十年』日本経済新聞社，2004年。
古田博司『東アジア「反日」トライアングル』文春新書，2005年。
山田辰雄・小島朋之・小此木政夫編『現代東アジアの政治』放送大学教育振興会，2004年。
若林正丈『台湾——変容し躊躇するアイデンティティ』ちくま新書，2001年。

「EU」関連年表

1952年	欧州石炭鉄鋼共同体（ECSC）設立（パリ条約発効）。原加盟国は仏，独，伊，オランダ，ベルギー，ルクセンブルクの6カ国
1958年1月	欧州経済共同体（EEC），欧州原子力共同体（EURATOM）設立（ローマ条約発効）
1962年	共通農業政策（CAP）の基本政策の決定
1967年7月	ECSC，EEC，EURATOMの3共同体の主要機関が統合され，欧州共同体（EC）となる
1968年7月	関税同盟完成
1973年1月	英国，アイルランド，デンマークが加盟し，9カ国となる
1979年3月	欧州議会初の直接選挙が実施される
6月	欧州通貨制度（EMS）が導入される
1981年1月	ギリシャが加盟し，10カ国となる
1986年1月	スペイン，ポルトガルが加盟し，12カ国となる
1987年7月	「単一欧州議定書」が発効する
1990年7月	経済・通貨同盟（EMU）の第1段階開始，加盟国が欧州為替相場機構（ERM）に参加
1992年末	域内市場統合完成
1993年11月	マーストリヒト条約（欧州連合条約）発効
1994年1月	EMU第2段階として欧州通貨機構（EMI）がフランクフルトに設置される
1995年1月	オーストリア，スウェーデン，フィンランドが加盟し，15カ国となる
1999年1月	独・仏を中心とする11カ国がEMUの第3段階へ移行（ユーロの導入）
5月	アムステルダム条約（改正欧州連合条約）発効
2001年1月	ギリシャがユーロに参加し，12カ国になる
2002年1月	ユーロ紙幣・硬貨の流通開始
2003年2月	ニース条約（改正欧州連合条約）発効
2004年5月	中東欧等10カ国が加盟し，25カ国になる
2004年10月	欧州憲法条約の調印
2005年4月	ブルガリア，ルーマニアがEU加盟条約に調印（2007年加盟予定）
5月	仏が国民投票で欧州憲法条約の批准を否決，6月にオランダも続く
10月	トルコ，クロアチアがEU加盟交渉を開始

＊外務省ホームページ「各国・地域情勢」の「欧州連合（EU）」における記述に，古賀が加筆・修正して作成（2006年8月）。

「東アジア共同体」関連年表

1943年	大東亜会議の開催
1945年	日本敗戦
1948年	大韓民国・朝鮮民主主義人民共和国が成立
1949年	中華人民共和国が成立，中華民国の国民党政権が台湾に移転
1950年	朝鮮戦争（1953に休戦）
1967年	ASEAN（東南アジア諸国連合）設立
1972年	アメリカのニクソン大統領が訪中（米中和解），日本の田中首相が訪中（日中国交回復）
1976年	ASEAN首脳会議（第1回）でTAC（東南アジア友好協力条約）に調印
1977年	日本の福田首相が「福田ドクトリン」を提唱
1978年	日本の大平首相が「環太平洋構想」を提唱
1989年11月	APEC（アジア太平洋協力）発足
1990年12月	マレーシアのマハティール首相が「EAEG」（東アジア経済グループ）を提案
1993年1月	AFTA（ASEAN自由貿易地域）発足
11月	APEC首脳会議（第1回）
1994年6月	北朝鮮の核問題でアメリカのカーター元大統領が訪朝し合意成立
7月	ARF（ASEAN地域フォーラム）第1回閣僚会議
11月	APEC閣僚会議で「ボゴール宣言」
1996年3月	ASEM（アジア欧州会合）発足
	台湾総統選挙・台湾海峡危機（中国のミサイル演習）
1997年7月	アジア経済危機（金融・通貨危機）が発生
8月	AMF（アジア通貨基金）構想が浮上
9月	日米新ガイドライン合意
12月	ASEAN＋3（日中韓）首脳会議（第1回）
1998年12月	ASEAN＋3首脳会議（第2回）でEAVG（東アジア・ビジョン・グループ）設置を提案
1999年11月	ASEAN＋3首脳会議（第3回）
2000年5月	「チェンマイ・イニシアチブ」合意（ASEAN＋3財務相会議）
11月	ASEAN＋3首脳会議（第4回）で韓国の金大中大統領がEASG（東アジア・スタディ・グループ）設置を提案

2001年	9月	アメリカで9.11事件（同時多発テロ）
		中国とASEANが10年以内の自由貿易地域設立で合意
	11月	ASEAN＋3首脳会議（第5回）でEAVG（東アジア・ビジョン・グループ）の報告書が提出され「東アジア・サミット」や「東アジア自由貿易圏」などを提言
	12月	中国がWTO（世界貿易機関）加盟
2002年	1月	日本の小泉首相が「東アジア・コミュニティ」を提案
		中国とASEANが「包括的経済協力のための枠組み協定」を締結
	9月	日本の小泉首相が北朝鮮を訪問
	11月	ASEAN＋3首脳会議（第6回）でEASG（東アジア・スタディ・グループ）の報告書提出
2003年	8月	北朝鮮核問題をめぐる6者協議（第1回）
	10月	ASEAN＋3首脳会議（第7回）
	12月	日本・ASEAN特別首脳会議で「東アジア共同体」を提唱
2004年	9月	日本の小泉首相が「東アジア共同体」を提唱（国連演説）
	11月	ASEAN首脳会議（第10回）で「ASEAN共同体」を目指す計画を採択
		ASEAN＋3首脳会議（第8回）で翌2005年の「東アジア・サミット」開催に合意
2005年	4月	中国各地で反日デモ
	7月	ASEAN＋3外相会議で東アジア・サミットのインド，オーストラリア，ニュージーランド参加に合意
	12月	ASEAN＋3首脳会議（第9回）（12日）
		東アジア・サミット（第1回）（14日）
2006年	4月	日本の経産省が東アジア全体のEPA（包括的経済連携協定）を提唱
	5月	ASEAN＋3財務相会議で東アジア共通の「地域通貨単位」の検討に合意
	8月	ASEAN＋3経済担当相会議で東アジア全体のEPAの検討に合意
	11月	APEC首脳会議（第14回）（予定）
	12月	ASEAN＋3首脳会議（第10回），東アジア・サミット（第2回）（予定）

＊本書第2部の各章，伊藤憲一・田中明彦監修『東アジア共同体と日本の針路』（NHK出版，2005年）314—16ページ，各種新聞記事などを参照して滝田が作成（2006年8月）。

「EU」関連地図

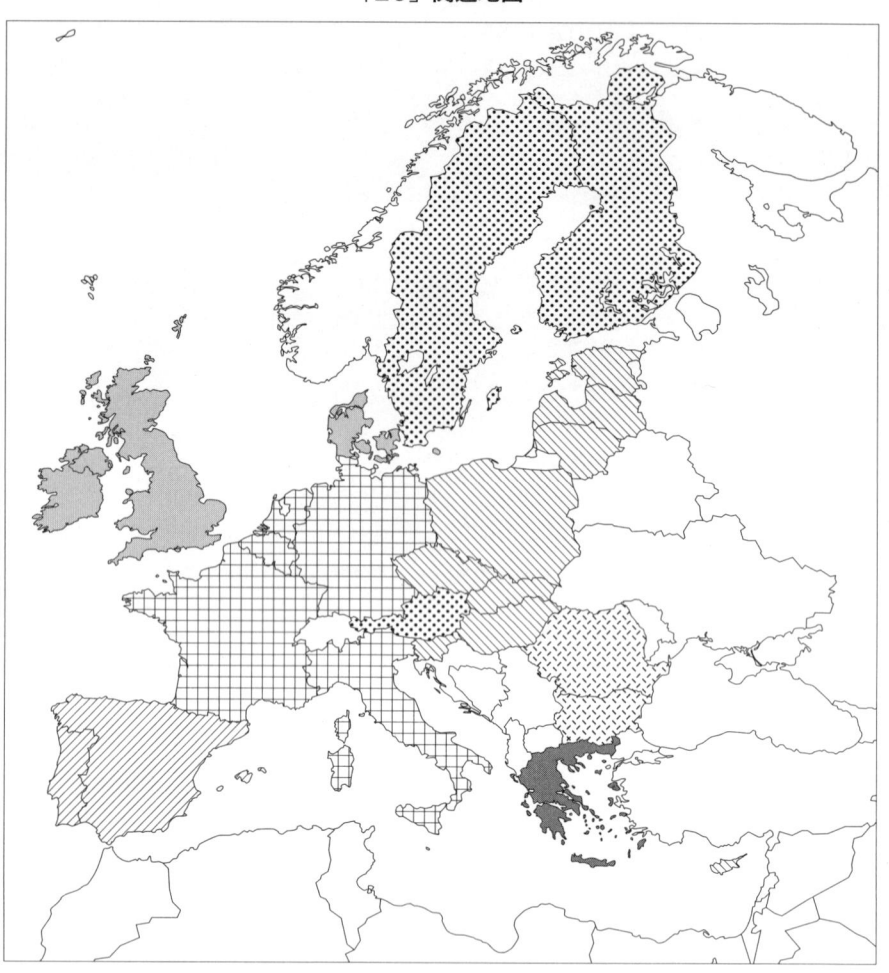

原加盟国（6カ国）　ベルギー，ドイツ(西)*，フランス，イタリア，ルクセンブルク，オランダ
第1次拡大（1973年）　デンマーク，アイルランド，イギリス
第2次拡大（1981年）　ギリシャ
第3次拡大（1986年）　ポルトガル，スペイン
第4次拡大（1995年）　オーストリア，フィンランド，スウェーデン
第5次拡大（2004年）　キプロス，チェコ，エストニア，ハンガリー，ラトヴィア，リトアニア，マルタ，ポーランド，スロヴァキア，スロヴェニア
2007年加盟予定国　ブルガリア，ルーマニア
＊　旧東ドイツは1990年に西ドイツと統一した際に加盟した。

「東アジア共同体」関連地図

(注) 太字は ASEAN＋3。

あとがき

　本書を企画した動機は，学生に「地域統合」の動きについて講義するための分かりやすい教科書を作成したいというものであった。グローバリゼーションが進行し，国家主権が掘り崩されている反面，EU や NAFTA などの地域統合の動きは活発である。日本においても「東アジア共同体」をめぐる議論が盛んであり，ここ数年このテーマをめぐって多くの本が出版されている。

　なぜ地域統合なのか？　それは，国家主権やナショナリズムを強調することにより戦争がもたらされてきた過去を反省し，平和を達成するという理想に裏打ちされると同時に，実際の経済的相互依存や多国間の協力の枠組みが不可避となっている今日的状況において採りうる現実的な選択肢という意味合いを持っている。確かに EU は，紆余曲折があったものの，また EU 憲法条約がフランスやオランダの国民投票による拒否によって宙に浮いているものの，国家を超えた「一つの共同体」への道を進んでいるように思われる。しかし翻って東アジアを見る時，日本と中国や韓国との外交関係の悪化，中国の軍事力の強化，北朝鮮の核開発，そして台湾の独立といった安全保障における不安定要因やナショナリズムの高揚といった諸問題が存在しており，そうした中で，「東アジア共同体」は可能であるのか，いやそもそも必要であるのかという問いが頭をもたげてこざるをえない。

　正直いって，本書の執筆者の間でも「東アジア共同体」の必要性や実現可能性に関しては，意見は分かれている。にもかかわらず，「東アジア共同体」の可能性を問い続けるという姿勢は一貫している。本書は，その意味において「問いかけ」の書であり，決してあるべき方向性を呈示しているものではない。本書のタイトル「EU と東アジア共同体――二つの地域統合――」は，EU をモデルとして「東アジア共同体」を構築すべきであることを意味するのではなく，ヨーロッパと東アジアという異なった文化的・歴史的伝統，また異なった安全保障の環境を意識しつつ，東アジアの特性に応じた共同体形成の可能性を

問うという意味合いを持っている。「東アジア共同体」の問題は、今後日本が歩む道と密接に関係するものであるので、このテキストを通して学生諸君と一緒に「日本の進路」について考えていきたいと思っている。

　本書を刊行するまでに、月一回の会合を10回ほど重ね、議論を積み上げてきた。特に「東アジア共同体」に関する研究会においては、様々な議論が飛び交い、ネガティブな意見も多く出された。しかし、1年間の論議の過程でそうしたネガティブな意見が出し尽くされたことは、長期的に見れば、「東アジア」における多国間の枠組みと「共同体」形成の理論的構築にとっては必要なプロセスであったと思われる。なお、執筆者以外に研究会の講師を務めて下さった伊藤正一教授（関西学院大学）、波佐場清氏（朝日新聞論説委員）、村田晃嗣教授（同志社大学）、鷲江義勝教授（同志社大学）、そして小林路義教授（鈴鹿国際大学）に心から御礼申し上げる次第である。

　本書は、地域統合のプロジェクトの成果であるが、このプロジェクトに対しては本務校である大阪国際大学から教育特別助成を受けた。

　最後になったが、本書の刊行のために情熱を注ぎ、尽力を惜しまれなかった萌書房の白石徳浩氏に心からの感謝を表したい。

2006年8月10日

編者一同

■執筆者紹介 (50音順,＊は編者)

宇山　博(うやま　ひろし)
大阪国際大学法政経学部教授。「韓・中経済交流の発展」『AJEC REPORT』Vol. 30 (北陸環日本海経済交流促進協議会, 2002年11月),『韓国経済―新時の構図』(共訳：東洋経済新報社, 1997年) 他。〔第Ⅱ部第2章〕

塩谷　雅弘(えんや　まさひろ)
大阪国際大学法政経学部助教授。『国際金融システムの制度設計――通貨危機後の東アジアへの教訓』(共著：東京大学出版会, 2006年), "The Balance Sheet Effects and Macroeconomic Development in the Pacific Rejion," (with Akira Kohsaka) Presented at the International Conference on WTO, China, and the Economies, IV : Economic Integration and Economic Development, Beijing, China, June 24-25, 2006. 他。〔第Ⅱ部第3章〕

＊大矢　吉之(おおや　よしゆき)
大阪国際大学法政経学部教授。『新世紀の中国の展望――対外関係の変容と国内変革の可能性』〈大阪国際大学研究叢書〉No. 12 (共編著：大阪国際大学国際関係研究所, 2005年),『9.11テロ後の米国の変容と発展する中国の新動向』〈大阪国際大学研究叢書〉No. 11 (共編著：大阪国際大学国際関係研究所, 2004年) 他。〔第Ⅱ部第6章〕

金子　敦郎(かねこ　あつお)
大阪国際大学名誉教授。『国際報道最前線』(単著：リベルタ出版, 1997年),『壮大な空虚――米ソ軍拡競争の現在』(単著：共同通信社, 1983年) 他。〔第Ⅱ部第7章〕

鎌野多美子(かまの　たみこ)
大阪国際大学法政経学部教授。『中世後期のドイツ文化――1250年から1500年まで〔第2版〕』(翻訳：三修社, 2006年),『ヨーロッパの統合――歴史と現実』(共著：OIUヨーロッパ問題研究会, 2004年) 他。〔第Ⅰ部第7章〕

木谷　勤(きたに　つとむ)
大阪国際大学および名古屋大学名誉教授。『世界現代史』(共著：山川出版社, 1985年),『ドイツ第二帝制史研究』(単著：青木書店, 1977年) 他。〔第Ⅰ部第1・2章〕

＊古賀　敬太(こが　けいた)
大阪国際大学法政経学部教授。『激動するヨーロッパ〔改訂版〕』(共著：晃洋書房, 2006年),『分裂と統合の相克――揺らぐ〈国民国家〉――』(共著：萌書房, 2001年) 他。〔はじめに, 第Ⅰ部第3章, 第Ⅱ部第5章,「EU」関連年表〕

瀬島　誠(せじま　まこと)
大阪国際大学法政経学部助教授。『激動するヨーロッパ〔改訂版〕』(共著：晃洋書房, 2006年),「アナーキー下における地域協力の可能性」『国際政治』第124号 (2000年) 他。〔第Ⅰ部第5章〕

*滝田　　豪（たきだ　ごう）
大阪国際大学法政経学部嘱託講師。『民主化とナショナリズムの現地点』（共著：ミネルヴァ書房，2006年），『新世紀中国の展望——対外関係の変容と国内変革の可能性』〈大阪国際大学研究叢書〉No. 12（共編著：大阪国際大学国際関係研究所，2005年）他．〔はじめに，第Ⅱ部第1・4・8章，「東アジア共同体」関連年表〕

谷川　　寛（たにかわ　ひろし）
大阪国際大学法政経学部非常勤講師。『戦後日本経済の発展と課題』（共著（英文）：JICA, 2005年），『Exchange Rate Policies in the Emerging Countries: Currency Crisis and Recovering Process』〈大阪国際大学研究叢書〉No. 8（共著：大阪国際大学国際研究所，2000年）他．〔第Ⅰ部第4章〕

松井嘉和（まつい　よしかず）
大阪国際大学法政経学部教授。『故コタンスキ博士記念中欧諸国の日本研究と日本語教育』（共著：大阪国際大学，2006年），『古事記の新しい解読——コタンスキの古事記研究と外国語訳古事記——』（共著：錦正社，2005年）他．〔第Ⅰ部第8章〕

松下啓一（まつした　けいいち）
大阪国際大学法政経学部教授。『協働社会をつくる条例——自治基本条例，市民参加条例，市民協働支援条例の考え方』（ぎょうせい，2004年），『自治体NPO政策——協働と支援の基本ルール　NPO条例の提案』（ぎょうせい，1998年）他．〔第Ⅰ部第6章〕

EUと東アジア共同体──二つの地域統合──

2006年11月10日　初版第1刷発行

編　者　大矢吉之・古賀敬太・滝田豪
発行者　白 石 德 浩
発行所　萌 　書 　房
　　　　〒630-1242　奈良市大柳生町3619-1
　　　　TEL (0742) 93-2234 / FAX 93-2235
　　　　[URL] http://www3.kcn.ne.jp/~kizasu-s
　　　　振替　00940-7-53629

印刷・製本　共同印刷工業・藤沢製本

© Keita KOGA, 2006(代表)　　　　　Printed in Japan

ISBN4-86065-025-5